KB059183

빌 게이츠
넥스트 팬데믹을 대비하는 법

How to Prevent the Next Pandemic
by Bill Gates
Originally published by Alfred A. Knopf, an imprint of The Knopf Doubleday Group,
a division of Penguin Random House LLC, New York.

Copyright ⓒ 2022 by Bill Gates
All rights reserved including the right of reproduction in whole or in part in any form.

Korean Translation Copyright ⓒ 2022 by The Business Books and Co., Ltd.
This edition published by arrangement with Alfred A. Knopf, an imprint of The Knopf
Doubleday Group, a division of Penguin Random House LLC, New York,
through KCC(Korea Copyright Center, Inc.), Seoul.

이 책의 한국어판 저작권은 (주)한국저작권센터(KCC)를 통해
저작권자와 독점 계약을 맺은 (주)비즈니스북스에게 있습니다.
저작권법에 의해 국내에서 보호를 받는 저작물이므로 무단 전재와 복제를 금합니다.

빌 게이츠

코로나19로부터 배운 것
그리고 미래를 위한 액션 플랜

넥스트 팬데믹을 대비하는 법

빌 게이츠 | 이영래 옮김

BILL GATES
HOW TO PREVENT
THE NEXT PANDEMIC

비즈니스북스

옮긴이 **이영래**

이화여자대학교 법학과를 졸업하였다. 현재 가족과 함께 캐나다에 살면서 번역에이전시 엔터
스코리아에서 출판 기획 및 전문 번역가로 활동하고 있다.
주요 역서로는 《어떤 선택의 재검토》, 《파타고니아, 파도가 칠 때는 서핑을》, 《사업을 한다는
것》, 《움직임의 뇌과학》, 《시스템 에러》, 《제프 베조스, 발명과 방황》, 《모두 거짓말을 한다》,
《블리츠스케일링》, 《뇌는 팩트에 끌리지 않는다》, 《슈퍼팬》, 《포모 사피엔스》, 《항상 이기는 조
직》, 《2029 기계가 멈추는 날》, 《씽크 어게인》, 《머니랩》, 《실시간 혁명》, 《넥스트 아프리카》,
《히든 솔루션》, 《코드 경제학》, 《부의 심리학》, 《왜 우리에겐 기본소득이 필요할까》 등이 있다.

빌 게이츠
넥스트 팬데믹을 대비하는 법

1판 1쇄 인쇄 2022년 6월 3일
1판 1쇄 발행 2022년 6월 10일

지은이 | 빌 게이츠
옮긴이 | 이영래
발행인 | 홍영태
편집인 | 김미란
발행처 | (주)비즈니스북스
등 록 | 제2000-000225호(2000년 2월 28일)
주 소 | 03991 서울시 마포구 월드컵북로6길 3 이노베이스빌딩 7층
전 화 | (02)338-9449
팩 스 | (02)338-6543
대표메일 | bb@businessbooks.co.kr
홈페이지 | http://www.businessbooks.co.kr
블로그 | http://blog.naver.com/biz_books
페이스북 | thebizbooks
ISBN 979-11-6254-280-4   03300

* 잘못된 책은 구입하신 서점에서 바꾸어 드립니다.
* 책값은 뒤표지에 있습니다.
* 비즈니스북스에 대한 더 많은 정보가 필요하신 분은 홈페이지를 방문해 주시기 바랍니다.

비즈니스북스는 독자 여러분의 소중한 아이디어와 원고 투고를 기다리고 있습니다.
원고가 있으신 분은 ms1@businessbooks.co.kr로 간단한 개요와 취지, 연락처 등을 보내 주세요.

코로나 팬데믹 기간 동안 목숨을 걸고 자신의 책임을 다한
최전방 근로자 여러분, 그리고 다시는 그런 일을 반복하지 않게 해준
과학자와 리더들께 바칩니다.

사람들의 목숨을 구하는 데 헌신함으로써 세상을 감화시킨
폴 파머Paul Farmer 박사를 기리며.
이 책으로 얻은 수익은 그가 설립한 파트너스인헬스Partners in Health에 기부할 것입니다.

CONTENTS

2020년 2월 중순 저녁 식사를 하고 있던 나는 코로나19COVID-19가 세계 적 재앙이 될 수도 있다는 것을 깨달았다.

몇 주에 걸쳐 게이츠 재단의 전문가들과 함께 중국에서 퍼지고 있는 이 새로운 호흡기 질환에 대한 이야기를 나누는 중이었다. 다행스럽게 도 우리에게는 전염병을 추적, 치료, 예방하는 데 수십 년의 경력을 가 진 세계 수준의 팀이 있었다. 그들은 코로나19를 면밀히 추적했다. 아 프리카에 바이러스가 나타나기 시작할 때 우리는 재단의 초기 평가와 아프리카 정부의 요청을 바탕으로 보조금을 지급했다. 바이러스가 더 퍼지지 않고 아프리카 각국이 급격한 바이러스 유행에 대비할 수 있도 록 하기 위해서였다. 우리는 이런 생각을 갖고 있었다. '이 바이러스가 세계적으로 확산되지 않기를 바라지만, 확실한 반대 증거를 얻을 때까

지는 확산될 것으로 가정해야 한다.'

당시만 해도 바이러스가 억제될 수 있으며 팬데믹으로 번지지 않으리라고 기대할 만한 이유가 있었다. 중국 정부는 바이러스가 출현한 도시, 우한을 봉쇄하는 전례 없는 안전 조치를 취했다.[1] 학교와 공공시설은 문을 닫았고 시민들은 허가증을 발급받아 하루걸러 한 번, 30분 동안만 집에서 나갈 수 있었다. 그때까지는 각국 사람들의 자유로운 여행이 가능할 정도로 바이러스 전파가 충분히 제한적이었다. 나는 2월 초자선 테니스 경기를 위해 남아프리카를 방문했다.

남아프리카에서 돌아온 후 재단 사람들과 코로나19에 대한 깊이 있는 대화를 나누어야겠다는 생각이 들었다. 계속 머릿속을 떠나지 않는 생각들이 있었고, 그 문제들을 탐색해보고 싶었다. '코로나19를 억제할 수 있을까? 아니면 그 바이러스가 전 세계로 퍼지게 될까?'

내가 수년간 사용해온 방법에 의지하기로 했다. 바로 실무 만찬이다. 이런 자리에서는 의제 같은 것을 따로 마련할 필요가 없다. 10여 명의 똑똑한 사람들을 초대해서 음식과 음료를 제공하고, 몇 가지 질문을 던져 사람들이 생각을 가감 없이 말할 수 있도록 판을 깔기만 하면 된다. 지금까지 평생 일과 관련해 나눴던 대화들 중 가장 가치 있었다고 꼽을 만한 것들 중 상당수가 손에 포크를 쥐고 무릎에 냅킨을 올린 상태에서 나왔다.

남아프리카에서 돌아온 며칠 뒤 다가오는 금요일 저녁 일정에 대한 이메일을 보냈다. "저녁 식사를 하면서 코로나바이러스 관계자들과 소통하는 자리를 가져볼까 합니다." 각자 바쁜 일정이 있었지만 거의 모든 사람이 긍정적인 답신을 보내왔다. 이렇게 해서 금요일, 재단과 다른 조직의 전문가 10여 명이 시애틀 외곽의 내 사무실에 모여 함께 저녁 식사를 하게 됐다. 갈비 요리와 샐러드를 앞에 두고 핵심적인 질문에 대한 이야기가 시작됐다. "코로나19가 팬데믹으로 번질까요?"

그날 밤 코로나19와 관련해 내가 들은 수치는 인류의 편이 아니었다. 특히 코로나19는 공기를 통해 퍼지기 때문에 접촉으로 전파되는 HIV Human Immunodeficiency Virus(에이즈 AIDS를 일으키는 원인 바이러스―옮긴이)나 에볼라 Ebola(급성 열성 감염을 일으키는 바이러스―옮긴이)처럼 일부 국가에만 퍼지는 데 그칠 일이 아니었다. 몇 개월 내에 전 세계 수백만 명의 사람들이 이 병에 걸리고, 또 죽게 될 상황이었다.

각국 정부가 다가오는 이 재앙에 대해 크게 걱정하고 있지 않다는 점이 내겐 큰 충격이었다. 내가 물었다. "정부들이 왜 시급한 조치를 취하지 않는 건가요?"

에머리대학에서 우리 재단으로 온 남아프리카공화국 출신 연구원 키스 클루그먼 Keith Klugman이 한마디로 답했다. "그럴 수밖에 없으니까요."

전염병(팬데믹으로 번질 수 있는 종류와 그렇지 않은 것 모두)은 내가 집착하는 대상이다.

내가 이전 책들을 통해 다룬 소프트웨어나 기후변화와 달리 치명적인 전염병은 사람들이 관심을 갖는 주제가 아니다(물론 코로나19는 예외였다). 나는 파티에서 에이즈 치료나 말라리아 백신에 대해 이야기하고 픈 충동을 억누르는 법을 배워야 했다.

내가 전염병에 관심을 갖게 된 것은 25년 전으로 거슬러 올라간다. 1997년 1월 멀린다와 나는 〈뉴욕타임스〉에 실린 니컬러스 크리스토프_{Nicholas Kristof}의 기사를 읽었다. 그는 매년 310만 명의 사람이 설사로 사망하며, 사망자 대부분이 어린아이라고 했다.[2] 우리는 충격을 받았다. 한 해 300만 명의 아이들이 죽는다니! 우리 상식으로는 그저 조금 불편한 것에 불과한 증상 때문에 그렇게 많은 아이가 죽는 것이 어떻게 가능하단 말인가?

For Third World, Water Is Still a Deadly Drink

By NICHOLAS D. KRISTOF

THANE, India — Children like the Bhagwani boys scamper about barefoot on the narrow muddy ...hs that wind through the laby- ...slum here, squatting and ...mselves as the need ...he filth as

〈뉴욕타임스〉에서 발췌. ©1997 The New York Times Company. All rights reserved. Used under license.[3]

우리는 수백만 명의 어린이들이 간단한 설사 치료제(증상 중에 손실되는 영양을 대체하는 그리 비싸지 않은 액상 약물)를 구하지 못해 죽어가고 있다는 것을 알게 됐다. 이는 우리가 도움을 줄 수 있는 문제라 판단됐다. 그래서 우리는 보조금을 만들어 치료제를 더 널리 보급하고, 애초에 설사를 예방할 수 있도록 예방접종 사업을 지원하기 시작했다.·

나는 더 자세한 내용을 알고 싶었다. 그래서 천연두 퇴치에 기여한 전염병학자이자 미국 질병통제예방센터_{Centers for Disease Control and Prevention, CDC}(이하 CDC)의 소장이었던 빌 페기 박사_{Dr. Bill Foege}에게 연락

· 그 결과는 제3장에서 이야기할 것이다.

아웃브레이크
특정 지역

에피데믹
더 넓은 지역

팬데믹
세계

했다. 빌은 천연두, 말라리아, 가난한 국가의 보건 행정에 관한 81권의 책과 논문을 주었다. 나는 최대한 빨리 그 자료를 읽었고, 다른 자료를 더 달라고 부탁했다. 가장 인상 깊었던 것은《세계개발보고서 1993: 보건 투자, 제1권》World Development Report 1993: Investing in Health, Volume 1 이라는 특별할 것 없는 제목의 책이었다.[4] 전염병(특히 저소득 국가의 전염병)에 대한 내 집착은 이렇게 시작됐다.

전염병에 대한 글을 읽기 시작하면 오래지 않아 '아웃브레이크' outbreak, '에피데믹'epidemic, '팬데믹'pandemic이라는 말을 접하게 된다. 이용어들에 대한 정의는 생각만큼 엄격하지 않다. 대략적으로 이야기하면 '아웃브레이크'는 특정한 지역에서 작은 규모로 질병이 급증할 때, '에피데믹'은 한 국가나 그 이상의 넓은 지역에 더욱 광범위하게 퍼질 때, '팬데믹'은 에피데믹이 전 세계로 퍼져 하나 이상의 대륙에 영향을 미칠 때를 말한다. 전염병이 이동 없이 특정한 장소에 계속 머무르는 경우는 '엔데믹'endemic이라고 한다. 예를 들어, 말라리아는 적도 지역의 '엔데믹'이다. 만일 코로나19가 완전히 사라지지 않는다면, 엔데믹으로 분류될 것이다.

새로운 병원체를 발견하는 것은 그리 드문 일이 아니다. 세계보건기구World Health Organization, WHO(이하 WHO)에 따르면 지난 50년 동안 과학자들이 확인한 새로운 병원체는 1,500종이 넘는다. 그 대부분이 동물에서 시작되어 인간에게 확산됐다.

큰 피해를 유발하지 않은 것도 있는 반면, HIV처럼 재앙이었던 것들도 있다. 에이즈로 3,600만 명 이상이 목숨을 잃었으며, 현재 HIV 보균자는 3,700만 명이 넘는다. 2020년 새롭게 발생한 환자만 150만 명이다.[5] 항바이러스 약물로 적절한 치료를 받는 사람들은 질병을 퍼뜨리지 않으므로, 새로운 환자가 줄어들고 있는 상황인데도 말이다.

인간의 질병 중 유일하게 퇴치된 천연두 이외에는 과거의 모든 전염병이 여전히 남아 있다. 대부분의 사람들이 중세와 연결시키는 페스트pest도 아직 우리 곁에 있다. 2017년 마다가스카르를 강타한 페스트에 2,400명이 감염되었고 200명 이상이 사망했다.[6] WHO에는 매년 40건 이상의 콜레라 아웃브레이크에 대한 보고가 올라온다. 1976년에서 2018년 사이 에볼라의 국지적 아웃브레이크가 24회, 에피데믹이 1회 있었다. 규모가 작은 것까지 포함하면 매년 200건 이상의 전염병 아웃

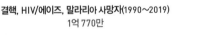

결핵, HIV/에이즈, 말라리아 사망자(1990~2019) (단위: 명)
1억 770만

결핵	HIV/에이즈	말라리아
4,590만	3,640만	2,540만

치명적인 엔데믹. HIV/에이즈, 말라리아, 결핵은 1990년 이후 전 세계적으로 1억 명 이상의 사망자를 냈다. (IHME)[7]

브레이크가 발생한다.

에이즈와 '침묵의 전염병'이라고 알려진 결핵, 말라리아 등은 재단이 진행하는 세계 보건 사업의 중점 사안이다. 2000년, 이들 질병으로 인한 사망자 수는 총 1,500만 명이 넘었고 그 대다수가 어린이였다.[8] 하지만 그들에게 사용된 돈은 충격적일 정도로 적었다. 우리는 새로운 혁신을 만드는 팀을 구축하는 방법을 알고 있었고 자원도 갖고 있었다. 멀린다와 나는 우리의 지식과 자원이 이 분야에서 혁신을 일으킴으로써 큰 변화를 만들 수 있다고 판단했다.

우리 재단의 보건 사업에 대해 일반인들이 크게 오해하는 부분이 있다. 재단의 사업은 부유한 국가의 국민을 보호하는 데 집중되어 있지 않다. 재단은 보건 측면에서 고소득 국가와 저소득 국가 사이에 존재하는 격차를 해소하는 데 초점을 맞추고 있다. 물론 사업 과정에서 부유한 국

잠비아 루사카에 있는 광고판. 에이즈에 대한 인식을 높이고 예방법을 홍보하기 위한 것이다.[9]

1918년 인플루엔자 팬데믹 당시 미국 정부가 적절한 위생 활동과 사회적 거리두기를 권장한 공문.[10]

가에 영향을 미칠 수 있는 질병들에 대해서도 많은 것을 배우게 된다. 따라서 우리 자금 중 일부가 이런 질병에 도움을 줄 수는 있지만 그것이 우리 보조금 지급의 주안점은 아니다. 그런 사업에는 민간 부문, 부유한 국가의 정부, 다른 자선가들이 많은 자원을 투자하고 있다.

물론 팬데믹은 모든 국가에 영향을 준다. 전염병에 대한 공부를 시작한 이후 나는 그 문제를 크게 걱정하게 됐다. 인플루엔자 계열과 코로나바이러스 계열을 비롯한 호흡기바이러스는 대단히 빠르게 퍼질 수 있기에 특히 위험하다.

팬데믹이 나타날 가능성은 계속 높아지고 있다. 첫째, 도시화로 인간이 자연 서식지를 침범하는 속도가 점점 빨라지고 있다. 이에 따라 동물과의 접촉이 더 많아지면서 질병이 동물에게서 우리 인간에게로 전해질 가능성이 더 커졌다. 둘째, 해외여행이 급증했다(최소한 코로나로 둔화되기 전까지는). 1950년 한 해 2,500만 명이던 해외여행객은 코로나 이전인 2019년 연간 14억 명으로 늘어났다.[11] 가장 최근의 재앙적 팬데 믹인 1918년의 스페인 독감(5,000만 명 사망) 이후 한 세기나 무탈하게 지났다는 것은 대체로 운이 따라준 덕분이다.

코로나 이전에는 인플루엔자 팬데믹의 가능성이 '비교적' 잘 알려져 있었다. 1918년 스페인 독감에 대해 들어본 적 있는 사람들이 많았고, 2009~2010년의 신종 플루를 기억하는 사람들도 있었다. 하지만 한 세 기는 꽤 긴 시간이다. 스페인 독감을 실제로 겪은 사람 중에 살아 있는 사람은 거의 없다. 그리고 신종 플루는 일반 인플루엔자보다 크게 치명 적이지 않았기 때문에 큰 문제가 되지 않았다.

공부를 할수록 호흡기바이러스 에피데믹에 대한 전 세계의 대비가 얼마나 소홀한지 실감했다. 나는 2009년 신종 플루에 대한 WHO의 대 응을 다룬 보고서를 읽은 적이 있다. 이 보고서는 "세계는 심각한 인플 루엔자 팬데믹이나 그에 상응하는 세계적, 지속적, 위협적 공중보건 비 상사태에 전혀 대비되어 있지 않다."라는 예언에 가까운 결론을 내렸 다. 보고서에는 준비를 갖추기 위한 계획이 단계별로 상세히 제시되어 있었지만 그중 실현된 것은 별로 없었다.

다음 해 내 친구 네이선 미어볼드Nathan Myhrvold가 인류가 직면한 가 장 큰 위협에 대해 조사하고 있다는 이야기를 꺼냈다. 그가 가장 걱정하 는 것은 인공 생물 무기(연구소에서 만들어진 질병)였지만 자연 발생적인 바이러스들도 문제 목록의 상위에 있었다.

네이선은 수십 년 된 친구다. 그는 마이크로소프트의 최첨단 연구 분과를 만들었고 요리(!), 공룡, 천체물리학 등에도 일가견이 있다. 네이선은 위험을 과장하는 유형의 사람이 아니다. 따라서 자연적이든 인위적이든 전염병 팬데믹에 대한 전 세계 정부들의 대비가 전혀 없다는 그의 주장을 들은 나는 그와 함께 상황을 바꿀 방법을 의논하기 시작했다.

네이선은 이런 비유를 사용한다. 지금 당신이 있는 건물(당신이 이 책을 해변에서 읽고 있는 것이 아니라면)에는 화재경보기가 있을 것이다. 당신이 있는 건물이 오늘 불타서 재가 될 확률은 매우 낮다. 화재 없이 100년을 버틸 수도 있다. 하지만 당연히 주변에 그 건물만 있을 리 없고, 바로 이 순간에도 어딘가에서는 건물이 불타고 있을 것이다. 세계 곳곳에서 끊임없이 발생하는 화재가 그 위험을 상기시킨다. 그런 이유로, 드물지만 대단히 파괴적인 잠재력을 가진 화재를 방지하고 우리를 보호할 수 있도록 화재감지기를 설치하는 것이다.

팬데믹에 있어서라면 세계는 연기에 민감하지도 않고 다른 감지기로 신호가 빠르게 전달되지도 않는 불량 화재감지기가 달린 건물이다. 부엌에 불이 나면 사람들이 경보를 듣고 불을 끄러 오기 전에 식당까지 불이 번질 게 분명하다. 게다가 경보가 100년에 한 번쯤 울리다 보니 위험의 존재 자체를 잊고 살게 된다.

사실 전염병이 얼마나 빨리 퍼지는지는 실감하기 어려운 일이다. 대부분의 사람은 일상에서 '기하급수적인 증가'라는 것을 접하지 못하기 때문이다. 그렇다면 이렇게 생각해보자. 첫째 날 100명이 어떤 전염병

● 네이선은 《로페어》Lawfare에 〈전략적 테러〉Strategic Terrorism: A Call to Action라는 논문을 발표하기도 했다. 이 논문은 https://papers.ssrn.com에서 찾을 수 있다. 자기 전에 읽는 것은 권하지 않는다. 잠이 확 깨기 때문이다.

에 걸렸고 매일 감염자가 두 배로 늘어난다면, 27일째 되는 날에는 지구 인구 전체가 감염된다.

2014년 봄, 재단의 보건팀이 전염병에 대한 불길한 이메일을 보내오기 시작했다. 기니 남동부에서 에볼라바이러스 감염 사례 몇 건이 확인됐다는 소식이었다. 그해 7월이 되자 기니의 수도 코나크리, 기니와 이웃한 라이베리아, 시에라리온의 수도에서 감염자가 나왔다.[12] 결국 이 바이러스는 미국을 비롯한 일곱 개국으로 확산되어 11만 명의 목숨을 앗아갔다.

에볼라는 신체의 여러 구멍들을 통해 피를 쏟게 하는 무서운 질병이다. 하지만 발병 속도가 빠른 데다 증상이 나타나면 환자가 거동하기 힘들어서 수천만 명까지 감염되기는 어렵다. 에볼라는 감염된 사람의 체액에 접촉했을 때만 전염되는 데다, 증상이 시작되면 너무 아파서 돌아다닐 수가 없다. 가장 위험한 것은 집이나 병원에서 에볼라 환자를 돌보는 사람과 장례 과정에서 에볼라 사망자의 시신을 씻기는 사람이다.

에볼라로 사망한 미국인은 많지 않았다. 하지만 에볼라는 전염병이 대단히 먼 거리를 이동할 수 있다는 점을 상기시켜줬다. 에볼라 아웃브레이크 때는 병원체가 미국은 물론 영국과 이탈리아(미국 관광객들이 즐겨 찾는 곳)까지 퍼졌다. 사실 서아프리카의 확진자가 1만 1,000명이 넘었던 것에 비해 이 세 나라에서는 확진자가 여섯 명, 사망자가 한 명에 불과했다. 하지만 그 순간만큼은 미국인들도 전염병에 주의를 기울였다.

나는 그것이 전염병 팬데믹에 전혀 대비되어 있지 않은 우리의 상황을 상기시킬 기회라고 생각했다. '에볼라가 무서운가? 그럼 인플루엔자

2014년에서 2016년 사이 서아프리카 에볼라 에피데믹 중 많은 사람이 장례식에서 에볼라바이러스에 감염되었다. 병으로 희생된 사람과 밀접 접촉을 했기 때문이었다.[13]

는 어떤 일을 할 수 있다고 생각하는가?'

2014년 크리스마스 연휴에 나는 보고서를 쓰기 시작했다. 에볼라를 통해 드러난 전 세계의 소홀한 준비 상태를 지적하는 보고서였다.

상황은 끔찍했다. 지자체를 통해 질병의 진행 상황을 모니터할 체계적인 방법이 전무했다. 진단 테스트는 결과가 나오는 데 며칠이나 걸렸다(이조차 테스트를 받을 수 있는 경우의 이야기다). 감염된 사람을 격리해야 하는 상황에서는 영원과 다름없는 시간이다. 감염 국가로 가서 기관을 돕는 용감한 전염병 전문가 네트워크가 있기는 했지만, 보수를 받는 대규모 정규 전문가팀은 존재하지 않았다. 그런 팀이 있다고 해도 그들을 필요로 하는 곳까지 보낼 방법이 없었다.

한마디로 문제는 시스템이 제대로 작동하지 않는 것이 아니라 '시스

템 자체가 거의 존재하지 않는다'는 것이었다.

하지만 이를 게이츠 재단의 우선 과제로 삼는 것은 적절치 않다는 것이 내 생각이었다. 부유한 국가의 정부는 에볼라로 공포를 맛본 이후 시급한 과제가 무엇인지 파악하고 행동에 나설 것이라고 생각했다. 때문에 우리 재단은 시장이 중요한 문제를 해결할 수 없는 분야에 집중해야 한다고 판단했다. 2015년 나는 《뉴잉글랜드의학저널》The New England Journal of Medicine에 전 세계적으로 전염병에 대한 준비가 얼마나 부실한지 지적하고 준비를 갖추기 위해 무엇이 필요한지 설명하는 논문을 발표했다.

나는 이 경고의 메시지를 '다음 아웃브레이크? 우리는 준비되지 않았다'The Next outbreak? We're Not Ready로 각색해 테드TED 강연을 했다. 당시 테드 강연은 1918년과 같은 전염성 인플루엔자로 3,000만 명이 사망하는 애니메이션으로 마무리되었다. 세계가 팬데믹을 준비할 수 있도록 경각심을 불러일으키고 싶었다. 그래서 수조 달러의 경제적 손실과 엄청난 혼란이 있으리란 점을 강조했다. 이 테드 강연은 4,300만 회의 조회 수를 기록했다. 하지만 그중 95퍼센트는 코로나 팬데믹이 시작된 이후에 조회된 것이다.

게이츠 재단은 독일, 일본, 노르웨이 정부 및 웰컴 트러스트Wellcome Trust와의 협력하에 전염병대비혁신연합Coalition for Epidemic Preparedness Innovations, CEPI(이하 CEPI)이라는 조직을 만들었다. 이 조직은 새로운 전염병에 대한 백신 개발의 속도를 높이고 이렇게 개발한 백신을 최빈국의 사람들에게 전달하는 일을 했다. 또한 나는 인플루엔자를 비롯한 호흡기 질환이 지역사회에서 어떻게 전염되는지 알아보기 위해 시애틀 지역에서 이루어지고 있는 한 연구에 자금을 지원했다.

CEPI와 시애틀플루연구Seattle Flue Study는 코로나가 출현했을 때 도움이 된 좋은 투자였지만 다른 것들은 큰 성과를 거두지 못했다. 110개 이상의 국가들이 준비 상황을 분석했고 WHO는 격차를 줄이기 위한 방안을 내놓았지만, 정작 이런 분석과 계획에 따라 행동한 사람은 없었다. 개선이 필요했지만 실행으로 옮겨지지는 않았다.

테드 강연을 하고 《뉴잉글랜드의학저널》에 논문을 발표한 지 6년째 되는 해에 코로나19가 유행했다. 그러자 기자며 지인들이 '2015년에 좀 더 적극적으로 사업을 펼쳤더라면 더 나았으리란 생각을 하지 않느냐' 고 물어왔다. 어떻게 했어야 더 나은 도구들과 신속한 규모 확장이 필요하다는 걸 알리고, 더 많은 관심을 모을 수 있었을까? 이 책을 2015년에 썼어야 했을까? 하지만 그때라면 많은 사람이 이 책을 읽지 않았을 것이다.

2020년 1월 초, 에볼라 이후 우리가 게이츠 재단에 만든 전염병 모니터링팀은 SARS-CoV-2(현재 코로나19를 유발하는 것으로 알려진 바이러스)를 추적하고 있었다.

1월 23일, 재단의 보건 사업을 이끄는 트레버 먼델Trevor Mundel이 멀린다와 내게 이메일을 보내 코로나에 대한 팀의 생각을 전하고, 코로나 연구를 위한 1차 자금 지원을 요청했다. 그의 메일에는 이렇게 적혀 있었다. "안타깝게도 코로나 아웃브레이크는 계속 확산되어 심각한 팬데믹에 이를 가능성이 있습니다(확신하기는 이르지만 반드시 즉각적인 조치가 필요한 수준으로)."**

멀린다와 나는 이미 오래전부터 연례 전략 검토 기간까지 기다리기 어려운 시급한 사안을 다루는 의사결정체계를 갖고 있었다. 누구든 그런 문제를 먼저 알아챈 사람이 상대에게 그것을 알리고 "이거 괜찮아 보이는데? 승인할 의향 있어요?"라고 묻는 것이다. 여기에 동의하는 상대는 바로 지출을 승인하는 이메일을 보낸다. 우리는 이혼했고 현재는 신탁 이사들과 함께 일하고 있지만, 재단과 관련된 중요한 결정을 할 때는 여전히 이 체계를 사용한다.

트레버의 메일을 받고 10분 후 나는 멀린다에게 승인 의사를 물었다. 그녀가 동의했고 곧장 트레버에게 답장을 보냈다. "오늘 500만 달러

• SARS-CoV-2는 코로나19를 일으키는 바이러스의 이름이다. 엄밀히 말하면, '코로나'는 코로나바이러스로 인한 모든 질병을 말하며 그중 하나가 코로나19다(2019년에 발견되었기 때문에 19라는 명칭이 더해졌다). 하지만 지금부터는 편의를 위해 코로나19라는 질병과 그것을 유발하는 모든 바이러스에 '코로나'라는 단어를 사용하기로 한다.

•• 이미 '들어가며'에서 게이츠 재단을 여러 차례 언급했고 이후에도 이 책 전체에서 더 언급하게 될 것이다. 이는 자랑하기 위해서가 아니라 재단의 해당 팀이 코로나19의 백신, 치료제, 진단 방법 개발에서 큰 몫을 했기 때문이다. 그들의 연구를 언급하지 않고서는 코로나19에 대해 이야기하기 어렵다.

를 승인할 예정입니다. 향후 더 많은 금액이 필요할 수 있다는 것을 염두에 두고 있습니다. 팀이 이 문제에 이렇게 빨리 뛰어들어서 다행입니다. 매우 걱정스러운 문제입니다."

우리 두 사람의 짐작대로 앞서 언급한 2월 중순 저녁 식사를 비롯한 여러 번의 회의로 추가 금액이 필요하다는 것이 확실해졌다. 재단은 코로나의 확산 속도를 늦추고, 백신과 치료제를 개발하고, 생명을 구하는 데 필요한 이런 도구들이 가난한 나라의 국민들에게 이를 수 있도록 하는 등 코로나와 싸우는 다양한 사업에 20억 달러 이상을 지원했다.

팬데믹이 시작된 이래 나는 재단 안팎의 수많은 보건 전문가들과 함께 일하면서 배울 기회를 얻었다. 그중 특별히 언급해야 할 것이 있다.

내가 미국 국립보건원National Institutes of Health, NIH 산하 국립알레르기전염병연구소National Institute of Allergy and Infectious Diseases, NIAID 소장인 앤서니 파우치Anthony Fauci와 처음 통화한 것은 2020년 3월이었다. 수년 전부터(그가 대중지 표지를 장식하기 훨씬 전부터) 그와 인연이 있었던 나는 이 모든 것, 특히 개발 중인 여러 백신과 치료제의 가능성에 대한 그의 의견을 듣고 싶었다. 우리 재단은 그런 여러 연구를 뒷받침하고 있었다. 그리고 나는 혁신적인 치료제와 도구를 개발하고 효율적으로 배치하자는 우리의 어젠다가 그의 어젠다와도 부합하는지 확인하고 싶었다. 또한 사회적 거리두기와 마스크 사용과 같은 것들에 대해 그가 어떤 이야기를 하는지 파악해서 나 역시 인터뷰할 때 같은 이야기를 하고 싶었다. 그렇게 함으로써 팬데믹 확산을 막는 데 조금이나마 보탬이 되고 싶었기 때문이다.

우리는 생산적인 첫 통화를 했다. 앤서니와 나는 그해 남은 기간 동안 매달 연락을 하며 여러 치료제와 백신의 진전 상황을 논의했다. 그리고 미국에서의 성과를 이용해 다른 나라에도 혜택을 줄 수 있는 전략을 수립했다. 우리는 함께 인터뷰를 하기도 했다. 그의 옆에 있었던 것(물론 비대면으로)은 내게 큰 영광이었다.

이런 공개적인 활동에는 부작용이 따랐다. 수년 동안 이어진 게이츠 재단에 대한 비난이 더 거세진 것이다. 그런 비판들을 요약하자면 '빌 게이츠는 선출직 공무원이 아니고 억만장자일 뿐이다. 그가 보건과 같은 공적인 문제를 다루는 이유는 무엇인가?'쯤 될 것이다. 이런 비난은 결국 세 가지 의미로 해석할 수 있다. 첫째, 게이츠 재단의 영향력이 지나치게 크다. 둘째, 민간 부문이 변화의 엔진이 될 수 있다는 빌 게이츠의 신념이 도를 넘었다. 셋째, 빌 게이츠는 새로운 발명이 모든 문제를 해결할 것이라고 생각하는, 기술에 집착하는 사람이다.

내가 공직에 선출된 적이 없다는 것은 분명한 사실이다. 그리고 그렇게 하고 싶은 마음도 없다. 부자들이 지나친 영향력을 가진다면 사회에 좋을 것이 없다는 점에는 나도 동의한다.

하지만 게이츠 재단은 자원이나 영향력을 은밀하게 사용하지 않는다. 우리는 자금을 지원하는 대상이 어디인지, 그 결과(성공은 물론 실패도)가 어떠했는지를 모두 공개한다. 물론 우리에게서 받는 보조금을 잃고 싶지 않아서 비판의 목소리를 내지 못하는 경우도 있을 것이다. 이는 우리가 외부의 전문가에게 자문을 구하고 다른 관점에 대해 알아보는 데 노력을 아끼지 않는 이유 중 하나다(우리는 같은 이유로 2022년 신탁 이사회를 확대했다). 또한 우리는 공공정책에 사용되는 아이디어의 질을 향상시키고 가장 큰 효과를 낼 것으로 예상되는 아이디어에 자금을 지원하는 것을 목표로 삼는다.

게이츠 재단이 보통 정부가 도맡는 일, 즉 소아마비와의 싸움이나 WHO 같은 조직에 대한 지원 등 큰 계획이나 기관의 자금원으로서 압도적인 위치에 있다는 비판의 말도 옳다. 하지만 이번 팬데믹이 보여줬듯이 이들 영역은 사회 전체에 혜택을 주며 가장 자금이 필요한 것이 명백한데도 여전히 정부로부터 충분한 자금과 지원을 얻지 못하고 있다. 앞으로 전 세계가 이 부문에 쏟는 지출에서 게이츠 재단의 자금 지원이 차지하는 비중이 줄어든다면 그 누구보다 기뻐할 사람은 바로 나다. 이 책에서 주장하고 있듯이 이런 지출은 더욱 건강하고 생산적인 세계를 만들기 위한 투자이기 때문이다.

팬데믹 사태와 관련해서 그 기간 동안 많은 사람들이 고통을 겪은 반면 나와 같은 몇몇 사람은 오히려 더 부유해진 것이 공정치 못하다고 주장하는 사람들도 있다. 그들의 말이 전적으로 옳다. 내 재산은 코로나가 주는 대부분의 영향에서 나를 지켜줬다. 나는 팬데믹으로 삶이 황폐해진다는 것이 어떤 의미인지 알지 못한다. 이런 내가 할 수 있는 최선의 일은 내가 가진 자원의 대부분을 보다 공정한 사회를 추구하는 방식으로 사회에 환원하겠다는 몇 년 전의 내 약속을 지키는 것이다.

내가 기술에 집착한다는 말도 사실이다. 혁신은 나의 망치고 나는 눈에 보이는 모든 못에 그 망치를 사용하려고 노력한다. 기술 기업을 만들어 세계적인 규모로 키워온 나는 혁신을 주도하는 민간 부문의 힘을 굳게 믿는다. 하지만 혁신이 꼭 새로운 기계나 백신일 필요는 없다. 혁신은 일을 하는 다른 방법일 수도 있고, 새로운 정책이거나 공공재를 조달하는 영리한 계획일 수도 있다.

이 책에서 당신은 이러한 유형의 혁신에 대해 읽게 될 것이다. 아무리 좋은 신상품이라도 가장 필요로 하는 사람들에게 이르지 못한다면 좋은 결과를 얻을 수 없다. 특히 보건에 있어서는 제품을 사람들에게 전달하기 위해 정부(아무리 가난한 나라라 해도 공공서비스를 제공하는 기관이 항상 존재한다)와의 협력이 필요한 경우가 상당히 많다. 바로 그것이 내가 새로 생기는 질병에 대한 제1 방어선 역할을 할 수 있도록 공중보건체계를 강화해야 한다고 주장하는 이유다.

안타깝게도 나에 대한 모든 비판이 깊은 숙고에서 나온 것은 아니다. 코로나가 유행하는 동안 내가 얼마나 어이없는 음모론의 표적이 되고 있는지 목격하고는 놀라움을 금치 못했다. 완전히 새로운 일이라고는 할 수 없지만(마이크로소프트를 중심으로 한 비정상적인 생각들은 수십 년간 존재해왔다) 지금은 공격이 보다 집요해졌다. 거기에 대응을 해야 할지 말아야 할지 전혀 감을 잡을 수가 없다. 무시한다면 그 공격은 계속 확산될 것이다. 하지만 내가 나서서 "나는 당신들의 움직임을 추적하는 데 관심이 없다. 솔직히 당신들이 어디를 가든 내 알 바 아니다. 어떤 백신에도 이동 경로를 추적하는 장치는 없다."라고 말한다면 음모론을 믿는 사람들의 마음을 돌릴 수 있을까? 나는 앞으로 나아가는 가장 좋은 방법은 진실이 거짓보다 오래간다는 점을 믿고 일을 계속하는 것이라고 마음을 정했다.

몇 년 전 저명한 전염병학자 래리 브릴리언트Larry Brilliant 박사는 잊기 힘든 말을 남겼다. "아웃브레이크는 피할 수 없다. 하지만 팬데믹은 필연적이지 않다."

사람들 사이에서는 늘 질병이 퍼지게 마련이다. 하지만 질병이 꼭 세계적인 재난이 될 필요는 없다. 이 책은 정부, 과학자, 기업, 개인이 어떻게 하면 불가피한 아웃브레이크가 팬데믹이 되는 것을 막는 시스템을 구축할 수 있을지 그 방법을 다룬다.

여러 가지 명백한 이유들 덕분에 이런 일을 하기에 지금만큼 적절한 때는 없다. 코로나를 경험해본 사람이라면 그 기억을 결코 잊지 못할 것이다. 제2차 세계대전이 우리 부모 세대가 세상을 보는 방식을 바꾸어놓은 것처럼 코로나는 우리가 세상을 보는 방식을 바꾸었다. 그렇다고 또 다른 팬데믹에 대한 두려움 속에서만 살 필요는 없다. 세상은 모두에게 기본적인 치료를 제공할 수 있다. 나아가 새로운 질병에 대응하고 억제할 준비를 갖출 수 있다.

이 일들은 현실에서 어떤 모습으로 나타날까? 이렇게 상상해보라.

연구를 통해 모든 호흡기 병원체에 대해 파악하고 진단한다. 항바이러스 약물, 백신과 같은 도구를 지금 가능한 것보다 훨씬 빠르게 다량으로 만들 준비를 갖춘다.

범용 백신을 통해 코로나바이러스와 인플루엔자처럼 팬데믹을 유발할 가능성이 높은 모든 호흡기 병원체로부터 우리 모두를 보호한다.

지역 공공보건기관이 가장 가난한 나라에서도 효과적으로 기능하며 생명을 위협할 가능성이 있는 질병을 빠르게 발견한다.

모든 이례적인 상황은 연구를 위해 세계의 연구소들과 공유되며 정보는 전담팀이 모니터하는 글로벌 데이터베이스에 업로드된다.

병원체의 위협이 감지되면 정부는 경보와 여행, 사회적 거리두기, 비상 계획에 대한 공중위생 권고를 발령한다.

정부는 격리 명령을 내린다. 그리고 거의 모든 변종을 막아내는 항바이러스제를 비롯해 어떤 보건소, 직장, 가정에서든 사용할 수 있는 진단 장비 등을 비롯해 당장 입수할 수 있는 도구들을 사용하기 시작한다.

그것으로 충분치 못할 경우 전 세계의 혁신가들이 즉각 해당 병원체에 대한 진단 장비, 치료제, 백신의 개발을 시작한다. 특히 진단 체계가 빨리 확대되어 짧은 시간에 많은 사람이 검사받을 수 있다.

새로운 약물과 백신에 대한 승인이 빠르게 이루어진다. 이미 신속한 실험 진행과 결과 공유에 대한 합의가 이루어져 있기 때문이다. 생산에 들어갈 준비가 되면 이미 승인을 받은 공장에서 바로 제조가 시작된다.

아무도 소외되지 않는다. 모두에게 충분할 정도로 백신을 빠르게 생산할 방법을 이미 알아냈기 때문이다.

모든 것이 있어야 할 때에, 있어야 할 곳에 도착한다. 환자에게 제품이 전달되는 시스템을 구축했기 때문이다. 상황에 대한 소통은 명확하며 공황 상태에 빠지지 않는다.

이 모든 일이 빠르게 이루어진다. 처음 위험 신호가 발생한 때로부터 안전하고 효과적인* 백신을 지구상의 모든 인구에게 접종할 만큼 충분히 만드는 데까지 6개월밖에 걸리지 않는다.

내가 방금 이야기한 시나리오는 이 책을 읽는 사람들에게 지나친 야심으로 보일 것이다. 분명 이는 높은 목표다. 하지만 우리는 이미 그 방향으로 나아가고 있다. 2021년 미국 백악관은 다음 에피데믹의 백신에 필요한 인원과 자금을 배치하고 100일 이내에 개발하는 계획을 발표했다.[14]

리드 타임leed time(물품을 발주하고부터 그 물품이 납입되어 사용할 수 있을 때까지의 기간—옮긴이)은 이미 줄어들고 있다. 코로나바이러스의 유전체 분석이 이루어진 시점부터 첫 백신의 실험이 끝나 사용 준비를 마칠 때까지 걸린 시간은 단 12개월이었다. 보통이라면 5년 이상이 소요되는 과정이다. 이번 팬데믹 기간 동안 이루어진 기술 발전으로 미래에는 그 속도가 더 빨라질 것이다. 우리(정부, 자금 조성자, 민간 기업)가 적절한 선택과 투자를 한다면 해낼 수 있다.

---

* 의학계에서 '효과'effectiveness와 '효능'efficacy은 의미가 다르다. '효능'은 임상시험에서 백신이 얼마나 좋은 성과를 냈느냐를 나타내는 척도이며, '효과'는 실제에서 얼마나 좋은 성과를 냈느냐를 나타내는 척도다. '효능'이라는 말이 입에 잘 붙지 않기도 하고 설명을 최대한 단순하게 할 생각이어서 앞으로는 두 가지 경우 모두 '효과'라는 말을 사용할 것이다.

사실 나는 나쁜 일이 일어나는 것을 막는 데서 그치지 않고 보다 비범한 일을 하고자 한다. 즉 호흡기바이러스 계열 전체를 퇴치할 기회를 찾으려 하고 있다. 이는 이번 팬데믹과 같은 코로나바이러스의 종말, 더 나아가 인플루엔자의 종말을 의미한다. 매년 인플루엔자 하나만으로 발생하는 환자가 10억 명에 이르고, 그중 300만~500만 명은 병원에 입원해야 할 정도의 중증으로 발전하며, 30만 명이 이상이 목숨을 잃는다.[15] 일반적인 감기 증상을 일으키는 코로나바이러스의 영향까지 더한다면 호흡기바이러스 퇴치의 혜택은 엄청날 것이다.

이 책의 각 장은 이런 준비를 하기 위해서 우리가 취해야 할 것들을 단계별로 하나씩 설명한다. 이들이 합쳐지면 인류를 위협하는 팬데믹을 퇴치하고, 또 다른 코로나를 겪어야 할 가능성을 낮추고자 하는 계획이 모습을 갖추게 될 것이다.

본론으로 들어가기 전에 마지막으로 하나 더 이야기할 것이 있다. 코로나는 빠르게 진화하는 질병이다. 책을 쓰기 시작한 후 몇 가지 변종들이 나타났는데, 가장 최근에는 오미크론Omicron이 나타났다. 그리고 사라진 변종들도 있다. 연구 초기에 전망이 매우 밝아보였던 일부 치료법들이 사람들(나를 비롯한)이 기대했던 것보다 효과가 떨어지는 것으로 밝혀졌다. 백신의 경우에도 효과가 지속되는 기간에 대한 의문이 있다. 그런 의문들에 대한 답은 시간이 지나야 얻을 수 있을 것이다.

나는 앞으로 몇 개월, 몇 년 동안 상황의 변화가 불가피하다는 것을 인식하고 이 책이 출판되는 시점에서 정확을 기하는 데 최선을 다했다.

어떤 경우든 팬데믹 예방 계획의 핵심은 같다. 코로나 상황이 어떻게 진전되든, 우리 앞에는 아웃브레이크가 세계적인 재앙으로 바뀌는 것을 막기 위해 해내야 할 많은 일이 있다.

빌 게이츠

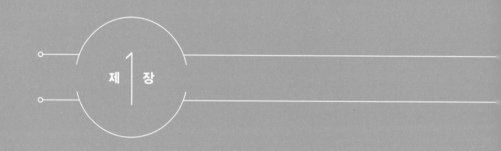

제 1 장

Learn from COVID

우리가 코로나에서 배운 것들

흔히 사람은 과거의 실수를 반복한다고 한다. 하지만 과거의 실수에서 배움을 얻는 경우도 있다. 제3차 세계대전이 일어나지 않은 이유는 무엇인가? 1945년 이후 세계의 리더들이 역사를 돌아보고 서로의 이견을 좁힐 더 나은 방법이 있다고 판단했기 때문이다.

그것이 내가 코로나에서 얻은 교훈을 바라볼 때 갖는 태도다. 우리는 코로나를 통해 배움을 얻을 수 있고 치명적인 질병으로부터 우리를 보호하는 일을 더 잘 해내야겠다는 다짐을 할 수 있다.* 코로나가 어제의 뉴스가 되고, 긴박감이 사라지고, 세상의 관심이 다른 곳으로 옮겨

---

* '우리'라는 단어에 대해: 나는 이 책에서 '우리'라는 단어를 여러 가지 방식으로 사용한다. 내가 (혹은 게이츠 재단이) 개인적으로 관여하는 일을 언급할 때도 이 단어를 사용하지만, 설명을 단순화하기 위해 보다 광범위한 세계 보건 부문 전체를 언급할 때나 전체로서의 세계를 의미할 때도 '우리'라는 말을 사용한다. 문맥을 통해 의미하는 바를 명확히 밝히도록 노력하겠다.

가기 전에, 바로 지금 계획을 마련하고 자금을 조달해야만 한다.

코로나에 대한 전 세계의 좋고 나쁜 대응을 기록한 많은 보고서가 나왔고 나는 거기서 많은 것을 배웠다. 소아마비 퇴치를 목표로 하는 세계 보건업에 참여하며 배운 것, 그리고 팬데믹이 시작된 때로부터 지금까지 재단, 정부, 학계, 민간 부문의 전문가들에게서 배운 여러 가지 핵심적인 교훈을 통합했다. 빠뜨려서는 안 될 중요한 일은 다른 나라들보다 효과적인 대처를 했던 나라들을 살펴보는 것이다.

적절한 일을 일찍 하는 것이
이후에 큰 이익을 가져다준다

이상하게 들릴지 모르겠지만 내가 가장 좋아하는 웹사이트는 전 세계의 질병과 보건 문제를 추적하는 데이터를 모아둔 곳이다. 세계질병부담Global Burden of Disease이라는 이름의 이 사이트는 놀라울 정도로 상세한 내용을 담고 있다(2019년의 경우 204개 국가 및 지역의 286개 사망 원인, 369개 유형의 질병과 부상을 추적했다).* 사람들이 얼마나 오래 사는지, 무엇 때문에 아픈지, 이런 것들이 시간에 따라 어떻게 변화하는지에 관심이 있는 사람이면 이 사이트가 다른 어떤 곳보다 좋은 정보원이 될 것이다. 나는 그런 데이터를 살피면서 몇 시간씩을 보내곤 한다.

이 사이트는 내가 살고 있는 시애틀의 워싱턴대학 보건지표평가연

---

* https://vizhub.healthdata.org/gbd-compare/

구소Institute for Health Metrics and Evaluation, IHME(이하 IHME)에서 만든 것이다. 이름에서 짐작할 수 있듯이 IHME는 전 세계에서 보건 관련 요소들을 측정하는 일을 전문으로 한다. 인과 관계(일부 국가에서 특정 질병의 발병이 증가 또는 감소하고 있는 것이 어떤 요인 때문인지, 미래는 어떻게 예측되는지)를 정립하기 위한 시도로 컴퓨터 모델링 작업도 하고 있다.

나는 2020년 초부터 IHME팀에게 코로나에 대한 질문을 퍼부어댔다. 코로나를 가장 성공적으로 다루고 있는 나라들의 공통점이 무엇인지 궁금했다. 그들 모두가 취한 적절한 조치가 있다면 그게 무엇인지 알고 싶었다. 이 질문에 어느 정도 확실한 답을 구할 수 있다면 최선의 관행이 어떤 것인지 파악하고 다른 나라도 그런 관행을 도입하도록 권장할 수 있을 것이다.

먼저 해야 할 일은 성공의 기준을 정하는 것이다. 그런데 이 일이 생각만큼 쉽지가 않다. 해당 국가에서 코로나에 감염된 사람이 그로 인해 사망하는 확률이 얼마인가만 봐서는 안 된다.

노인들은 젊은 사람보다 코로나로 사망할 가능성이 높고 그에 따라 통계가 왜곡될 수 있다. 노령 인구가 유난히 많은 국가는 불가피하게 높은 사망률을 보일 수밖에 없다(노령 인구가 세계에서 가장 많은데도 코로나에 잘 대처하고 있는 나라가 있다. 바로 일본이다. 마스크 착용 지시를 어떤 나라보다 잘 따르고 있는 것도 성공의 이유겠지만 다른 요인들도 작용했을 것이다).

당신이 주시해야 할 진정한 성공의 척도는 질병의 전체적인 영향력을 포착하는 수치여야 한다. 병원에 코로나 환자가 너무나 많아서 심장마비 환자가 치료를 받지 못하고 숨졌다면 코로나로 사망한 환자는 물

（단위: 명）

코로나 공식
사망자 수

590만

세계 초과 사망률
추정치

최저값
1,650만

최고값
1,800만

1,740만 추정

코로나의 실제 사망자 수. '초과 사망률'은 팬데믹이 간접적으로 유발한 사망자까지 포함시켜 코로나의 영향을 측정한다. 첫 번째 막대는 2021년 12월까지의 코로나 사망자 수를 보여준다. 두 번째 막대는 1,650만 명에서 1,800만 명 사이의 범위에 있는 초과 사망자 수 추정치를 보여준다. (IHME)[1]

론 심장 마비로 사망한 사람들도 수치에 포함시켜 계산해야 한다.

정확히 그런 점을 포착하는 척도가 있다. 이를 초과 사망률excess mortality이라고 한다. 여기에는 직접적으로 코로나 때문에 사망하는 사람은 물론 파급 효과로 사망하는 사람들도 포함된다(국가의 인구 규모를 감안하기 위해 1인당 초과 사망자 수로 표현한다). 초과 사망률이 낮을수록 적절한 대응을 하고 있는 것이다. 실제로 초과 사망률이 음수인 국가도 있다. 코로나로 인한 사망자가 비교적 적은 데다 사람들이 집에 머무는 시간이 훨씬 많아져 교통사고나 기타 치명적인 사망 사건이 적었기 때문이다.

2021년 말 현재 미국의 초과 사망률은 인구 100만 명당 3,200명으로 브라질이나 이란과 거의 비슷한 수준이다.[2] 반면 캐나다의 초과 사망률은 약 650명이고, 러시아는 7,000명을 훌쩍 넘는다.

초과 사망률이 가장 낮은(0에 가깝거나 음수인) 국가들(오스트레일리아, 베트남, 뉴질랜드, 한국) 대부분은 팬데믹 초기에 세 가지 일을 잘 해냈다. 다수의 사람들을 대상으로 신속한 검사를 진행했고, 양성으로 진

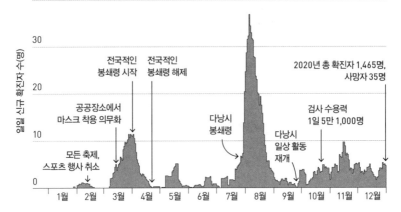

베트남의 코로나 억제. 정부 관리들은 2020년 한 해 동안 바이러스 억제 조치를 실시했다. 인구 9,700만의 국가에서 한 해 동안 사망자가 35명에 불과했다는 것은 큰 성과다. (글로벌 헬스 프로그램의 모범 사례)[3]

단받은 사람과 바이러스에 노출된 사람을 격리했다. 그리고 국경을 넘어왔을 수 있는 사례를 찾아 추적하고, 관리하는 계획을 실행했다.

안타깝게도 초기의 성공을 이어가기는 쉽지 않았다. 베트남 국민의 백신접종률은 비교적 낮았다. 백신 공급이 제한적이었던 탓도 있지만 바이러스 통제를 너무나 잘해냈기 때문에 백신접종이 시급해보이지 않았던 이유도 있었다. 따라서 전염성이 훨씬 더 강한 델타Delta 변종이 나타났을 때는 면역된 인구가 비교적 적은 상태였고 베트남은 큰 피해를 입었다.

2021년 7월의 초과 사망률은 인구 100만 명당 500명이 조금 넘는 정도였으나 12월에는 1,500명에 육박했다.[4] 초과 사망률이 크게 상승했지만 여전히 베트남의 상황은 미국보다 나았다. 이로써 전반적으로 초기의 적절한 조치가 더 나은 결과를 낸다는 걸 알 수 있다.

IHME의 자료를 보면 한 국가가 코로나 대처에 성공하느냐 여부는 국민들이 정부를 얼마나 신뢰하느냐와 관련이 있음을 알 수 있다.[5] 직관적인 이해가 가능한 이야기다. 정부에 신뢰가 있다면 코로나 예방을 위한 정부의 지침을 따를 가능성이 높기 때문이다. 하지만 정부에 대한 신뢰는 여론 조사로 측정되며 유난히 억압적인 정권 아래 사는 사람들이라면, 누구인지 모르는 여론 조사원에게 정부에 대한 솔직한 생각을 털어놓을 리 없을 것이다. 또한 어떤 상황이든 이런 연구 결과가 실용적 조언으로 옮겨져 빠르게 실행되기란 쉽지 않다. 국민과 정부 사이의 신뢰를 구축하기 위해서는 목적의식을 바탕에 두고 수고를 아끼지 않아야 한다.

무엇이 효과적인지 확인하기 위해서는 문제를 다른 쪽에서 보는 접근법도 유용하다. 개별 과제에서 두드러진 성과를 나타낸 사례를 찾아 그들이 어떻게 했는지를 연구하고 다른 나라에도 같은 방법을 적용하는 것이다. 글로벌 헬스Global Health 프로그램의 모범 사례Exemplar(이름도 적절한!)라는 그룹이 바로 그런 일을 하고 있다. 그들은 지금까지 몇 가지 주의를 끄는 연관성을 발견해냈다.

예를 들어, 모든 다른 조건이 동일한 경우 전반적으로 의료 시스템의 기능이 원활한 국가가 코로나에 잘 대처할 가능성이 높았다. 숙련된 의료 인력을 충분히 갖추었으며, 지역사회 사람들의 신뢰를 받고, 필요한 물자가 적절히 조달되는 병·의원 네트워크가 잘 구축되어 있다면 새로운 질병과 맞서는 데 더 유리한 위치에 있다고 볼 수 있다. 이는 모든 팬데믹 예방 계획의 중심에 다른 무엇보다 중·저소득 국가의 의료 시스템 개선이 있어야 한다는 점을 시사한다. 이 주제는 제8장과 제9장에서 다시 이야기할 것이다.

또 다른 사례가 있다. 데이터는 국경을 넘나드는 화물 수송이 국가 간 바이러스 확산에 상당히 영향을 미쳤다는 것을 보여준다. 그렇다면 이 문제에 잘 대처한 곳은 어디일까?

팬데믹 초기 우간다는 자국으로 들어오는 모든 화물차 운전사들의 코로나 검사를 의무화했고 곧이어 동아프리카 지역이 우간다의 선례를 따랐다. 하지만 검사 절차가 느리고 진단 키트의 공급이 부족했기 때문에 이 정책은 국경의 심한 정체(최장 4일)를 유발했다. 운전사들이 비좁은 숙소에서 대기하는 동안 전염이 증가했다.

우간다와 주변 국가들은 국경의 정체를 해소하기 위해 몇 가지 일을 했다.[6] 이동 검사소를 국경으로 파견하고, 결과를 추적 및 공유하는 전자 시스템을 만들었으며, 운전사들에게 국경이 아닌 출발지 국가에서

트럭 운전사 나릴쿠 무사Naliku Musa가 우간다와 남수단 국경에서 코로나 검사 결과를 기다리고 있다.[7]

검사를 받도록 한 것이다. 곧 교통 흐름이 원활해졌고 감염자 수가 통제되었다.

초기에 많은 사람을 검사하고, 양성 환자와 접촉자를 격리하고, 외국에서 환자가 들어오는 상황을 관리하면 담당 건수caseload(의사·사회복지사 등이 일정 기간에 돌봐야 하는 사람들의 수—옮긴이)를 통제하는 데 유리한 위치를 점하게 된다. 하지만 그런 일들을 빨리 실행하지 못할 경우 대규모 감염과 사망을 막기 위해 극단적인 조치를 취해야 하는 상황이 되고 만다.

정부가 컨트롤타워로서
제 역할을 해야 한다

나는 실패를 곱씹는 것을 좋아하지 않는다. 하지만 때로는 너무 지독해서 도저히 무시할 수 없는 실수들이 있다. 긍정적인 본보기가 있는 반면, 대부분의 국가는 코로나 대처에서(적어도 일부 측면에서는) 어이없는 실수를 저질렀다. 내가 유난히 미국을 많이 언급하는 것은 상황을 잘 알고 있기 때문이기도 하지만 실제보다 훨씬 더 잘해야 마땅한 조건이었기 때문이다(물론 미국만이 많은 실수를 저지른 것은 아니다).

2020년 백악관의 대응은 처참했다. 대통령과 수석 보좌관들은 팬데믹을 대단치 않게 생각하고 국민들에게 끔찍한 충고를 내놓았다. 믿기 힘들게도 연방기관들은 서로 간의 데이터 공유를 거부했다.

미국 CDC의 책임자가 정치적 압력에서 자유로울 수 없는 정무관

政務官, political appointee이라는 것도 약점이었다. CDC가 대중에게 내놓은 지침의 일부는 명백히 정치의 영향을 받은 것들이었다. 설상가상으로 2020년 CDC의 책임자는 유행병학자와는 거리가 먼 사람이었다. 훌륭한 업적으로 지금까지도 기억되고 있는 전 CDC 소장들(빌 페기와 톰 프리든Tom Frieden 같은 이들)은 커리어의 대부분 혹은 전부를 조직에서 보낸 전문가였다. 전투 시뮬레이션을 단 한 번도 해본 적 없는 장군이 갑자기 전쟁을 치러야 한다고 생각해보라.

하지만 무엇보다 심각한 실패는 미국인들이 적절한 검사를 받지 못했다는 점이다. 충분한 검사가 이루어지지 않았고 결과가 나오는 데까지 너무 오랜 시간이 걸렸다. 바이러스를 보유한 사람이 7일 동안 그 사실을 모르고 있다면? 다른 사람을 감염시킬 수 있는 시간이 일주일이나 주어지는 셈이다.

나로서는 도저히 이해할 수 없는 문제들(피하고자 하면 얼마든 피할 수 있는 것이었기에)이 있었다. 미국 정부는 검사 역량을 최대로 늘리지 않았다. 빨리 결과를 받아야 할 우선순위자를 확인하고 모든 테스트의 결과를 기록하기 위한 중앙 관리 체계도 만들지 않았다. 오미크론이 급속하게 퍼진 시기는 팬데믹이 시작되고 2년이 지난 시점이었는데도 증상이 있는 사람조차 검사를 받을 수 없었다.

2020년 초, 코로나 감염이 의심되는 미국인은 정부 웹사이트를 찾아 증상과 위험 요소(나이나 지역 등)에 대한 몇 가지 질문에 대답하고, 어디에서 검사를 받을 수 있는지 찾아볼 수 있어야 했다. 검사 장비에 제한이 있었다면 우선순위가 높지 않다고 판단되는 이용자에게는 언제 검사를 '받을 수 있는지' 고지해주었어야 했다.

이런 웹사이트는 검사 장비가 가장 효율적으로 사용되도록(실제로 양성 반응이 나올 가능성이 가장 높은 사람들에게 사용되도록) 할 뿐 아니라 검사에 관심도가 낮은 지역에 대한 정보를 정부에 제공했어야 했다. 이런 데이터를 통해 정부는 더 많은 자원을 배정해 해당 지역에 소식을 빠르게 알리고 검사를 확대하도록 할 수 있었을 것이다.

사이트는 양성 반응이 나왔거나 고위험군인 사람들에게 즉시 임상 시험에 참여할 수 있는 자격을 부여했을 테고, 이는 이후 증상이 심각하거나 사망 위험이 높은 사람에게 백신이 확실히 전달되게 하는 데 유용하게 사용되었을 것이다. 또한 이런 사이트는 팬데믹이 아닌 때에 다른 전염성 질환과 싸우는 데도 유용할 것이 분명하다.

제대로 된 소프트웨어 회사라면 순식간에 이런 사이트를 만들 수 있었을 것이다.* 하지만 미국의 각 주와 도시들은 중앙의 관리 없이 자체적으로 마련하도록 했고 전체 프로세스는 혼란 그 자체였다. 미국 서부 시대의 무법 지대가 연상되는 상황이었다.

백악관이나 CDC의 담당자와 통화를 하다가 언성이 높아졌던 기억이 난다. 기본적인 조치조차 취하지 않는 그들에게 나는 상당히 무례하게 굴었다. 세계에서 가장 혁신적인 나라가 현대적인 커뮤니케이션 기술을 이용해 치명적인 질병과 싸우는 일을 왜 막았는지 지금까지도 이해가 되지 않는다.

---

* 마이크로소프트였다면 무료로 이 작업을 했을 테고, 분명 다른 많은 회사도 마찬가지였을 것이다.

세계가 마땅히 더 잘했어야 했던 일, 거기에서 영웅들이 나타났다

문제가 생길 때마다 어린이 TV 프로그램 진행자인 프레드 로저스Fred-Rogers(최장수 어린이 프로그램 〈미스터 로저스의 이웃〉Mister Rogers' Neighborhood의 진행자─옮긴이)는 이렇게 말한다. "도와줄 사람을 찾아보세요. 언제 어디서든 당신을 도와줄 사람을 찾을 수 있을 거예요." 코로나가 유행하는 동안에는 도와줄 사람을 찾는 데 전혀 시간이 필요치 않았다. 그들은 어디에나 있었다. 나는 그런 사람들을 만나 많은 것을 배우는 기쁨을 누렸다.

인도 벵갈루루에 사는 실파시리Shilpashree A.S.는 2020년 5개월 동안 매일같이 방호복을 입고 고글, 라텍스 장갑, 마스크를 착용했다(인도의

실파시리가 인도 벵갈루루에 설치된 부스 안에 배치되어 방호 장비를 착용한 채 검사 샘플을 채취하고 있다.[8]

다른 많은 사람들과 마찬가지로 그녀는 고향과 아버지의 이름을 의미하는 이니셜을 성으로 사용한다). 그러고는 팔을 내놓을 수 있는 구멍 두 개가 있는 작은 부스 안에 들어가 몇 시간 동안 줄을 지어 기다린 환자들에게 코 면봉 검사를 해줬다. 그녀는 가족들을 보호하기 위해서 그들과 직접 접촉하지 않았다. 5개월 동안 영상 통화로만 가족의 얼굴을 보았을 뿐이다.[9]

타방 셀레케Thabang Seleke는 옥스퍼드대학에서 개발한 코로나 백신의 효과를 연구하는 데 참여한 남아프리카 소웨토의 지원자 2,000명 중 한 명이었다. 그의 나라는 대단히 위험한 상황이었다. 2020년 코로나 확진자가 60만 명이 넘었고 1만 3,000명 이상이 목숨을 잃었다. 타방은 친구에게서 백신 실험에 대한 이야기를 듣고 아프리카는 물론 그 너머 세상까지 코로나바이러스를 종식시키는 일에 나섰다.

파키스탄의 시칸데르 비젠조Sikander Bizenjo는 카라치를 떠나 고향 발루치스탄으로 갔다. 발루치스탄은 인구의 70퍼센트가 가난하게 살고 있는 파키스탄 남서부의 건조한 산악 지역이다. 그는 코로나에 맞서는 발루치스탄 젊은이Baluchistan Youth Against Corona라는 단체를 발견했다. 150명의 젊은이들을 교육시켜 지역 사람들을 돕게 하는 조직이었다. 그들은 현지 언어로 코로나에 대한 인식을 높이는 강좌를 마련하고 작은 도서관을 만들어 수십만 권의 책을 기증하고 있다. 지금까지 7,000가구에 의료 장비가, 그리고 1만 8,000가구에 음식이 제공되었다.

나바호 자치국Navajo Nation(유타주와 뉴멕시코주에 걸쳐 위치한 미국에서 가장 큰 원주민 보호 구역—옮긴이)의 일원인 동시에 전 법무장관이기도 했던 에설 브랜치Ethel Branch는 다니던 법률회사를 그만두고 나바호·호피Hopi(애리조나주 북동부에 사는 푸에블로인디언의 일족—옮긴이) 가족 코로나19 구제 기금 Navajo & Hopi Families COVID-19 Relief Fund의 설립을 도왔다.

이 단체는 도움이 필요한 나바호, 호피 자치구 사람들에게 물, 음식, 기타 생필품을 전달했다. 그녀와 동료들은 수백만 달러의 자금을 조달했고(그들이 진행한 한 캠페인은 고펀드미GoFundMe로 2020년 5대 캠페인 중하나였다), 수백 명의 젊은 자원봉사자가 일하는 조직을 만들어 두 자치구의 수만 가구에 도움을 줬다.

코로나로 위기를 겪는 동안 다른 사람을 돕기 위해 자신을 희생한 사람들의 이야기만으로도 책 전체를 너끈히 채울 수 있을 정도다. 전 세계의 의료인들은 아픈 사람들을 치료하기 위해 위험을 무릅썼다. WHO에 따르면 2021년 5월까지 코로나 환자를 돌보다가 목숨을 잃은 사람이 11만 5,000명을 넘어섰다고 한다.[10]

응급의료요원과 일선 작업자들은 현장에 나가 맡은 일을 해내고 있다. 사람들은 이웃들의 상황을 파악하고 집을 떠날 수 없는 사람들에게 식료품을 사다 줬다. 수많은 사람들이 마스크를 썼으며 가능한 집을 떠나지 않았다. 과학자들은 바이러스를 막고 사람들의 목숨을 구하기 위해 두뇌 능력을 총동원해 밤낮없이 연구에 매진했다. 정치인들은 데이터와 증거에 따른 결정을 내렸다. 이런 결정이 대중들의 입맛에 맞지 않는 것일 때도 말이다.

모두가 옳은 일을 한 것은 아니었다. 마스크를 쓰지 않고 예방접종을 거부하는 사람들도 있었다. 일부 정치인은 이 질병의 심각성을 부정하고 확산을 제한할 수 있는 방법들을 중단했다. 심지어는 백신에 사악한 음모가 있다고 암시하는 발언을 하기도 했다. 그들의 선택이 수백만 명의 사람들에게 미치는 영향은 무시할 수 없다. 오래된 정치 격언을 이보다 확실하게 보여주는 것은 없다. '선거에는 결과가 따른다. 그리고 리더십이란 참으로 중요하다.'

변종, 급증, 돌파 감염을 예상해야 한다

전염병에 관한 연구를 하는 사람이 아니라면, 코로나 이전에는 변종 바이러스라는 말을 들어본 적도 없을 것이다. 낯설고 무섭게 느껴질지 모르겠지만 변종은 그렇게 특별한 것이 아니다. 예를 들어, 인플루엔자 바이러스는 새로운 변종으로의 빠른 변이가 가능하다. 매년 독감 백신에 대한 재검토가 진행되고 잦은 업데이트가 이루어지는 것도 그 때문이다. 걱정해야 할 변종은 다른 것들보다 전염성이 크거나 인간의 면역체계를 더 잘 피하는 것이다.

팬데믹 초기만 해도 코로나의 변이가 있을 수는 있으나 큰 문제를 일으키지 않으리란 믿음이 과학계 전반을 지배했다. 과학자들은 2021년 초부터 변종들이 나타나고 있다는 것을 알고 있었다. 하지만 변종들은 비슷한 방식으로 진화하는 것처럼 보였다. 따라서 일부 과학자들은 코로나바이러스가 만들 수 있는 최악의 변종이 이미 세상에 나왔을 것이란 희망을 품었다.

그러나 델타 변종이 그런 희망을 산산조각 냈다. 델타의 유전체는 전염성이 훨씬 강하게 진화했다. 델타의 도래 자체도 충격이었지만, 그로 인해 우리 모두 더 많은 변종이 등장할 수 있다는 공포감을 갖게 되었다. 이 책을 마무리할 무렵 전 세계는 지금까지의 어떤 코로나 변종보다 빠르게 확산되는 변종, 아니 지금까지 우리가 본 어떤 바이러스보다 빠르게 확산되는 오미크론이라는 거대한 파도를 만났다.

바이러스의 변종은 언제든 생길 수 있다. 변종이 발생하면 과학자들은 변종들을 면밀히 추적해서 새로운 도구들이 변종에도 효과가 있는지 확인한다.

하지만 바이러스가 한 사람에게서 다른 사람에게로 이동할 때마다 그것은 바이러스에게 변이의 기회가 된다. 따라서 가장 중요한 것은 전염을 확실하게 줄이는 일을 계속하는 것이다. 마스크를 쓰고, 사회적 거리두기를 하고, 백신에 대한 전문가의 권고를 따라야 한다. 또한 저소득 국가들이 병원체와 싸우는 데 필요한 백신과 기타 도구들을 얻을 수 있도록 해야 한다.

변종의 출현이 놀랄 일이 아닌 것처럼 예방접종을 했는데도 감염이 되는 돌파 감염breakthrough infection 또는 case 역시 이례적인 일이 아니다. 백신이나 약물이 감염을 완벽하게 막을 수 있을 때까지는 백신접종을 한 사람도 여전히 감염될 가능성이 있다. 접종자가 인구에서 차지하는 비율이 높아지면 감염자 총 수는 감소할 것이고 감염자 중 돌파 감염이 차지하는 비율은 그만큼 올라갈 것이다.

이렇게 생각하면 어떨까? 예방접종률이 상당히 낮은 한 도시에서 코로나가 확산되기 시작한다고 상상해보자. 병원에 입원할 정도의 중증 환자가 1,000명이다. 이 1,000명의 중증 사례 중 열 건이 돌파 감염이다. 그리고 예방접종률이 높은 옆 도시로 바이러스가 퍼진다. 그 도시

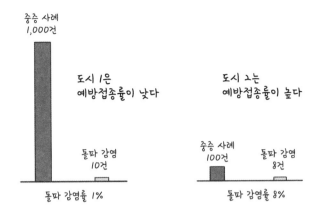

중증 사례
1,000건

도시 1은
예방접종률이 낮다

도시 2는
예방접종률이 높다

돌파 감염
10건

중증 사례
100건

돌파 감염
8건

돌파 감염률 1%

돌파 감염률 8%

어느 도시가 더 안전한가?

의 중증 사례는 100건이고 그중 여덟 건이 돌파 감염이다.

첫 번째 도시의 경우 1,000건의 중증 사례 중 열 건, 즉 1퍼센트를 돌파 감염이 차지한다. 두 번째 도시는 100건 중 여덟 건이 돌파 감염으로 그 비율은 8퍼센트다. 두 번째 도시의 8퍼센트라는 비율이 더 심각한 문제일까?

중요한 숫자는 돌파 감염률이 아니라는 것을 기억하라. 중요한 것은 중증 사례의 총 수치다. 그 수치는 첫 번째 도시에서는 1,000이고 두 번째 도시에서는 100이다. 어떤 면에서 보아도 두 번째 도시에서 진전이 이뤄진 것이다. 많은 사람들이 예방접종을 했고 당신도 접종을 한 사람 중 한 명이라면, 두 번째 도시가 훨씬 안전하다.

변종이나 돌파 감염과 마찬가지로 확진자 수의 급증도 그 자체로는 놀라운 일이 아니었다. 이전 팬데믹의 역사를 통해 확진자 수가 급증하리라는 점은 이미 알려져 있었다. 그런데도 전 세계의 모든 국가들이 허를 찔렀다. 2021년 중반 인도에서 나타난 델타 변종의 급증세에는 나역시 다른 사람들과 마찬가지로 놀랄 수밖에 없었다.

이는 어느 정도는 희망하는 대로 예측한 결과였다. 2020년 팬데믹초반에 바이러스의 확산을 억제했기 때문에 긴장을 풀어도 된다는 오해가 있었던 것이다.

또 다른 이유는 안타까운 아이러니에서 찾을 수 있다. 초기에 바이러스 억제에 좋은 성과를 거둔 국가들은 이후 확진자 수 급증에 취약해지는 경우가 많다. 바이러스 억제 조치로 감염되는 사람이 적어 자연면역이 생길 여지가 없었기 때문이다.

억제 조치를 사용하는 목적은 감염의 광범위한 확산을 지연시키고, 병상 부족 사태를 막고, 백신으로 사람들을 보호할 때까지 시간을 버는데 있다. 하지만 백신이 널리 퍼지기 전에 전염성이 극히 강한 변종이출현한다면, 그리고 억제 조치가 끝난다면, 감염자 수의 급증은 불가피하다. 인도는 이 사태에서 재빨리 교훈을 얻고 2021년 후반에는 성공적인 코로나 백신 캠페인을 진행했다.

좋은 과학은 종종 혼란스럽고, 불확실하며, 변화하기 쉽다는 걸 이해하자

다음을 통해 코로나 기간 동안 미국 정부가 마스크 착용에 대해 어떤입장을 취했는지 엿보는 기회를 가져보자.

- 2020년 2월 29일: 미국 보건총감Surgeon General이 "마스크 구입을 중단하십시오."라는 트윗을 올렸다. 마스크가 코로나바이러스를 '막지 못하고'(사실이 아닌 것으로 밝혀졌다) 사재기 때문에 의료종사자들의 마스크 입수가 어려워진다(당시로서는 사실이었다. 다만 마스크 생산은 상당히 쉬운 일이다)는 것이 이유였다.
- 2020년 3월 20일: CDC는 의료 현장에서 일하지 않거나, 환자를 돌보지 않는 건강한 사람은 마스크를 쓸 필요가 없다는 말을 반복했다.
- 2020년 4월 3일: 2주 후 CDC는 공공장소에 있거나, 여행 중이거나, 감염 가능성이 있는 가구원 주변에 있는 경우 두 살 이상의 모든 사람에게 마스크 착용을 권고했다.
- 2020년 9월 15일: CDC는 학교에서 대면 수업을 하는 모든 교사와 학생들에게 가능한 한 마스크를 착용하라고 권고했다.
- 2021년 1월 20일: 바이든 미국 대통령은 연방기관 건물과 연방 소유의 토지, 그리고 정부 계약업체에서의 마스크 착용, 물리적 거리두기를 요구하는 행정 명령에 서명했다. 다음 날 그는 여행하는 동안 마스크 착용을 요구하는 명령에 서명했다. 9일 후 CDC는 연방 정부가 지정한 장소에서 마스크 착용을 거부하는 행위를 연방법 위반으로 취급하는 명령을 발령했다.
- 2021년 3월 8일: CDC는 예방접종을 한 사람은 예방접종을 한 다른 사람을 방문할 때(실내) 마스크를 착용할 필요가 없다는 새로운 지침을 발표했다.
- 2021년 4월 27일: CDC는 혼자 혹은 가족과 함께 걷거나 자전거

를 타거나 달릴 때는 백신접종 여부와 관계없이 마스크를 착용할 필요가 없다고 발표했다. 예방접종을 완료한 사람은 콘서트처럼 사람이 대규모로 모이는 경우가 아닌 한 옥외에서 마스크를 착용할 필요가 없게 됐다.

- 2021년 5월 13일: CDC는 예방접종을 완료한 사람은 실내에서 마스크를 착용하거나 물리적 거리를 둘 필요가 없다고 발표했다. 워싱턴과 캘리포니아 등 일부 주에서는 6월의 일정 기간 혹은 전 기간에 걸쳐 마스크 착용 명령을 유지했다.
- 2021년 7월 27일: CDC는 확진자가 급증하고 있는 일부 지역의 경우 예방접종을 완료한 사람도 실내에서 마스크 착용을 재개할 것을 권고했다. 학교의 모든 교사, 직원, 학생, 방문자는 예방접종 여부와 관계없이 마스크를 착용할 것을 권고했다.

이렇게 획획 바뀌는 명령과 권고라니!

CDC의 직원들이 무능하다는 의미일까? 그렇지 않다. CDC의 모든 결정을 옹호할 생각은 없다(당시에도 많은 전문가들이 주장했듯이, 예방접종을 완료한 사람은 마스크를 쓸 필요가 없다는 2021년 5월의 권고는 명백히 잘못된 결정이었다). 하지만 공중보건의 비상사태에서는 불완전한 사람들이 끊임없이 변화하는 환경에서 불완전한 데이터를 이용해서 결정을 내린다.

우리는 팬데믹 기간이 아니라 그 이전에 호흡기바이러스 전염에 대해서 훨씬 더 많은 연구를 해두었어야 했다. 데이비드 센서David Sencer의 이야기가 보여주듯이, 아웃브레이크 후에 완벽을 기대하는 것은 왜곡

된 역학을 낳는다.[11]

1924년 미시간에서 태어난 센서는 대학을 졸업한 후 해군에 입대했다. 결핵으로 1년간 병치레를 한 그는 자신을 오랫동안 고생시켰던 것과 같은 질병들로부터 사람들을 구하겠다는 마음으로 미국 공중보건국에 들어갔다.

센서는 백신을 통해서 곧 이름을 떨치게 된다. CDC로 자리를 옮긴 그는 미국 최초의 광범위 백신 프로그램을 만들었다. 그리고 소아마비 백신을 접종하는 어린이의 수를 극적으로 늘리는 법안을 마련하는 데 힘을 보탰다. 1966년, 그가 CDC의 본부장이 된 뒤 이 기관은 말라리아, 가족 계획, 금연, 심지어는 우주에서 돌아온 비행사의 격리까지 담당 영역을 넓혔다. 센서는 실행 계획의 대가였고 그의 이런 기술이 없었다면 천연두 퇴치는 성공을 거둘 수 없었을 것이다.

1976년 1월, 뉴저지 포트 딕스에서 복무하던 군인 한 명이 아픈 상태에서 5마일(약 8킬로미터) 행군을 하던 중 사망했다. 사망 원인은 신종 플루였다. 함께 훈련을 받던 13명의 병사가 같은 병으로 입원했다. 의사들은 이들 모두가 1918년 팬데믹을 유발한 것과 유사한 계열의 인플루엔자에 감염된 것을 발견했다.

포트 딕스 밖으로는 바이러스가 전파되지 않았다. 하지만 센서는 1976년 2월, 인플루엔자가 유행하는 가을이 되면 1918년의 재난이 되풀이되지 않을까 염려했다(그것은 전 세계에서 수천만 명의 사망자가 나온

●   마이클 루이스Michael Lewis는 그의 책 《불길한 예감》The Premonition에서 센서의 이야기를 자세히 들려준다.

다는 것을 의미했다). 그는 이 특정 계열의 신종 플루가 유행할 것에 대비해 기존 백신을 이용한 대규모 예방접종이 필요하다고 주장했다. 획기적인 소아마비 백신 개발에 힘을 보탰던 조너스 소크Jonas Salk와 앨버트 세이빈Albert·Sabin 대통령 자문이 그의 의견을 지지했다. 제럴드 포드 대통령이 텔레비전에서 대규모 예방접종에 대한 지지를 표명했고 캠페인이 빠르게 시작되었다.

12월 중순 문제의 조짐이 나타나기 시작했다. 열 개 주에서 예방접종을 한 후 길랭-바레 증후군Guillain-Barré syndrome, GBS에 걸린 사례들이 나타났다. 이는 신경 손상과 근육 약화를 유발하는 자가면역 질환이었다. 12월 말에 예방접종 프로그램은 중단됐고 다시는 재개되지 못했다. 그 직후 센서는 CDC 본부장 자리에서 경질될 것이란 소식을 들었다.

접종을 한 4,500만 명 중 길랭-바레 증후군이 발병한 사례는 362건이었다.[12] 이는 접종하지 않은 일반인에게서 예상되는 발병률보다 약 네 배가 높았다. 한 연구는 백신이 드물게 이 증후군을 유발한다고 해도 혜택이 위험보다 훨씬 크다고 결론지었다. 하지만 책임을 질 사람이 필요했고 센서가 희생양이 되었다.

2011년 사망한 센서는 공중보건 부문에서 여전히 높은 평가를 받는 사람이다. 그가 시행한 대규모 예방접종에는 위험을 감수할 만한 가치가 있었다는 것이 중론이다. 만일 예방접종 캠페인을 벌이지 않았고 팬데믹에 대한 그의 예상이 적중했다면, 아마도 손을 놓고 있었던 것 때문에 엄청난 대가를 치러야 했을 것이다. 하지만 비판가들은 수천만 명이 사망할 수도 있는 가능성보다는, 드물긴 하지만 실제로 발생한 자가면역 질환의 위험에 집중한다.

공중보건에서는 '빠르게 행동하라. 하지만 그게 틀렸다면 너는 해고당할 것이다'라는 메시지가 전달되지 않도록 주의를 기울여야 한다. 물론 정말로 끔찍한 결정을 내린 사람이 있다면 해고를 하는 게 적절할 수 있다. 하지만 힘든 결정을 내리는 관리자들에게는 자유재량이 필요하다. 가짜 경보는 항상 존재하며 그중에서 진짜를 가려내는 것은 쉬운 일이 아니기 때문이다.

센서가 아무 조치도 취하지 않은 상태에서 그의 두려움이 타당한 것이었다고 판명되었다면? 멈출 기회가 있었으나 그렇게 하지 않기로 선택한 미국이라는 나라에서 시작된 바이러스로 수천만 명의 사람들이 목숨을 잃었다면?

센서 같은 사람들이 입수할 수 있는 최선의 데이터를 근거로 직무에 충실한 행동을 했다면, 저간의 사정을 다 알고 난 이후 과거의 오판 가능성을 문제 삼아 그들을 공격해서는 안 된다. 이런 상황은 과도하게 몸을 사리게 하는 비뚤어진 동기가 된다. 행동에 나서는 대신 물러섬으로써 자리를 보전하게 만드는 것이다. 공중보건에 있어서 이런 망설임은 대참사로 이어질 수 있다.

혁신에 투자하면
반드시 보답이 돌아온다

혁신이 하룻밤 사이에 일어난다면 얼마나 좋을까? 1월에는 mRNA messenger RNA가 무엇인지 전혀 몰랐다가 7월에는 그에 대한 수많은 글을 접하고 그것을 사용한 백신을 맞은 사람이라면, 아이디어가 현실로 나타나기까지 6개월이 걸렸다고 생각할 수 있다. 하지만 혁신은 순식간에 일어나지 않는다. 성공보다는 실패를 훨씬 많이 겪은 과학자들이 인내와 집요함으로 보낸 수년의 시간이 있어야 한다. 게다가 자금 조달, 현명한 정책, 아이디어를 연구소에서 시장으로 끌어내는 기업가의 사고방식이 있어야 한다.

미국 정부를 비롯한 여러 조직들이 수년 전 mRNA(제6장에서 자세히 설명할 것이다)나 바이러스벡터viral vector라고 불리는 접근법을 사용한 백신 연구에 투자하지 않았더라면 코로나는 상상하기조차 끔찍한 상황을 만들었을 것이다. 2021년 한 해 동안 전 세계에 전해진 백신은 약 60억 도즈에 이른다.[13] 그들이 아니었다면 우리의 상황은 훨씬 더 나빴을 것이다.

팬데믹은 혁신적인 아이디어, 과학적 식견, 새로운 진단 도구, 치료법, 정책, 심지어는 이 모든 것을 전 세계에 전하기 위한 자금 조달 방법에 관련된 수십 가지 구체적 사례를 만들어냈다. 연구자들은 바이러스가 사람과 사람 사이에서 어떻게 이동하는지에 대해 많은 것을 알아냈다. 인플루엔자바이러스의 전염이 팬데믹 첫해 동안 본질적으로 멈추었기 때문에, 연구원들은 이제 코로나가 인플루엔자를 중단시킬 수 있다는 것을 알게 됐다. 장래에 인플루엔자나 다른 질병의 발생이라는 측면에서 보자면 좋은 징조다.

또한 코로나로 인해 혁신에 있어서 무시해서는 안 될 사실을 알게 됐다. 연구를 상업적 제품으로 바꿀 수 있는 가장 뛰어난 인재 대부분은 민간 부문에 있다. 모든 사람이 그런 방식을 좋아하는 것은 아니지만 이윤 추구라는 동기는 새로운 제품을 빨리 만들게 하는, 세계에서 가장 강력한 동인일 때가 많다.

한편 중요한 혁신으로 이어지는 기초 연구에 투자하고, 새로운 아이디어가 번성할 수 있는 정책을 채택하고, 시장과 인센티브(미국이 신속한 코로나 백신 개발, 배포, 접종 사업인 워프스피드작전Operation Warp Speed을 통해 백신 연구를 가속시켰던 방식)를 창출하는 것은 정부의 역할이다.

시장이 실패할 때(생명을 구하는 도구를 가장 필요로 하는 사람들에게 그것을 구할 능력이 없을 때)라면, 정부, 비영리단체, 재단이 민간 부문과 일하는 가장 적절한 방법을 찾음으로써 그 격차를 좁히는 일에 나서야 한다.

팬데믹 대비를 본격적으로 시작한다면
다음에는 더 나은 대처를 할 수 있다

코로나에 대한 세계의 대처는 역사상 다른 어떤 질병의 대처보다 빠르고 효과적이었다. 작고한 교육자이자 의사인 한스 로슬링Hans Rosling이 말했듯 '상황은 나아지면서 동시에 나빠질 수 있다.'[14] 나아진 쪽이라면 나는 세계가 기록적인 시간 안에 안전하고 효과적인 백신을 개발했다는 사실을 꼽겠다. 나빠진 쪽이라면 가난한 나라에서는 백신을 구할 수 있는 사람이 너무나 적다는 점을 들 수 있다. 이 문제에 대해서는 제8장에서 다시 이야기할 것이다.

나쁜 쪽에 들어갈 또 다른 항목이 있다. 전 세계가 팬데믹에 대한 대비나 팬데믹을 막기 위한 노력을 진지하게 받아들이지 못하고 있다는 점이다.

정부는 국민의 안전을 책임지고 있기 때문에 상해나 사망을 유발하는 사건(화재, 자연재해, 전쟁)에 대한 대응체계를 갖고 있다. 위험을 파악하고, 필요한 자원과 도구를 마련하는 전문가를 두고 비상시에 어떻게 대응해야 하는지 연습한다. 군은 전투 준비를 확실히 하기 위해 대규모 훈련을 한다. 공항은 비상시에 대응할 준비가 되어 있는지 확인하기 위해 연습을 한다. 도시, 주, 연방 정부는 자연재해에 대비한 연습을 한다. 학생들도 소방 훈련을 받는다. 미국에 사는 학생들은 액티브 슈터active-shooter(사람들이 많이 모여 있는 행사장이나 쇼핑몰 등에서 살인을 목적으로 불특정 다수를 상대로 총기를 사용하는 범죄자—옮긴이)에 대응하는 훈련도 받는다.

하지만 팬데믹에 있어서는 이런 준비가 사실상 하나도 되어 있지 않았다. 수백만 명을 죽일 수 있는 새로운 질병에 대한 경고를 수십 년에 걸쳐 들어왔으면서도(2015년의 내 경고 전후에 다수의 경고가 이어졌다) 세상은 반응을 보이지 않았다. 화재, 태풍, 다른 인간의 공격에 대비하는 데에는 온갖 노력을 기울였지만 가장 작은 적의 공격에는 진지한 대응을 준비하지 않은 것이다.

제2장에서 나는 다음과 같은 이야기를 할 것이다. 우리에게 필요한 것은 매일 아침 눈을 뜨면서부터 수많은 사람들을 죽일 수 있는 질병에 대해서(조기에 질병을 확인할 방법, 대응 방법, 준비가 되어 있는지 여부를 가늠하는 방법에 대해서) 생각하는 사람들로 이뤄진 조직이다.

제1장은 이렇게 요약할 수 있다. 세계는 팬데믹에 대응하는 데 필요

한 도구나 팬데믹에 대한 적절한 대비에 전혀 투자하고 있지 않다. 그런 대비를 시작해야 할 때가 왔다. 이 책의 나머지 부분에서는 그 방법을 설명할 것이다.

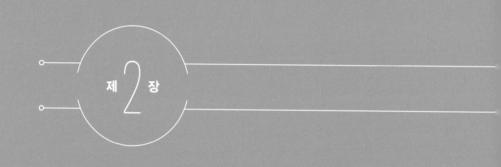

제 2 장

어떻게 넥스트 팬데믹을
대비할 것인가

기원후 6년, 로마는 도시 전체가 화재로 잿더미가 되었다.[1] 이에 아우구스투스 황제는 제국 역사상 유례없는 일을 시작했다. 상설 소방팀을 만든 것이다. 4,000명에 가까운 대원을 거느리게 된 이 소방대는 양동이, 빗자루, 도끼 등의 장비를 갖추고 일곱 개 조로 나뉘어 도시 곳곳에 전략적으로 설치된 막사에서 보초를 섰다(19세기 중반 이들 막사 중 하나가 발견되어 때때로 일반에 공개되고 있다). 소방대의 공식적인 이름은 '코오르테 비질룸'Cohortes Vigilum(대략 '보초를 서는 형제들'로 번역할 수 있다)이라고 알려졌지만 현지인들은 '작은 양동이를 드는 친구들'이란 뜻의 '스파르테올리'Sparteoli란 애칭을 사용했다.

11세기에는 송나라 인종이 중국 최초의 직업 소방대를 만들었다. 약 200년 후 유럽에도 소방대가 생겼다. 미국의 경우 독립혁명 이전부터 자원자들로 이루어진 소방대가 있었다.[2] 벤저민 프랭클린이 주장해 만들어진 것이었다(달리 누가 있겠나?). 불이 난 건물을 구하기 위해 보험 회사가 돈을 주고 고용한 사설 소방대도 있었다. 하지만 정부에서 관리하는 상근 소방대는 존재하지 않았고, 1853년에야 오하이오주 신시내티시에서 소방대를 창설했다. 현재 미국에는 약 31만 1,000명의 소방관이 약 3만 개의 소방서에 배치되어 있다.[3] 미국의 지방 정부들은 화재 대비에 연간 500억 달러 이상을 지출한다(찾아보고 액수가 너무 큰 데놀랐다!).

처음부터 불이 나지 않도록 취하는 조치는 말할 것도 없다. 거의 800년 전부터 여러 정부들이 초가지붕을 금지하고(13세기 런던), 빵 굽는 오븐의 연료를 안전하게 보관하도록 하는(16세기 잉글랜드 맨체스터) 등 대화재의 위험을 줄이기 위한 법안을 통과시켰다.[4] 현재 대형 화재 예방을 목표로 삼는 한 비영리단체는 화재의 위험과 범위를 최소화하기 위한 300개 이상의 건축 법규와 표준 목록을 모아 발간하고 있다.[5]

스스로를 보호할 책임을 개별 가구나 기업에게만 맡겨둘 수 없다는 인식이 이미 2,000년 전부터 존재했던 것이다. 이런 일에는 지역사회의 도움이 필요하다. 이웃집에 불이 나면 당신 집도 위험해지기에 불길이 번지는 것을 막을 소방관이 필요하다. 화재가 없을 때라면 소방서가 훈련을 실시해 소방관들의 기량이 녹슬지 않게 하고 그들이 공공의 안전이나 봉사 등 다른 활동에 도움을 주도록 해야 한다.

불은 전 세계로 번지지 않는다. 하지만 질병은 전 세계로 번진다. 팬데믹은 한 건물에서 시작되어 몇 주 만에 전 세계의 모든 나라를 불태

● 미국에는 74만 명의 의용 소방대원도 있다.

우는 화재와 다름없다. 따라서 팬데믹을 막기 위해서는 전 세계적인 소방서에 준하는 무엇인가가 필요하다.

세계적인 수준에서 팬데믹을 예방하는 일을 하는 정규 전문가 조직이 필요하다. 이 조직은 아웃브레이크의 가능성을 모니터링하고, 아웃브레이크가 발생하면 경보를 발령하며, 억제에 도움을 주고, 확진자 수를 비롯한 정보를 공유하는 데이터 시스템을 만들어야 한다. 또한 정책 권고를 표준화하고, 새로운 도구를 빠르게 적용시킬 수 있는 전 세계의 역량을 평가하고, 교육을 실시하며, 시스템 내의 약점을 찾기 위한 훈련을 해야 한다. 나아가 전 세계에 걸쳐 국가적인 차원에서 이런 작업을 하는 전문가와 시스템을 조직화시켜야 한다.

이런 조직을 만들기 위해서는 인력을 적절히 공급하는 등 부유한 국가 정부들의 적극적인 헌신이 필요하다. 세계적인 수준에서 합의를 도출하기도 어렵겠지만 적절한 수준의 자금 조달도 힘든 문제가 될 것이다. 하지만 이런 장애들에 대해 알면서도 나는 이런 팀을 마련하는 것이 전 세계가 가장 우선해야 할 일이란 생각에서 한 발도 물러서지 않을 것이다. 이 장에서는 그 팀이 어떻게 작동해야 하는지 명확히 파악해보자.

내가 제안하는 유형의 집단이 이미 존재한다고 생각하는 독자도 있을 것이다. 영화며 TV 프로그램에서는 무서운 질병이 발생하면 세계가 완벽히 준비된 모습을 보여주지 않던가? 대체로 이런 식이다. 누군가가 증상을 보인다. 미국 대통령이 그 질병이 전 세계로 퍼지는 모습을 보여주는 극적인 애니메이션 컴퓨터 모델로 상황을 보고받는다. 항상 대기 상태인 전문가팀이 전화를 받고(어쩐 일인지 이들은 항상 가족들과 아침 식사를 하던 도중에 연락을 받는다) 바로 행동에 나선다. 방호복을 입고 값비싼 장비를 챙겨 헬리콥터를 타고 현장에 나가 상황을 파악한다. 샘플을 채취한 뒤 연구소로 달려가 해독제를 만들고 인류를 구한다.

하지만 현실은 그보다 훨씬 더 복잡하다. 우선, 할리우드 버전에서는 팬데믹 예방에서 가장 중요한(하지만 그리 극적이지 않은) 일이 잘 드러나지 않는다. 국가들이 든든한 보건 시스템을 갖도록 하는 것이다. 잘 운영되는 시스템 안에서라면, 병·의원이 충분한 인력과 장비를 갖추고 있으며, 임신한 여성은 산전·산후에 관리를 받고, 어린이들은 정기적으로 예방접종을 받는다. 의료 인력은 공중보건과 팬데믹 예방에 대한 충분한 교육을 받는다. 원활한 보고 시스템을 통해 의심 환자군을 쉽게 식별하고 경보를 발령한다. 그런 종류의 인프라가 갖추어지면(대부분의 부유한 국가나 일부 중·저소득 국가에서처럼) 새로운 질병을 출현 초기 단계에 알아챌 가능성이 훨씬 높아진다. 반면 그런 인프라가 없다면 새로운 질병이 수십만 명의 사람들에게 퍼지고, 어쩌면 많은 나라로 확산될 때까지 상황을 파악하지 못할 수도 있다.

영화에서 보는 것 중에 가장 비현실적인 부분은 이런 다양한 역량을 통합해서 팬데믹을 예방하기 위해 신속하고 결단력 있게 행동하는 기관의 존재다. 내가 가장 즐겨 드는 예는 TV 드라마 〈24〉(내가 정말 좋아하는 드라마다)의 시즌 3다. 이 드라마에서는 테러리스트가 의도적으로 로스앤젤레스에 병원체를 퍼뜨린다. 순식간에 모든 정부기관에 소식이 전해지고 병원체가 퍼진 호텔은 즉시 봉쇄된다. 컴퓨터 모델링 전문가가 질병이 어떻게 퍼지게 될지는 물론이고, 질병에 대한 소식이 얼마나 빠르게 퍼질지, 그리고 도시를 빠져나가는 사람들 때문에 교통이 얼마나 정체될지(가장 좋은 부분)를 파악한다. 이 드라마를 보면서 '정부가 대처 방법을 제대로 알고 있네!'라고 감탄했던 기억이 난다.

멋진 드라마를 만들기에 적합한 내용이다. 정말 일이 그렇게 진행된다면 우리는 다리를 쭉 뻗고 잠을 잘 수 있다. 하지만 실제는 그렇지 못하다. 대규모 아웃브레이크에 대처하기 위해 열심히 일하는 많은 조직들이 있지만 그들은 대부분 자원봉사자에 의존하는 실정이다(가장 잘 알려진 단체로 국제유행경보대응네트워크Global Outbreak Alert and Response Network, GOARN가 있다). 지역과 국가의 대응팀은 인력도 자금도 부족하며 어떤 단체도 국제 사회로부터 세계적인 통합 작업을 위한 지시를 받지 않는다. 그런 종류의 권한을 가진 유일한 조직인 WHO조차 자금이 넉넉지 않고, 팬데믹 전담 인력이 거의 없으며, 많은 부분을 자원봉사단체인 GOARN에 의존한다. 아웃브레이크를 감지하고 대응하며 팬데믹으로 발전하는 것을 막을 만한 규모와 활동 범위, 필요한 자원과 권한을 가진 조직은 존재하지 않는다.

아웃브레이크에 대한 효과적인 대응이란 어떤 것일지 차례대로 생각해보자. 우선 환자는 병원에 가야 하고, 그곳의 의료종사자들은 적절한 진단을 해야 한다. 적절한 보고체계를 따라 사례가 전해져야 하며 분석가는 비슷한 의심 증상이나 검사 결과를 보이는 이례적인 환자군을 식별해야 한다. 미생물학자는 병원체의 샘플을 받아 이전에 본 것인지 판단한다. 유전학자가 게놈genome(유전자gene와 염색체chromosome를 합친 말로 한 생물이 갖고 있는 모든 유전 정보를 뜻한다. 유전체라고도 한다. ─옮긴이) 지도를 만들어야 할 수도 있다. 전염병학자는 전염성이 얼마나 강하고 심각한지를 파악해야 한다.

지자체의 리더들은 정확한 정보를 얻고 공유해야 한다. 격리를 강제해야 할 수도 있다. 과학자들은 진단 검사, 치료제, 백신을 만드는 일에 즉시 돌입해야 한다. 소방관들이 화재를 진압하지 않을 때 훈련을 하는 것처럼 이들 팀도 연습을 통해서 시스템의 약점을 찾고 고쳐야 한다.

모니터링-대응 시스템에 필요한 '요소'들은 모두 존재한다. 나는 이 일에 평생을 바친 사람들을 여럿 만나보았다. 많은 사람들이 목숨을 걸고 일하고 있다. 팬데믹을 막기 위해 애쓰는 똑똑하고 열정적인 사람들이 없어서 코로나 사태가 일어난 것이 아니다. 코로나 사태가 발생한 것은 이런 똑똑하고 열정적인 사람들이 자신의 역량을 최대로 발휘할 수 있는 시스템을 전 세계가 미리 준비해놓지 않았기 때문이다.

우리에게 필요한 것은 필요한 모든 분야의 상근 전문가들을 충분히 보유하고 있고, 공공기관으로서의 신뢰와 권한을 갖고 있으며, 팬데믹 예방이라는 소관이 명확하게 정해져 있는 동시에 자금이 넉넉한 세계적 조직이다. 나는 그것을 GERM Global Epidemic Response and Mobilization(글로벌전염병대응·동원)팀(이하 GERM)이라고 부른다. 이곳 사람들이 하는 일은 매일 아침 일어나 자신에게 같은 질문을 던지는 것이다. "세계는 다음 아웃브레이크에 대한 준비를 갖추고 있는가? 더 철저히 준비하기 위해 우리가 할 수 있는 일은 무엇인가?" 그들은 넉넉한 급여를 받고, 정기적으로 훈련을 받으며, 다음 팬데믹 위협에 조직적 대응을 할 준비를 해야 한다. GERM은 팬데믹을 선언할 권한이 있어야 하며 국가 정부 및 세계은행 World Bank과의 협력으로 대응을 위한 자금을 빠르게 조달할 수 있어야 한다.

내가 대략 계산한 것에 따르면 GERM에는 3,000명의 정규 직원이 필요하다. 전염병학, 유전학, 약물 및 백신 개발, 데이터 시스템, 외교, 신속 대응, 물류, 컴퓨터 모델링, 커뮤니케이션 등 전 분야를 총망라하는 인재가 필요하다. GERM은 전 세계적인 신뢰를 받을 수 있는 유일한 단체인 WHO의 관리를 받아야 한다. 그리고 세계 곳곳에서 일하는 분권화된 조직으로, 다양한 배경의 인력을 보유해야 한다. 가능한 최고의 인력을 얻기 위해서 GERM은 대부분의 UN기관들과는 차별화된 인사 시스템을 가져야 한다. 대부분의 팀은 각국의 공중보건 연구소에 자리하고, 일부는 WHO의 지역 사무소와 제네바 본부에 배치되어야 한다.

팬데믹의 조짐이 보이기 시작하면 세계는 초기 데이터 정보에 대한 전문가 분석을 통해 위협을 확인해야 한다. GERM의 데이터 과학자들은 의심 환자군에 대한 보고를 모니터링하는 시스템을 구축할 것이다. 전염병학자들은 각국 정부의 보고를 모니터링하고 WHO 동료들과의 협력하에 아웃브레이크로 보이는 것을 식별한다. GERM의 제품 개발 전문가들은 최우선으로 제조해야 할 약물과 백신이 무엇인지 정부와 기업에 권고할 것이다. GERM의 컴퓨터 모델링 전문가들은 전 세계 모델링 전문가들의 작업을 체계화한다. 또한 GERM은 국경 봉쇄나 마스크 사용 권고를 언제 어떻게 실시할 것인지와 같은 공통적인 대응법을 만들고 조정하는 일을 주도할 것이다.

외교는 GERM의 일에서 빼놓을 수 없는 부분이다. 결국 해당 지역 특유의 상황을 이해하고, 현지어를 구사하며, 핵심 인사를 알고 있고, 대중이 리더십을 기대하는 사람은 국가와 지역의 리더들이기 때문이다. GERM의 사람들은 리더들과 긴밀하게 협력하면서 GERM의 일이 지역 전문가들을 대체하는 것이 아니라 그들을 지원하는 것임을 분명히 해야 한다. 혹여 그들에게 외부에서 강요하는 일이 된다면(혹은 그렇게 보이게 된다면) GERM의 권고를 거부하는 나라들이 생길 것이다.

추가적인 지원이 필요한 국가의 경우, GERM이 자금을 지원하거나 세계적인 팬데믹 예방 네트워크에 참여할 공중보건 전문가를 파견해야 한다. 이들은 교육과 훈련을 통해 자신의 기량을 유지하며 필요한 경우 지역적 혹은 세계적인 대응에 나설 준비 태세를 갖추고 있어야 한다. 도움이 절실하게 필요할 뿐 아니라 아웃브레이크의 위험이 큰 국가에는 이 네트워크를 통해 GERM의 팀원을 더 많이 파견하고 현지의 전염병 전문 지식을 쌓게 해야 한다. 어디에서 어떤 임무를 맡고 있든 GERM의 직원들은 이중의 정체성을 갖는다. 해당 국가의 전염병 감지·대응 시스템의 일부인 동시에 GERM의 신속 대응 시스템의 일부인 것이다.

마지막으로 GERM은 세계의 모니터링-대응 시스템을 테스트해서 약점을 찾아내야 할 임무를 갖고 있다. 비행기 조종사들이 이륙 전에 매번 규정에 따라 체크 리스트를 점검하는 것처럼 혹은 외과의사들이 수술 중에 필수로 확인하는 체크 리스트가 있는 것처럼, 팬데믹 대비 체크 리스트도 개발해야 한다. 군에서 다양한 조건을 시뮬레이션해서 대응이 얼마나 잘 되는지 확인하는 복잡한 훈련을 하듯이, GERM은 아웃브레이크 대비 훈련을 만들어야 한다. 전쟁 게임이 아닌 세균 게임을 말이다. 이것은 GERM의 가장 중요한 역할이다. 이에 대해서는 제7장에서 더 자세히 이야기할 것이다.

내가 묘사하고 있는 조직은 새로운 것이지만 전례가 전혀 없는 것은 아니다. 이 조직은 우리를 괴롭혀온 다른 질병에 극히 뛰어난 대응을 해서 퇴치에 가까운 정도에 이르게 한 사례를 기반으로 한 것이다. 소아마비(보통 다리에 영향을 주는 마비성 질환이지만 드물게는 횡격막에 영향을 주어 호흡을 불가능하게 만들기도 한다)는 수천 년 전부터 존재해온 질환이다(기원전 16세기의 이집트 서판에는 소아마비 때문에 다리 한쪽이 여윈 것으로 보이는 사제의 모습이 그려져 있다).[6] 소아마비 백신들은 1950년대 중반과 1960년대 초에 발명되었지만 수십 년간 필요로 하는 모든 사람에게 제대로 공급되지 못했다. 1980년대 후반까지만 해도 125개국에서 매년 35만 명의 야생 소아마비wild polio 환자가 발생했다.*

1988년 WHO와 협력단체들(자원봉사단체 로터리인터내셔널Rotary International이 주도하는)이 소아마비 퇴치 사업에 착수했다. 소아마비 백신을 어린이 정기 예방접종 목록에 포함시키고 대대적인 예방접종 캠페인을 벌임으로써 전 세계의 야생 소아마비바이러스 감염 사례는 연간 35만 건에서 2021년 10여 건 이하로 떨어졌다.[7] 99.9퍼센트 이상이 감소한 것이다! 현재 야생 소아마비바이러스는 기존의 125개국이 아닌 아프가니스탄과 파키스탄, 단 두 나라에만 존재한다.

이것이 가능할 수 있었던 것은 긴급상황실emergency operations center, EOC 덕분이다. 10년 전 나이지리아에서부터 마련되기 시작한 긴급상황실은 소아마비 퇴치가 가장 어려웠던 10여 개 국가 소아마비 퇴치 프로그램의 주축이었다.

선거 기간 막바지의 정당 선거운동본부를 생각해보면 긴급상황실이 어떤 모습인지 짐작할 수 있다. 벽에는 지도와 도표가 붙어 있다. 다

● 여기에서 '야생'wild 소아마비라고 특정하는 것은 백신 유도 소아마비바이러스 vaccine-derived cases(매우 드물긴 하지만)와 구분하기 위해서다.

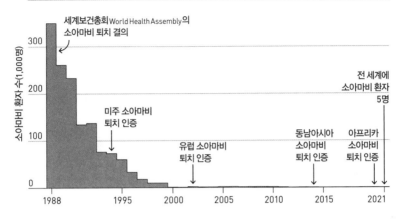

400

세계보건총회 World Health Assembly의
소아마비 퇴치 결의

300

200

전 세계에
소아마비
환자
5명

미주 소아마비
퇴치 인증

100

유럽 소아마비
퇴치 인증

동남아시아
소아마비
퇴치 인증

아프리카
소아마비
퇴치 인증

0

소아마비 환자 수(1,000명)

1988   1995   2000   2005   2010   2015   2021

소아마비 퇴치. 전 세계적인 노력으로 야생 소아마비 환자 수가 1988년 35만 명에서 2021년에는 5명으로 급감했다.[8] (WHO)

만 여론 조사 결과가 아닌 최신의 소아마비 데이터를 보여주는 도표들이다. 이곳은 정부와 국제 협력단체(WHO, 유니세프UNICEF, 미국 CDC, 로터리인터내셔널 등)의 공중보건 인력들이 소아마비에 대한 모든 보고(마비 증세를 겪는 어린이, 하수 표본에서 소아마비바이러스가 발견된 경우 등)를 받고, 이에 대한 대응을 주도하는 신경 중추 같은 곳이다(하수 표본 추출에 대해서는 다음 장에서 더 자세히 설명할 것이다).

긴급상황실은 수만 명의 접종 담당자를 각 가정으로 보내 어린이들에게 수차례 접종을 실시하도록 관리했다. 그리고 지역사회 리더들과의 관계 유지를 통해 백신에 대한 오해와 그릇된 인식을 바로잡았다. 그리고 디지털 도구를 이용해 접종 담당자들이 계획된 모든 장소에 도달할 수 있는지 확인하는 작업을 함으로써 매년 수백만 도즈의 경구 소아마비 백신의 배포를 감독한다. 이런 시스템 덕분에 긴급상황실 직

나이지리아 아부자에 위치한 긴급상황실은 에볼라, 홍역measles, 라사열Lassa fever(서아프리카 열대 우림 지대의 풍토병적인 바이러스성 급성 출혈열—옮긴이)을 비롯한 공중보건의 위기를 다루는 모든 활동의 중추다. 2020년에는 핵심 대상을 코로나로 빠르게 전환했다.[9]

원들은 자녀의 예방접종을 거부한 가구의 숫자까지도 파악하고 있다. 수치는 놀라울 정도로 정확하다. 파키스탄 긴급상황실은 접종 거부율을 2020년의 1.7퍼센트에서 다음 해 0.8퍼센트로 낮추었으며, 한 캠페인 기간 동안에는 단 0.3퍼센트의 가구만이 접종을 거부했다고 보고했다.[10] 2020년 3월 파키스탄 정부는 소아마비 긴급상황실을 본보기로 이용해 코로나에 집중하는 긴급상황실을 만들었다.

GERM은 세계를 아우르는 강력한 긴급상황실이 되어야 한다. 긴급상황실이 소아마비와 같은 엔데믹 질병과 싸우는 한편 새로운 질병이 나타났을 때 초점을 전환할 준비를 갖추고 있는 것과 마찬가지로 GERM 역시 초점에 따른 이중의 임무를 수행해야 한다. 새로운 질병이 최우선 과제가 되어야 하지만 팬데믹의 위협이 없을 때라면 소아마비, 말라리아, 기타 전염성 질병의 퇴치를 도우면서 역량을 유지해야 한다.

GERM의 업무 내역에 빠져 있는 활동이 있음을 눈치챘는가? 바로 환자 치료다. 이는 의도적인 것이다. GERM은 국경없는의사회Médecins Sans Frontières의 응급의료전문가들을 대신할 필요가 없다. GERM 직원의 일은 질병 모니터링, 컴퓨터 모델링, 기타 기능을 통해 의료진의 업무를 조정하고 보완하는 것이므로, 환자를 돌볼 책임이 없다.

GERM을 운영하는 비용은 3,000명 이상의 인력에 대한 급여와 장비, 여행, 기타 비용을 충당하는 용도로 연 10억 달러 정도 예상된다. 이 액수가 어느 정도인지 가늠해보자면, 연간 10억 달러는 한 해 전 세계 국방 예산의 1,000분의 1에도 못 미친다.[11] GERM이 세계적으로 수조 달러의 비용이 드는 비극(코로나가 그랬듯이)을 예방하는 보험이며 다른 질병에 의해 야기되는 인적, 재정적 부담을 줄인다는 것을 생각하면 연간 10억 달러는 엄청나게 싼 가격이다.* 이런 지출을 자선이나 전형적인 개발 원조로 생각하지 말라. GERM에 사용되는 비용은 국방비처럼 국민의 안전을 보장해야 하는 모든 국가의 책임 중 하나다.

GERM은 적절한 모니터링 및 대응 시스템을 운영해야 한다. 이 문제에 대해서는 앞으로 반복해서 언급할 것이다. GERM은 질병 모니터링, 즉각적인 대응 조정, 연구 의제에 대한 자문, 약점을 찾기 위한 시스템 테스트 등 팬데믹 예방의 모든 측면에서 필수적인 역할을 하게 될 것이다. 가장 먼저 아웃브레이크를 감지하는 문제부터 살펴보기로 하자.

---

* 이 조직의 비용은 일반 시민의 지갑에서 나와서는 안 된다. 이 조직은 대중에 대한 책임이 있으며 WHO에서 비롯된 권한을 가져야 한다.

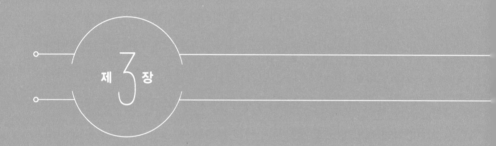

제3장

팬데믹의 초기 신호를
감지하고 억제하는 법

당신은 평생 몇 번이나 병을 앓아보았는가? 대부분의 사람들은 감기나 배탈을 수차례 경험한다. 운이 나쁘다면 인플루엔자나 홍역, 코로나처럼 더 심각한 병에 걸리기도 한다. 지구의 어디에 사느냐에 따라 말라리아나 콜레라에 노출될 수도 있다. 이처럼 사람들은 항상 병에 걸린다. 하지만 모든 질병이 아웃브레이크로 이어지는 것은 아니다.

단순히 성가신 문제로 그칠 것인지, 재앙이 될 수 있는 사례인지, 혹은 그 사이에 있는 것인지 주시하고 있다가 필요한 경우 경보를 발령하는 일을 전염병 감시epidemic disease surveillance라고 한다. 질병 감시를 하는 사람들은 모래사장에서 바늘을 찾는 것이 아니다. 그들은 다소 무딘 바늘 더미에서 가장 날카롭고 치명적인 바늘을 찾고 있다.

'감시'surveillance라는 말은 조지 오웰의 《1984》를 떠올리게 하지만 여기서 말하는 감시는 의미가 다르다. 전 세계의 보건 측면에 매일 어떤 일이 일어나고 있는지 추적하는 사람들의 네트워크를 말할 뿐이다. 그들이 제공하는 정보는 공공정책을 만들거나 매년 어떤 계열의 인플루엔자에 대한 백신을 배포해야 할지를 결정하는 데 기반이 되는 등 다양하다. 코로나로 명백하게 드러났듯이, 질병 감시에 대한 세계의 투자는 한심한 수준이다. 강력한 시스템이 없다면 팬데믹의 가능성을 빨리 감지해 예방하는 것이 어려워진다.

다행히 이것은 해결할 수 있는 문제고 나는 이 장에서 그 해결 방법을 설명하려 한다. 우선 팬데믹의 증거가 만들어지는 동안 이를 처음으로 목격하게 되는 지역 의료인, 전염병학자, 공중보건 담당 관리자들에 대한 이야기부터 할 것이다. 다음으로 질병 감시를 어렵게 만드는 장애들(예를 들어, 출생과 사망이 공식적으로 기록되지 않는 경우가 많다는 사실)에 대해 설명한 뒤 일부 국가가 이런 문제를 어떻게 극복하고 있는지 이야기할 것이다.

마지막으로 최첨단의 질병 감시 방법에 대해 알아볼 것이다. 의사가 환자의 질병을 발견하는 방법을 근본적으로 변화시킬 새로운 검사들, 그리고 내가 사는 시애틀에서 처음으로 개척된 인플루엔자 연구에 대한 도시 차원의 새로운 접근법 등이 그것이다(그 이야기에는 여러 우여곡절과 심각한 윤리적 딜레마가 있다). 이 장을 마칠 때쯤에는 사람과 기술에 대한 적절한 투자가 이뤄진다면 너무 늦기 전에 또 다른 팬데믹에 대한 철저한 준비를 할 수 있다는 나의 설득이 당신에게 가 닿기를 바란다.

2020년 1월 30일은 코로나 팬데믹의 중요한 분수령이었다. WHO 사무총장은 이 질병에 대해 '국제적 공중보건 비상사태'를 선언했다. 이는 국제법상의 공식적인 명칭으로, WHO가 이렇게 선언하면 세계의 모든 국가는 다양한 단계를 밟아 해당 질병에 대응해야 한다.

천연두와 새로운 유형의 인플루엔자 등 몇몇 질병은 대단히 우려스럽기 때문에 감지되는 즉시 보고가 이루어진다. 하지만 이 시스템은 대부분 코로나 때처럼 작동한다. WHO는 공황 상태가 생기는 것을 막고 대중을 보호하려 노력하기 때문에 충분한 데이터를 확보한 뒤에야 세계적인 대규모 대응이 필요하다고 선언한다.

짐작했겠지만 질병에 대한 정보원 중 하나는 일상적으로 운영되는 의료 시스템, 즉 환자를 직접 대면하는 의사와 간호사들이다. 내가 앞서 언급했던 몇 가지 예외를 제외하면, 어떤 질병을 앓는 환자가 한 명 있다고 해서 경보를 발하지는 않는다. 병원에 있는 의료진 대부분은 열이 있고 기침을 하는 환자가 한 명 있다고 해서 불안을 느끼지는 않을 테니 말이다. 보통은 의심스럽게 보이는 사례가 무리 지어 나타나야 관심을 보이게 된다.

이런 접근법을 '수동적 질병 감시'라고 한다. 수동적 감시는 다음과 같이 이루어진다. 병원의 의료진 한 명이 보고가 필요한 질병 사례를 확인하고 정해진 단계를 거쳐 이 정보를 공중보건기관에 전달한다. 각 사례의 상세한 사항까지 공유하지는 않지만 보고가 필요한 질병을 앓고 있는 환자의 총 숫자를 알린다. 이상적인 경우라면 그 데이터가 지역이나 글로벌 데이터베이스로 전달되고, 이 정보들을 통해 분석가들이 질병의 패턴을 쉽게 확인하고 그에 따라 대응할 수 있게 된다. 예를들어, 아프리카 국가들은 특정 질병에 대한 집계 데이터를 통합질병감시·대응시스템Integrated Disease Surveillance and Response system이라는 곳에 모

아둔다.[1]

집계된 이들 데이터에서 의료진들 사이의 폐렴 발생 건수가 유난히 높게 나타난다고 가정해보자. 이것은 위험 신호다. 데이터베이스를 모니터링하고 있던 지역이나 국가 보건 당국의 분석가는 환자 수의 급격한 증가를 알아보고 이후의 조사를 위해 표시를 해둘 것이다. 첨단 의료체계에서라면 컴퓨터 시스템이 환자가 급등하는 상황을 파악해, 이를 자세히 살펴봐야 할 보건 당국의 사람들에게 통지한다.

아웃브레이크가 있다는 의심이 들면 환자 수 이상의 더 많은 것들을 알아내야 한다. 환자 수가 예상보다 많은지 확인해야 하는데 그러기 위해서는 출생자 수와 사망자 수에 대한 추적을 기반으로(이에 대해서는 이 장의 뒷부분에서 더 이야기할 것이다.) 현재 다루어야 하는 인구의 규모를 알아야 한다. 그 질병이 빠르게 확산될 수 있다는 판단이 서면 누가 감염되었는지, 감염된 사람들이 병원체를 얻은 것으로 추정되는 장소는 어디인지, 그들이 전염시켰을 것으로 예상되는 사람은 누구인지와 같은 정보가 필요하다. 이런 정보 수집은 긴 시간이 필요한 일이지만 질병 감시에서 절대 빼놓을 수 없는 단계이며, 보건 시스템이 충분한 자금과 인력을 확보하고 있어야 하는 이유다.

병·의원은 지역사회를 거쳐 가는 질병에 대한 주요한 정보원이지만 유일한 정보원은 아니다. 그들이 보는 것은 일어나고 있는 일의 일부에 불과하다. 감염되었지만 병원에 갈 정도로 아프지 않은 사람도 있을 것이다. 병원비가 비싸거나 병원을 찾는 일이 번거로운 경우라면 특히 더 그렇다. 전혀 아프지 않아서 의사를 찾아갈 이유가 없는 사람도 있다. 확산이 너무 빨라서 감염된 사람이 병원에 나타날 때까지 기다리고 있을 수만은 없는 질병도 있다. 환자 수가 급증하는 것을 알아차릴 때쯤에는 이미 대규모 아웃브레이크를 막기 어려운 시점이 되는 것이다.

그러므로 병·의원을 찾는 사람들을 모니터링하는 것 외에도 감염 가능성이 있는 사람들이 있는 곳을 찾아다니며 알려진 질병들이 나타나고 있는지 확인하는 일이 중요하다. 이를 '적극적 질병 감시'라고 부른다. 그 좋은 예가 소아마비 캠페인 종사자들의 원조 활동이다. 그들은 지역사회를 돌아다니며 어린이들에게 예방접종을 해준다. 그뿐 아니라 다리 근육이 평소와 달리 약해지거나 다리에 마비가 오는 등 소아마비가 아니고서는 설명할 수 없는 증상들을 아이들에게 알려주는 일을 한다. 소아마비 감시팀은 2014~2015년 서아프리카의 에볼라 에피데믹 동안 한 것처럼 이중 임무를 맡을 때가 종종 있다. 당시 그들은 소아마비는 물론 에볼라의 단서가 있는지 관찰하는 훈련을 받았다.

일부 국가는 더 많은 사람이 위험 징후(이미 알려진 질병의 징후이든 새로운 질병의 징후이든)를 주시하도록 할 방법을 개발하고 있다. 최근 발생한 대규모 아웃브레이크 대부분은 블로그 게시글이나 소셜 미디어에서도 그 징후가 드러났다. 이들 데이터는 주관적이라는 단점이 있고, 무의미한 내용이나 혼란스러운 소문이 많다는(특히 온라인의 경우) 단점도 있다. 하지만 보건 관리자들에게는 전형적인 지표에서 얻는 식견을 보완하는 유용한 정보가 될 수 있다.

일본의 경우 우편 공무원들이 보건 서비스와 질병 감시 업무를 한다. 베트남의 경우 교사들을 교육시켜 여러 명의 학생들이 같은 주에 비슷한 증상으로 학교를 결석할 경우 지역 보건 당국에 보고하도록 하고 있다. 그리고 약사들에게 열, 기침 및 설사약 판매가 급증할 경우 위급

함을 알리라는 지시를 이미 내려두었다.[2]

비교적 새로운 접근법으로, 환경에서 징후를 찾는 방법도 있다. 소아마비바이러스와 코로나바이러스를 비롯한 많은 병원체는 인간의 배설물에서 발견된다. 따라서 하수 시스템에서 병원체를 발견할 수 있다. 연구자들은 하수 처리장이나 하수구에서 폐수 표본을 채취한 후 연구소로 가져가 바이러스가 있는지 확인한다.

하수 표본에서 양성 반응이 나올 경우 담당자가 표본이 나온 지역에 방문해서 감염되었을 만한 사람들을 식별하고, 예방접종을 강화하고, 사람들에게 조심해야 할 사항을 교육한다. 폐수를 확인한다는 아이디어는 소아마비 감시에서 개발되었지만 일부 국가에서는 불법 약물 사용이나 코로나의 확산세를 연구할 때도 활용되고 있다. 연구에 따르면 이 방법은 조기 경보 시스템에 포함시킬 수 있으며, 임상시험 결과가 나오기 전에 감염자 급증에 대비할 수 있게 해주는 역할도 한다.

대부분의 부유한 국가에서는 정부에 기록이 남지 않는 출생과 사망을 생각하기 어렵다. 출생이나 사망이 등록부에 기재되는 것이 당연하기 때문이다. 하지만 중·저소득 국가에서는 그렇지 않다.

그런 국가들은 대부분 몇 년에 한 번씩 이루어지는 인구조사를 통해서 출생자와 사망자 숫자를 추정할 뿐이다. 따라서 정확한 데이터가 없고 오차 범위가 큰 예상치만 존재한다. 누군가의 출생이나 사망이 정부 기록에 오를 때까지 몇 년이 소요되는 경우도 있다. 그나마도 기록에 오른다는 전제하에서의 이야기다.

WHO에 따르면 아프리카에서 태어나는 어린이 중 정부의 출생등

록부에 기재되는 경우는 44퍼센트에 불과하다(유럽과 아메리카의 경우 90퍼센트가 넘는다).[3] 저소득 국가에서 정부에 기록되는 사망자의 비율은 10퍼센트뿐이며 그중 사망 원인을 밝히는 경우는 극히 일부다. 출생자와 사망자가 기록되지 않은 많은 지역사회는 사실상 국가 보건체계의 통제 밖에 있다고 봐야 한다.

이 정도로 중요한 사건도 기록에 남지 않는 상황을 고려하면, 이런 지역의 질병 사례를 찾기 힘든 것이 그리 놀랄 일은 아니다. 2021년 10월 말, 전 세계 코로나 감염 사례 중 드러난 것은 15퍼센트로 추정되었다.[4] 유럽의 경우 그 비율은 37퍼센트였고 아프리카는 1퍼센트였다.[5] 정확도가 낮고 표본이 몇 년에 한 번 집계되는 상황에서는 사망 통계가 에피데믹을 감지하고 통제하는 데 전혀 도움이 되지 않는다.

내가 세계 보건의 문제에 관여하기 시작했을 때만 해도 매년 사망하는 5세 이하 어린이가 약 1,000만 명이었다. 그 대다수는 중·저소득 국가의 어린이였다. 그 숫자만으로도 충격적이지만 더 큰 문제는 우리가 이 어린이들의 사망 원인에 대해서 알고 있는 것이 거의 없다는 점이었다.

대개의 경우 공식 보고서에는 사망 원인이 '설사'라고만 적혀 있다. 하지만 설사를 유발하는 병원체와 조건은 수없이 많다. 어떤 것이 어린이 사망의 주원인인지 확실히 알지 못했기 때문에 죽음을 어떻게 해야 막을 수 있는지도 알지 못했다. 시간이 지나고, 게이츠 재단을 비롯한 조직들이 조달한 자금으로 진행된 연구를 통해 로타바이러스Rotavirus가 주원인인 것으로 드러났다. 연구자들은 저렴한 로타바이러스 백신을 개발해서 지난 10년 동안 20만 명이 넘는 어린이의 목숨을 구할 수 있었다. 2030년까지는 50만 명 이상의 어린이가 로타바이러스로 사망하는 것을 방지할 수 있을 것이다.[6]

하지만 로타바이러스를 주범으로 확인한 일은 어린이 사망의 미스터리 중 하나만을 해결한 것일 뿐이다. 짐작하고 있겠지만, 아동 사망률이 가장 높은 곳은 무슨 일이 일어났는지 파악할 진단 장비나 도구들이 갖춰져 있지 않은 지역이다. 이들 지역에서는 어린이 사망의 대부분이 병원이 아닌 집에서 발생한다. 당연히 아이들의 증상을 기록할 수 없다. 때문에 어린아이들이 생후 30일 안에 사망하는 이유가 무엇이며 어떤 호흡기 질환이 영아 사망의 가장 큰 원인인지와 같은 문제를 이해하기 위해서는 수십 가지 연구가 필요했다.

모잠비크는 시스템이 더 효과적으로 작동할 수 있음을 보여준 좋은 사례다. 모잠비크는 최근까지도 몇 년에 한 번씩 소수의 표본을 조사해 그 데이터를 사용한 전국 사망률 추정치를 얻었다. 하지만 2018년 '표본 등록 시스템'sample registration system이라는 것을 구축했다. 이 시스템에서는 전체 국가를 대표하는 지역을 지속적으로 감시한다. 이들 표본에서 얻은 데이터를 통계 모델에 넣어 국가 전체에 어떤 일이 벌어지고 있는지에 대한 고품질의 추정치를 얻는다. 모잠비크의 리더들은 처음으로 얼마나 많은 사람들이 사망했는지 알게 됐다. 그리고 그들이 어디에서 어떻게 사망했는지, 몇 살이었는지 등에 대한 정확한 월간 보고를 받아볼 수 있게 됐다.

모잠비크는 공중보건기관 및 조직의 글로벌 네트워크인 어린이 보건 및 사망 예방 감시Child Health and Mortality Prevention Surveillance, CHAMPS(이하 CHAMPS)에 참여함으로써 어린이 사망에 대한 이해의 깊이를 더하고 있는 여러 나라 중 하나이기도 하다.[7] CHAMPS의 시작은 거의 20년 전 세계 보건에 대한 내 초기 회의들로 거슬러 올라간다. 전문가들이 그 분야의 어린이 사망 원인을 파악하는 데 큰 공백이 있다는 이야기를 전했다. 내가 "부검 결과는 어땠나요?"라는 질문을 했던 일이 기억난다. 이 질문을 계기로 개발도상국에서 부검이란 것이 얼마나 비현실적인 일인지 알게 됐다. 부검은 많은 비용과 시간이 드는 일인 데다 아동 사망자의 유가족은 그런 침습 부검에 동의하지 않는 경우가 많다.

2013년 우리는 바르셀로나세계보건연구소Barcelona Institute for Global Health에 최소침습부검minimally invasive autopsy(조직 샘플링tissue sampling)이라는 절차를 개선하도록 자금을 지원했다.[8] 이는 부검을 할 때 어린이의 시신에서 테스트를 위한 소량의 표본만을 재취하는 것이다. 물론 낯선 사람이 내 아이를 이런 식으로 연구하는 것조차 가족들에게는 고통스러운 일일 것이다. 하지만 많은 사람들이 표본 재취에 동의해줬다.

그 이름에서 알 수 있듯이, 최소침습부검은 전면적인 부검에 비해 시신에 칼을 훨씬 덜 댄다. 그렇지만 여러 연구는 이 방법이 전면 부검에 필적할 만한 결과를 내놓는다는 것을 보여줬다. 소수의 사례에서만 사용됐고 팬데믹 예방을 염두에 두고 만들어진 것은 아니지만(목적은 영아 사망에 대한 보다 폭넓은 식견을 얻는 데 있었다) 연구자들은 최소침습부검에서 얻은 정보를 통해서 어린이들을 공격하고 있는 아웃브레이크의 초기 증거를 얻을 수 있었다.

나는 2016년 남아프리카 방문 중에 이 부검 현장에 참관할 기회를 얻었다. 그 절차가 어떻게 진행되는지 알고 있었지만 현장을 실제로 볼 수 있다면 문서나 보고로는 알 수 없는 것들을 이해할 수 있으리라 생

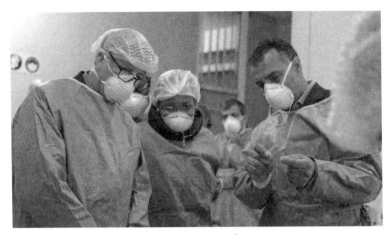

소웨토에서 최소침습부검을 참관한 것은 잊지 못할 경험이었다.[9]

각했다. 그것은 평생 잊지 못할 경험이었다.

2016년 7월 12일 요하네스버그 외곽 소웨토의 한 가정에서 남자 아기가 태어났다. 그 아기는 사흘 후 숨졌다. 슬픔에 젖은 부모들은 다른 가족들이 같은 고통을 겪지 않기를 바라는 마음에서 의사들의 최소침습 표본 채취를 허락했다. 그리고 그 과정을 내가 참관하는 것에도 동의해줬다(참관 요청을 하는 자리에는 내가 없었다).

소웨토의 한 병원 영안실에서 나는 의사가 길고 가는 바늘을 조심스럽게 사용해 아기의 간과 폐에서 작은 조직 표본을 채취하는 것을 지켜봤다. 그는 아기의 혈액도 소량 채취했다. 안전하게 보관된 표본에 대해서는 이후 HIV, 결핵, 말라리아를 비롯한 바이러스, 박테리아, 기생충, 식물병원성 진균 테스트가 이루어졌다. 부검은 단 몇 분 만에 끝났다. 의료진은 부검 내내 아기의 시신을 소중히 다루었다.

아기의 부모는 비밀리에 결과를 받았다. 그들은 아기에게 어떤 일이 일어났는지 답을 얻었다. 그뿐만 아니라 CHAMPS에 참여하기로 결정함으로써 그들의 아기와 같은 처지에 놓인 어린이들을 구하려는 전 세계적인 노력에 의미 있는 기여를 했다. 비록 그들을 만나본 적은 없지만 이 사실에서 작은 위로를 얻었길 바란다.

현재 CHAMPS 네트워크를 통해 얻은 8,900건 이상의 사례 데이터는 연구자들에게 영아 사망에 대한 귀중한 식견을 제공하고 있다. 최소침습부검과 모잠비크를 비롯한 국가들의 시스템 개선으로 우리는 사람들의 사망 원인을 보다 깊이 있게 이해하게 됐다. 이런 혁신적 접근법을 확대해 목숨을 구하는 일에 개입할 보다 좋은 방법을 찾아내야만 한다.

대부분의 사람들은 출생과 사망에 대한 월별 가구 조사를 받지 않고 CHAMPS와 같은 유형의 네트워크와 접촉할 일도 전혀 없다. 하지만 코로나 기간이나 언제일지 모를 미래의 대규모 아웃브레이크 기간 동안이라면, 지역사회에 무증상 환자나 보고되지 않은 환자가 얼마나 많은지 파악하기 위한 표본 채취가 필요하다. 진단 분야에는 진단 절차를 보다 저렴하고 간단하게(그래서 필요한 범위 전체에 쉽게 실시할 수 있게) 만드는 혁신들이 가득하다.

이제 이런 혁신들에 대해 살펴보고 머지않아 어떤 일이 일어날지 알아보자. 이 과정에는 몇 가지 광범위한 일반화가 있을 것이다. 다양한 테스트의 유용성은 다른 어떤 것보다 당신이 찾으려는 병원체와 그 병원체가 당신 몸에 들어오기 위해 택하는 경로에 따라 달라진다.

코로나 사태가 시작된 이래, 표본 채취를 위해 미국 정부에서만 400건 이상의 테스트와 진단 키트가 승인을 받았다. 팬데믹 초기에는 면봉을 코 안 깊숙이 집어넣는 PCR 테스트가 흔했다. 코로나에 감염되면 그 사람의 콧구멍과 타액 안에 바이러스가 있을 것이고 면봉에 그 표본이 묻을 것이다. 연구실에서는 채취한 표본을 바이러스의 유전 물질을 복사하는 물질과 섞는다. 이 단계 때문에 표본에 바이러스가 극소량 존재하더라도 검출을 피해갈 수 없다(자연적인 DNA 복사 방식을 모방한 이 복제 과정 때문에 중합효소연쇄 반응polymerase chain reaction이라는 이름이 생겨났다). 여기에 염료도 첨가한다. 따라서 바이러스 유전자가 존재하면 염료가 빛나기 시작한다. 빛이 없으면 바이러스도 없는 것이다.

새로운 병원체에 대한 PCR 테스트를 만드는 것은 게놈의 염기 서열만 밝히면 대단히 간단한 일이다. 유전자가 어떤 모습인지 이미 알기 때문에 특정 물질, 염료, 기타 필요한 제품을 매우 빠르게 만들 수 있다.[10] 코로나 유전체의 서열이 처음 발표되고 단 12일 만에 코로나 PCR 테스트를 만들 수 있었던 것도 그런 이유 때문이다.

표본에 오염이 있지 않은 한, PCR 테스트에서 나온 양성 반응이 오류일 가능성은 낮다. 감염되었다는 결과가 나오면 감염된 것이 거의 확실하다. 하지만 음성 반응은 오류일 때가 있다. 즉 검사 결과가 음성이라도 감염되었을 수 있다. 그래서 증상이 있는데 PCR 테스트 결과는 음성으로 나온 경우, 재검사를 권유하는 것이다. 회복 후 한참 지났다 해도 테스트에서 혈액과 코에 남은 바이러스의 유전체 조각이 검출되면 음성인 사람에게서도 PCR 양성 반응이 나올 수 있다.

하지만 PCR 테스트의 가장 큰 단점은 실험실의 특수 기계로만 분석이 가능하기 때문에 적용할 수 없는 지역이 많다는 점이다. 분석 자체는 몇 시간밖에 걸리지 않지만 작업이 밀린 경우(코로나 기간에 자주 있었던 일)에는 결과를 받기까지 며칠, 심지어는 몇 주를 기다려야 할 수도 있다. 코로나가 사람 사이에 얼마나 쉽게 전염되는지를 고려하면 표본을 제출하고 결과를 받기까지 48시간 이상이 걸리는 검사는 아무런 소용이 없다. 결과를 받을 즈음에는 바이러스를 다 퍼뜨린 뒤일 테니 말이다. 그리고 항바이러스제나 항체 치료도 감염 후 며칠 안에 이루어져야 한다.

다른 범주의 테스트에서는 PCR 기계가 하듯이 바이러스의 유전자를 찾는 대신 바이러스 표면의 특정 단백질을 찾는다. 이 단백질을 항원antigen이라고 부르기 때문에 그 테스트를 항원 검사antigen test라 지칭한다. 항원 검사는 정확도가 떨어지지만 터무니없을 정도는 아니다. 다른 사람에게 전염시킬 수 있는 동안 병원체를 감지하는 데 특히 유용하며 결과가 나오는 데 한 시간도 걸리지 않는다(종종 15분 이내에 나오는 경우도 있다).

또 다른 장점은 대부분의 항원 검사는 누구나 집에서 혼자 할 수 있다는 점이다. 가정에서 막대에 소변을 묻혀 양성이나 음성 표식이 나타나는지 지켜보는 임신 테스트기를 사용해본 적이 있다면 측면흐름면역분석lateral flow immunoassay이라는 30년 된 역사적 기술을 이용한 것이다. 이런 난해한 이름이 붙은 것은 '표면 위의 액체 흐름을 이용한 검사'라고 할 경우 이해하기가 너무 쉽기 때문인 듯하다. 항원 검사도 대부분 같은 방식으로 이루어진다.

아웃브레이크 중에는 모든 사람이 쉽게 검사를 받고 빠르게 결과를 받아보도록 해야 한다. 증상이 나타나기 전에 다른 사람에게 전염될 수 있는 질병일 때는 특히 더 그렇다. 여기에서 '우리'라는 것은 다른 어떤

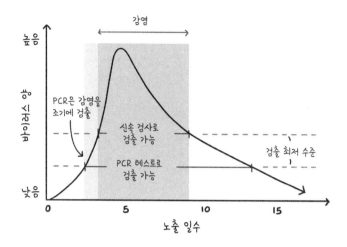

PCR 테스트는 신속(항원) 검사에 비해 바이러스를 보다 조기에 검출하며 바이러스의 양이 적을 때도 검출이 가능하다. 하지만 감염 상태에서 벗어나 상당 시간이 지난 후에도 양성 결과를 보여주는 경우가 있다.

곳보다 미국을 의미한다. 한국, 베트남, 오스트레일리아, 뉴질랜드를 비롯한 다른 나라들은 검사와 결과 전달에 있어서 미국을 훨씬 앞섰고 그 덕분에 큰 혜택을 봤다.

이상적으로 보면, 미래에는 모든 사람의 검사 결과가 디지털 데이터 시스템에 연결되어(적절한 개인 정보 보호 조치를 거쳐) 공중보건 관리자들이 지역사회의 상황을 파악할 수 있어야 한다. 연구 결과 대부분의 코로나 환자들은 밀접 접촉한 사람들에게조차 전염을 시키지 않았다. 그에 반해 일부 코로나 환자들은 많은 사람들에게 바이러스를 옮기는 것으로 나타났다. 이런 이유 때문에 전염을 확산시킬 가능성이 높은 사람들을 식별하는 것이 특히 중요하다.

궁극적으로 우리에게 필요한 것은 전 세계에 걸쳐 많은 사람들이 이용할 수 있는 정확한 진단 도구다. 빨리 결과를 얻어서 공중보건 시스템에 입력할 수 있는 도구 말이다. 따라서 이 분야에서 진행되고 있는 흥미로운 일부 연구에 대해 이야기해보려 한다. 나는 부유한 국가는 물론 가난한 국가의 사람들에게도 혜택을 줄 수 있는 혁신을 편애하는 경향이 있다. 따라서 그런 혁신에 대한 이야기가 주를 이룰 것이다.

내가 가장 관심을 갖고 있는 것은 영국의 루미라디엑스LumiraDx라는 회사의 진단 도구다. 이 회사는 여러 질병을 검사하는 기계를 개발하고 있는데 작동이 대단히 쉬워서 연구소가 없어도 검사가 가능하다. 약국, 학교, 기타 다른 장소에서도 사용할 수 있다. 항원 검사와 마찬가지로 결과가 빨리 나오지만, 항원 검사와 달리 PCR 검사기만큼이나 적중률이 높은 데다 비용은 10분의 1에 불과하다. 생산 라인 하나에서 연간 수천만 개의 검사기를 만들 수 있고 거의 개조하지 않고도 신생 병원체에 대한 새로운 테스트가 가능하다. 아프리카의약공급플랫폼African Medical Supplies Platform이란 비영리단체를 비롯한 일단의 제휴 조직들이 아프리카 전역의 국가에 루미라디엑스 검사기 5,000대를 제공했다. 하지만 이는 필요에 크게 못 미치는 수치로, 더 많은 기부자들이 나서 주기를 바라는 상황이다.

현재 PCR 테스트는 정확도의 면에서는 여전히 최고지만 다른 방법에 비해 속도가 느리고 비용이 많이 든다. 하지만 여러 회사가 초고효율처리ultra-high-throughput processing라는 절차를 통해 변화를 꾀하고 있다. 자동 기계 장치를 사용해 기존 테스트에 필요한 인력의 몇 분의 1만으로 주어진 시간 안에 처리할 수 있는 PCR 테스트의 수를 기하급수적으로 늘리는 방법이다.

내가 아는 가장 빠른 기계는 더글러스 사이언티픽Douglas Scientific이

10여 년 전 개발한 넥사Nexar라는 것이다. 하지만 본래 이 기계는 인간의 질병 진단과는 전혀 관계가 없고, 식물의 유전적 변화를 식별해 더 유익한 작물로 만들 의도로 만들어졌다. 이 기계는 수백 개의 표본과 시약을 긴 테이프 조각 위에 놓고(필름처럼 생긴 것을 생각해보라) 밀봉한다. 이 테이프를 수조에 넣었다가 약 두 시간 후 두 번째 기계를 통과시킨다. 두 번째 기계는 모든 표본을 스캔하고 양성인 샘플에 표시를 한다. 루미라디엑스와 마찬가지로 이 시스템은 호환성이 좋아서 새로운 검사를 빠르게 추가할 수 있고 심지어는 하나의 표본으로 동시에 여러 가지 병원체를 검사할 수도 있다. 면봉으로 코를 찌르는 검사 한 번으로 코로나, 인플루엔자, RSVrespiratory syncytial virus(호흡기세포융합바이러스)를 동시에 검사할 수 있으며 비용은 기본 검사보다 몇 배 저렴하다.

놀랍게도 넥사 시스템은 하루에 15만 건의 검사를 처리할 수 있는데, 이는 가장 큰 고효율처리 기계가 현재 가능한 양의 열 배가 넘는다.[11] 현재 넥사 기계를 만드는 LGC, 바이오서치 테크놀러지스LGC, Biosearch Technologies는 교도소, 초등학교, 국제공항 등 다양한 장소에서 수집되는 표본 데이터로 작동 방법을 보여주는 몇 가지 시범 프로젝트를 기획하고 있다. 기업들마다 서로 다른 접근법을 사용하고 있는데, 그들 모두

LGC, 바이오서치 테크놀러지스에서 만든 넥사™.[12]

가 경쟁을 계속해서 더 저렴하고, 더 빠르고, 더 정확한 검사 도구를 만들기를 바란다. 이 분야는 여전히 세계적으로 더 많은 혁신이 필요하니 말이다.

간단히 말해, 우리는 병원, 가정, 직장을 비롯한 다양한 환경에서 사용할 수 있는 새로운 검사 방법을 개발해야 하고, 개발된 후에는 수백만 건의 검사를 엄청나게 싼 가격에(검사당 1달러 미만) 할 수 있어야 한다.

내가 살고 있는 시애틀 지역은 전염병 연구의 중심이 되었다. 워싱턴대학에는 우수한 세계보건학과와 국내 최고 수준을 자랑하는 의과대학이 있다. 이 대학은 내가 제1장에서 언급한 IHME가 있는 곳이기도 하다. 프레드허친슨암연구센터Fred Hutchinson Cancer Research Center는 주로 암에 초점을 맞추고 있기는 하지만 뛰어난 전염병 전문가들도 보유하고 있다(이 병원은 주변에서 프레드허츠Fred Hutch나 더 간단하게 허츠Hutch라고 알려져 있을 정도로 유명하다). 또 'PATH'라는 이름의 보건 분야의 혁신이 세계에서 가장 가난한 사람들에게 이르도록 하는 데 전념하는 선도적인 비영리단체도 있다.

같은 분야에 열정을 가진 많은 지식인들이 한 도시에 모여 있다는 것은 그들이 아이디어에 대한 논의를 시작할 현실적인 여건이 탄탄하게 갖추어져 있다는 뜻이다. 시애틀은 지난 몇십 년에 걸쳐 기관 안팎에서 자유롭게 아이디어를 교환하는 비공식적인 연구자 네트워크의 거점이 되었다.

2018년 여름 이 네트워크를 통해 유전체학과 전염병 전문가들 몇

몇이 머리를 맞댄 끝에 한 가지 공통된 인식을 하게 됐다. 서로 다른 기관을 대표하는 사람들이었지만[프레드허츠, 게이츠 재단, 질병모델링연구소Institute for Disease Modeling, IDM(이하 IDM) 라는 다른 조직] 모두가 걱정하는 문제는 오직 하나, 호흡기바이러스의 아웃브레이크였다. 이런 아웃브레이크들은 매년 수십만 명에 이르는 사람들의 목숨을 앗아가며 가장 가능성이 높은 팬데믹의 후보이기도 하다. 하지만 그 아웃브레이크가 지역사회에서 어떻게 전파되는지에 대해서는 알아야 할 것이 아직 너무나 많았다. 게다가 과학자들이 재량껏 사용할 수 있는 도구는 최대한 좋게 표현해도 '제한적'이었다.

　예를 들어, 연구자들은 병·의원에서 보고하는 환자 수를 확인할 수 있지만 그런 통계들은 전체 중 일부에 불과하다. 인플루엔자와 같은 바이러스가 도시에 어떻게 퍼지는지 이해하기 위해서는 훨씬 많은 것을 알아야 했다. 특히 검사받은 사람의 수뿐 아니라 실제로 몸이 아픈 사람들의 수를 알아야 했다. 비상시에 도시의 공무원들은 감염 가능성이 높은 인구군을 빠르게 확인하고, 그들이 검사를 받게끔 하며, 그들에게 결과를 알려줘야 한다. 그러나 그런 일을 할 체계적인 방법이 존재하지 않았다.

　2018년 6월, 이런 논의를 주도하고 있던 사람들 중 몇 명이 시애틀 외곽의 사무실에서 나와 만났다. 그들은 자신들이 목격한 문제를 설명하고, 시애틀플루연구Seattle Flu Study라는 호흡기바이러스의 감지, 모니터링, 통제 방법을 뒤바꾸는 시 차원의 사업안을 설명한 뒤 내게 자금

●　　현재는 질병모델링연구소도 게이츠 재단의 일부가 되었다.

조달이 가능한지 물었다.

이 사업은 이렇게 진행된다. 인플루엔자가 기승을 부리는 가을부터 시애틀 전역의 자원자들을 대상으로 건강 상태에 대한 몇 가지 질문을 하고 답을 받는다. 7일 전부터 두 개 이상의 호흡기 이상 증상이 있는 경우, 그들에게 표본 제출을 요청하고 그 표본으로 다양한 호흡기 질환을 검사한다(프로젝트의 이름은 '플루연구'지만 실제로는 인플루엔자만이 아닌 26가지 호흡기 병원체를 대상으로 한다).

사람들은 시애틀 터코마 국제공학, 워싱턴대학 캠퍼스, 노숙자 쉼터, 도심의 몇몇 기업에 설치된 키오스크를 통해 표본을 제출한다. 하지만 대부분의 표본은 여러 가지 다른 이유로 지역 병원이 채취해둔 환자들의 것이다. 병원에서 어떤 검사를 받을 경우, 그 결과는 의사들이 환자를 치료할 방법을 결정하는 데도 도움을 준다. 하지만 여기에 그치지 않는다. 그 이후를 위해서 코 면봉 검사에서 나온 점액 등의 표본을 보관해두는 것이 의학 연구의 일반적인 관행이다. 연구자들은 개인 정보와 관련된 특정 데이터를 제거한 이 표본을 이용해 다른 병원체를 검사하고 지역사회 전체에서 어떤 일이 벌어지고 있는지 파악한다. 아프기만 해도 과학에 기여하는 셈이다!

시애틀플루연구는 병원과 공공장소에서 수집한 모든 표본을 검사한다. 인플루엔자 양성 반응이 나오면 환자가 발생한 곳을 거의 실시간으로 보여주는 디지털 지도에 양성 반응이 나온 환자의 위치를 표시한다. 이후 바이러스의 유전자 코드를 연구해 전 세계에서 발견된 다른 인플루엔자바이러스와 비교한다.

이런 유전자 연구는 시애틀플루연구의 핵심적인 부분이다. 이를 통해 다양한 발병 사례가 서로 어떻게 연관되는지 과학자들이 이해할 수 있기 때문이다. '다양한 계열의 인플루엔자가 어떻게 도시에 들어오는 것일까? 대학에서 환자가 발생했다면 얼마나 멀리까지 확산될까?'

유전자 정보는 전염병학자들에게 대단히 유용하다. 유전자가 작동하는 방식에는 무작위적인 결함이 생기기 때문이다. 병원체는 스스로를 복제할 때마다(혹은 바이러스가 하듯이 숙주 세포가 복제하도록 할 때마다) 유전자 코드, 즉 게놈을 복제한다. 모든 살아 있는 생물 게놈의 염기는 단 4종인 A, C, G, T이다.[•] 영화를 즐겨 본다면 우마 서먼과 에단 호크가 출연한 공상 과학 영화를 기억할지도 모르겠다. 유전자 강화 인간을 소재로 한 이 영화의 제목 〈가타카〉Gattaca는 이 염기의 이름을 조합한 것이다.

게놈은 한 세대에서 다음 세대로 전해지기 때문에 아이들은 생물학적 부모를 닮게 된다. 게놈이야말로 사람을 사람으로, 바이러스를 바이러스로, 석류를 석류로 만드는 것이다. 코로나는 약 3만 개의 A, C, G, T로 이루어진 반면, 당신이나 나는 몇십 억 개의 염기로 이루어져 있다. 하지만 복잡한 유기체라고 해서 반드시 게놈이 많은 것은 아니다. 샐러드에 들어가는 재료들 대부분은 인간보다 많은 게놈을 갖고 있다.[13]

유전자 복제의 과정은 불완전해서 항상 무작위적인 실수가 생긴다. 코로나, 인플루엔자, 에볼라와 같은 바이러스의 경우는 특히 더 그렇다. 일부 A가 C로 복제되는 등의 실수가 생기는 것이다. 이런 돌연변이

[•] RNA바이러스는 T 대신 U를 갖고 있지만 두 물질은 기능적으로 동일하기 때문에 나는 단순하게 T로만 표시할 것이다.

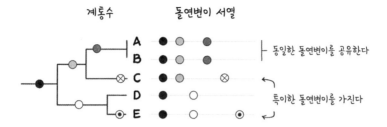

계통수   돌연변이 서열

A   동일한 돌연변이를 공유한다

B

C   특이한 돌연변이를 가진다

D

E

의 대부분은 병원체로서 영향이 없거나 복제의 기능이 불가능하지만 가끔은 그것을 생성시킨 원본보다 환경에 잘 적응하는 경우가 있다. 이런 진화 과정으로 코로나 변종들이 나타나는 것이다.

유기체 안에서 이들 염기가 나타나는 순서를 파악하는 것을 '게놈 염기 서열을 밝힌다'라고 한다. 여러 버전의 바이러스 게놈 서열을 알아내고 그들 중에서 다르게 생성된 돌연변이를 연구함으로써 과학자들은 바이러스의 가계도를 만들 수 있다. 이 가계도의 맨 밑에는 가장 최근 세대가 있고 위쪽으로 갈수록 그 세대의 조상들이, 가장 위에는 가장 처음 발견된 표본이 있다. 가지를 친 곳은 새로운 변종의 등장과 같은 주요한 진화 단계를 나타낸다. 이 가계도는 동물에서 발견되어 인간에게까지 건너갈 가능성이 있는, 관련 병원체를 기록하는 데 사용될 수도 있다.

이 모든 가계도의 정보에 적절한 검사체계가 결합되면 질병이 지역 사회에서 어떻게 이동하는지에 대한 귀중한 식견을 얻을 수 있다. 남아프리카공화국을 예로 들어보자. HIV 유전자 분석과 결합된 우수한 검사 시스템에 의해 많은 젊은 여성이 나이 든 남성과의 성관계를 통해 HIV바이러스에 감염되었다는 것이 드러났다. 이 정보는 남아프리카공화국이 HIV 예방에 접근하는 방식에 변화를 불러왔다. 보다 최근에는 유전 염기 서열 분석을 통해 2021년 일어난 기니의 에볼라 아웃브레이크가 놀랍게도 5년 전에 감염되었던 한 간호사에게서 시작되었다는 것이 밝혀졌다. 이 바이러스가 이렇게 오랜 시간 잠복할 수 있었다는 사실은 과학계를 충격에 빠뜨렸다. 이 새로운 정보를 기반으로 많은 과학자들이 에볼라 아웃브레이크를 예방할 방법을 재고하고 있다.

시애틀의 과학자와 그 동료들이 계속해서 부딪혔던 문제는 미국의 경우 이런 종류의 분석에 필요한 인프라의 핵심적인 부분이 빠져 있다는 점이었다.

미국에서 인플루엔자가 다루어지는 방법에 대해 생각해보자. 인플루엔자에 감염되었다고 생각하는 대부분의 사람들은 굳이 병원을 찾아가지 않는다. 처방전 없이 살 수 있는 약을 사거나 땀을 내는 등의 방법으로 해결한다. 결국 병원에 갔다 해도 의사는 별도의 검사를 하지 않고 증상만을 기반으로 진단한다. 공중보건 관리들에게 보고되는 사례는 자발적인 인플루엔자 보고 프로그램에 참여하는 병원의 의사가 검사를 지시한 경우뿐이다.

검사의 수효가 적다는 사실에는 파급 효과가 뒤따른다. 염기 서열 분석이 이루어지는 인플루엔자바이러스의 수가 적어지는 것이다. 게다가 분석이 이루어지는 표본의 대부분에는 어디에 사는 사람인지, 몇 살인지 등 그 주인에 대한 정보가 없다. 100만 개의 바이러스 염기 서열 분석이 있더라도 표본을 제공한 사람에 대해 알지 못하면 질병이 어디에서 시작되었는지, 한 장소에서 다른 장소로 어떻게 퍼졌는지 알아낼 수가 없다.

시애틀플루연구는 이런 문제와 정면으로 맞서기 위해 만들어졌다. 시애틀플루연구는 많은 자원자의 표본을 검사하고 많은 바이러스 유전 염기 서열을 분석한다. 이뿐 아니다. 여기에서 더 나아가 개인 정보 보호 조치를 기반으로 분석 데이터를 제공자의 정보와 연결하는 시스템을 만들 것이다. 이 프로젝트가 만들게 될, 거의 실시간으로 업데이트 되는 도시 전체의 인플루엔자 지도는 아웃브레이크 감지와 억제에 있어 게임 체인저game changer가 될 것이다.

나는 시애틀플루연구가 야심 차고 독특한 아이디어이며 내가 몇 년 전 테드 강연에서 제기했던 문제들을 해결할 기회라고 생각했다. 그래서 프레드허츠, 워싱턴대학, 시애틀아동병원Seattle Children's Hospital 사이의 연구 파트너십인 브로트먼베이티연구소Brotman Baty Institute를 통해 자금을 지원하는 데 동의했다.

시애틀플루연구팀은 계획했던 인프라 사업에 바로 착수했다. 그들은 새로운 진단 검사를 개발해 성능을 입증하고, 결과를 처리 및 공유하고, 모든 연구와 사업이 가치 있는지 확인해 품질을 검사하는 시스템을 만들었다. 두 번째 해에는 참가자들이 집에서 표본을 재취해 우편으로 돌려보내는 방법을 추가했다. 이런 혁신으로 시애틀플루연구는 사람들이 온라인으로 진단 키트를 주문하고, 집에서 배송을 받고, 다시 연구소로 돌려보낸 뒤 결과를 받아볼 수 있는 완벽한 절차를 갖춘 최초의 의학 연구가 되었다. 이것은 선구적인 업적이자 팀이 자랑스럽게 여기는 부분이었지만, 이것이 앞으로 얼마나 결정적인 일이 될지는 누구도 알지 못했다.

2018년과 2019년에 시애틀플루연구는 1만 1,000건이 넘는 인플루엔자 사례를 검사하고 2,300건 이상의 인플루엔자 게놈 서열을 분석했다. 당시 지구상에서 분석된 인플루엔자 게놈 염기 서열의 6분의 1에 해당하는 양이었다. 그들은 이 분석을 통해 시애틀에 존재하는 인플루엔자가 균일한 성질을 가진 하나의 아웃브레이크가 아니고 다른 계열 인플루엔자의 아웃브레이크가 계속 중첩되어 이어지고 있는 것임을 밝혀냈다.

이후 2020년이 시작된 지 몇 주 만에 모든 상황이 뒤집혔다. 가장 걱정해야 할 바이러스는 더 이상 인플루엔자가 아니었다. 거의 하룻밤 사이에 일어난 일이었다. 인플루엔자 연구를 기획하고 수행하며 수많은 시간을 보냈던 과학자들이 오로지 코로나에 매달리게 됐다.

2월이 되자 레아 스타리타Lea Starita라는 유전체학자가 코로나용 PCR 테스트를 개발했고, 그녀의 팀은 인플루엔자 연구를 위해 수집했던 수백 개의 표본에 PCR 테스트를 실시했다. 그리고 그들은 이틀 만에 양성 사례를 발견했다. 그것은 시애틀의 한 지역 병원에서 제출한 표본으로, 그곳에서 인플루엔자와 비슷한 증상으로 치료를 받은 환자의 것이었다.

이 양성 표본 속 바이러스에 대한 유전자 배열을 분석한 컴퓨터 생물학자 트레버 베드퍼드Trevor Bedford가 불안감을 불러일으키는 발견을 했다. 해당 사례가 이전에 워싱턴주에서 발생한 사례와 유전적으로 상당한 연관성을 갖고 있었던 것이다. 두 바이러스의 게놈에서 일어난 변이를 비교한 베드퍼드는 이들 바이러스가 밀접한 관련이 있다는 추론을 내놓았다.* 이는 많은 과학자들이 의심했던 일, 즉 코로나가 꽤 오랫동안 주 전역에서 확산되고 있었다는 증거였다.

연구원들은 자연스럽게 다음 단계의 질문을 던졌다. 유전 배열 분석을 거친 두 사례에 대해 알고 있는 것들과 바이러스가 얼마나 오랫동안 퍼지고 있었는지에 대해 알고 있는 것들을 기반으로 한다면, 감염된 사람들의 숫자는 얼마나 많을까? 질병 모델링 전문가인 마이클 패멀라레Michael Famulare가 계산한 추정치는 570명이었다.**

당시 검사를 통해 확인된 코로나 환자는 워싱턴주 서부 전역에서 18명에 불과했다. 베드퍼드, 페멀라레와 그들의 동료들은 연구를 통해 미국의 코로나 검사 시스템이 전혀 적절치 못하다는 것을 보여줬다. 워싱턴주에서만 수백 명이 코로나에 감염되었지만 그 사실을 모르는 상태였으며, 병은 빠르게 퍼지고 있었다.

단, 여기에는 딜레마가 있었다. 자신들이 알고 있는 내용을 발표해도 되는 것인지 확실치가 않았다는 점이다. 병원에서 표본을 제공한 환자는 그것이 연구에 사용된 것을 알지 못했다. 환자의 표본으로 코로나 등의 다른 질병을 검사하는 것은 일반적인 관행이었지만 검사 결과를 외부에 공개한다는 것은 규약 위반이었다.

또한 그들의 코로나 검사는 의료 환경에서의 사용이 아닌 연구 목적

---

* 비슷한 시기의 다른 표본들을 대상으로 염기 서열 분석을 하면서 나타난 후속 증거들은 혼란을 야기했다. 두 번째 사례의 바이러스가 첫 번째 사례와 같은 계열인지 여부를 영원히 밝혀내지 못할 수도 있다. 그러나 당시의 연구자들은 그들이 입수할 수 있는 정보를 기반으로 옳은 추론을 했으며 그 시점에 많은 전염이 있었다는 데는 전반적으로 의견이 일치하고 있다.

** 보다 정확하게 말하자면, 570명이라는 추정치는 90퍼센트 신뢰수준에 신뢰 구간을 80~1,500으로 한다.

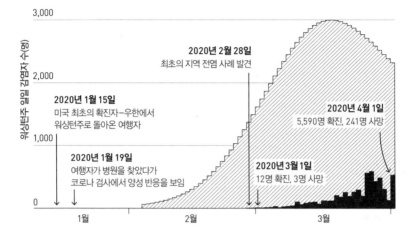

● 확인　○ 추정

3,000

유싱턴주 일일 감염자 수(명)

2,000

2020년 2월 28일
최초의 지역 전염 사례 발견

2020년 1월 15일
미국 최초의 확진자-우한에서
워싱턴주로 돌아온 여행자

2020년 4월 1일
5,590명 확진, 241명 사망

1,000

2020년 1월 19일
여행자가 병원을 찾았다가
코로나 검사에서 양성 반응을 보임

2020년 3월 1일
12명 확진, 3명 사망

0

1월　　　　　2월　　　　　3월

코로나가 워싱턴주에 들어온 시점. 시애틀플루연구의 과학자들은 발견되지 않은 코로나 감염자를 수백 명으로 추정했다. 이 표는 2020년 첫 3개월 동안의 코로나 확진자와 감염자 추정치 사이의 차이를 보여준다. (IHME)[14]

으로만 승인된 것이어서 검사 결과를 환자에게 통지할 수 없었다. 연구팀은 몇 주에 걸쳐 정부의 규제기관과 이야기를 나누었지만 검사를 의료용으로 공인할 방법이 없었다. CDC 이외의 다른 주체가 개발한 코로나 검사를 승인할 수 있는 규칙이 존재하지 않았다.

어려운 문제였다. 결과를 공개하는 것은 윤리적인 연구자로서 그들이 따르는 기준을 위반하는 일인 데다 정부 규정에도 저촉될 수 있었다. 그러나 바이러스, 팬데믹을 유발하는 바이러스를 갖고 있는 사람에게 검사 결과를 밝히지 않는 것이 정말 옳은 일일까? 지역에 코로나가 확산되고 있으며 그들이 생각하는 것보다 수백 명이나 되는 사람이 감염되었음이 거의 확실한 상황을 공중보건 담당자가 알아야 하지 않을까?

한 팀원은 이 문제를 간단한 질문으로 귀결시켰다. "합리적인 사람이라면 어떻게 할까?" 그렇게 표현하자 답은 분명해졌다. 합리적인 사람이라면 결과를 밝혀 개인과 사회를 보호할 것이다. 따라서 우리도 그렇게 했다. 그 소식은 큰 파장을 일으켰다. 〈뉴욕타임스〉는 이런 헤드라인을 뽑았다. "유전자 분석에 따르면 미국에서 코로나바이러스의 확산이 이미 몇 주 전부터 시작되었을 가능성이 있다."[15]

이 결정으로 팀은 거센 역풍과 마주해야 했다. 규제 당국이 일시적으로 병원 표본 검사를 중단한 것이다. 하지만 나는 그들이 옳은 일을 했다고 생각했다(그리고 지금도 그렇게 생각하고 있다). 이 프로젝트를 감독하는 워싱턴대학 심의회도 같은 결론을 내리고 팀의 행동이 책임감 있는 윤리적인 행동이었다고 평가했다. 주 정부와 연방 정부는 지역의 코로나 연구에서 그들과의 협력 관계를 이어갔다.

2020년 3월 플루연구팀은 시애틀에 위치한 킹 카운티 보건 당국과의 협력하에 시애틀코로나바이러스평가네트워크Seattle Coronavirus Assessment Network, SCAN(이하 SCAN)를 만들었다. 인플루엔자 표본을 수집, 처리하고 사람들에게 결과를 알려주기 위해 만들어졌던 선구적인 시스템을 새로운 용도로 이용할 예정이었다. 가능한 한 많은 사람의 코로나 검사를 하고, 결과를 지도화하고, 전 세계에서 이루어지는 전혀 새로운 이 병원체의 염기 서열 분석 결과를 종합하는 일에 말이다.

SCAN의 노력은 다른 지역 연구진 덕분에 탄력을 받았다. 사람들 코끝에서만 면봉을 돌려서 표본을 채취해도, 뇌까지 닿을 것만 같던 기존 코로나 검사만큼 효과가 있다는 것을 규제 당국에 보여준 연구였다. 큰 진전이었다. 이전의 방법들이 의료인의 손이 필요했던 것에 반해 새로운 방법은 사람들이 직접 면봉으로 검사를 할 수 있었기 때문이다. 불편함이 훨씬 줄어들면서 검사를 꺼리게 하는 장벽 하나가 제거되었다. 이전의 방식은 검사 대상자가 기침이 날 수밖에 없어서 감독하는 사람이 바이러스에 노출될 가능성이 높았고, 세계는 긴 면봉이 동이 나는 전례 없는 상황을 맞았다.

팬데믹 기간이라는 점을 감안하면 3월부터 5월까지는 일이 순조롭게 진행됐다. SCAN은 지원자들로부터 표본을 받아 코로나 감염 여부를 알렸다. 그리고 감염 사례를 보여주는 지도를 만들기 시작했으며, 양성 표본에 대한 유전자 분석을 실시했다. 그동안 SCAN은 킹 카운티에서 이루어진 모든 검사 중 4분의 1을 처리했고, SCAN이 만든 지도는 지역 관리들이 코로나가 가장 많이 퍼진 곳을 파악하는 데 도움을 주었다.

이후 5월에 검사를 중단하라는 연방 정부의 갑작스러운 명령이 내려왔다. 연구팀은 또 다른 문제와 맞닥뜨렸다. 사람들이 직접 채취한(의료인이 하지 않고) 표본에 대한 검사가 허용되는지 여부였다. 그 시점까지도 누가 자가 채취 표본을 검사할 수 있는지에 대한 연방 정부 규정이 모호했다. 마침내 그들이 명확한 입장을 밝혔다. SCAN에게는 좋은 소식이 아니었다. 검사를 위해서는 연방 정부의 승인이 필요했다. 팀은 바로 다른 방법을 찾기 위해 움직이기 시작했다.

이 새로운 방법이 채택되기까지는 오랜 시간이 필요했다. 이 글을 쓰고 있는 지금도 지인들이 내게 이런 질문을 한다. "왜 사람들이 제 코 안쪽까지 면봉을 밀어넣는 거죠? 그런 과정을 없앴다고 하지 않았나요?" 매번 어떤 검사가 규제 당국의 승인을 받을 때마다 면봉에 대한 승인도 이루어져야 하기 때문이다. 면봉이 다른 검사에서 성공적으로 사용된 경우에조차 말이다.

2주 후, 미국 식품의약국Food and Drug Administration, FDA(이하 FDA)은 다시 정책을 뒤집었다. 연구를 감독하는 심의회의 승인이 있다면 참여자들이 채취한 표본을 검사할 수 있게 했다. SCAN은 심의회의 승인을 얻었고 6월 10일부터 검사를 재개했다.

이후 그해 말까지 SCAN팀은 여러 가지 성과를 냈다. 4만 6,000건에 가까운 코로나 검사를 진행했다. 그중 대부분이 집에서 온라인으로 검사를 신청한 사람들의 것이었다(공공장소에 있었던 키오스크의 대부분은 폐쇄되었다). 그들은 4,000건의 코로나 게놈을 분석했다. 이는 그해 워싱턴주 전체에서 진행한 유전자 분석의 절반이 넘는다. 그들은 보스턴과 샌프란시스코 베이에어리어에서 비슷한 연구를 시작하고 있는 팀들에게도 자문을 제공했다.

이 글을 쓰고 있는 2021년 말 현재, SCAN은 여전히 운영 중이며 시애틀플루연구도 인플루엔자와 20여 개의 다른 병원체에 대한 데이터를 계속 수집하고 있다. 두 개 코로나 표본 사이의 유전적 유사성을 발견하고 그 중요성을 파악했던 트레버 베드퍼드는 코로나 연구에 대한 획기적인 기여로 널리 인정받고 있다. 그의 유전 가계도는 전 세계에서 사용되고 있으며 그는 수십만 명의 트위터 팔로워들과 소통하며 전염병학과 게놈 과학의 복잡한 내용을 쉽게 전달하는 중이다.

미국(그리고 검사와 유전자 분석 시스템이 비슷하게 짜여 있는 모든 나라)은 시애틀플루연구팀이 배운 것을 기반으로 하는 여러 프로젝트에 적극적으로 투자해야 한다. 코로나에서 우리가 배운 것은 다음의 대규모 아웃브레이크가 오기 훨씬 전에 대응 시스템을 마련해야 한다는 것이다. 시애틀플루연구와 SCAN이 하려고 했던 것처럼 말이다. 정부는 공공 부문과 민간 부문의 감염 질환 전문가들과 굳건한 협력체계를 확립해야 한다. 이전에 보지 못했던 병원체가 등장했을 때 빨리 검사를 승인할 수 있는 규정이 있어야 한다. 세계적인 수준의 미국 연구기관과 민간 진단 기업들은 여기에 도움을 줄 수 있는 뛰어난 인재들과 역량을 보유하고 있다. 하지만 그들이 그런 능력을 마음껏 펼치려면 SCAN처럼 제약과 장애가 없는 환경이 마련되어야 한다.

이런 일을 해내는 국가는 다음 대규모 아웃브레이크에서 유리한 고지에 있게 될 것이다. HIV와 결핵에 맞서 수십 년간 검사와 유전자 분석에 투자해온 남아프리카공화국이 두 개의 주요 코로나 변종을 확인한 것은 우연이 아니다.

유전체 염기 서열 분석 장비에서는 큰 도움이 될 만한 여러 가지 혁신이 있었다. 예를 들어, 옥스퍼드나노포어Oxford Nanopore는 휴대용 유전자 분석기를 개발해 실험실이 없어도 유전자 분석이 가능하게 만들었다. 다만 이 장비는 강력한 프로세서를 탑재한 컴퓨터와 온라인으로 연결되어야 한다. 현재 오스트레일리아와 스리랑카의 연구진이 이 문제까지 해결하기 위해 연구를 진행 중이다. 그들은 유전자 분석기의 정보를 보통의 스마트폰에서 오프라인으로 처리할 수 있는 앱을 만들었다. 한 실험에서 이 앱/분석기 조합은 두 환자의 코로나 게놈을 각기 30분 이내에 분석했다. 옥스퍼드나노포어는 현재 아프리카 질병통제센터를 비롯한 협력단체들과 전 대륙이 이와 비슷한 최첨단의 기술을 채용할 수 있게 하는 연구를 진행 중이다.[16]

코로나가 준 또 다른 교훈은 SCAN이나 시애틀플루연구와 유사한 (검사를 하고, 사람들이 가입할 수 있는 웹사이트를 만들고, 그들의 표본을 처리할 수 있는) 플랫폼을 마련하는 것이 문제의 일부분에 불과하다는 것이다. 결과가 지역사회의 실제 상황을 반영하도록 하는 것은 전혀 다른 문제다.

진단 키트에 대한 수요가 높고 공급이 제한적일 때는, 집에 머물면서 웹사이트를 수시로 확인할 수 있는 사람이 여전히 직장에 나가야 하는 필수 인력보다 유리하다. 시애틀에서는 이런 격차를 좁히는 것이 상당히 어려운 문제였다. 비슷한 일을 하려는 사람이라면 이 점을 유념해야 할 것이다. 기술적 진보를 최대한 활용하기 위해서는 사회 전체의 신뢰를 받는 강력한 공중보건 시스템이 존재해야 한다.

대단히 중요하면서도 잘 알려지지 않은(적어도 2020년 이전에는 그랬다.) 직업이 뭐냐고 묻는다면 나는 '질병 모델링 전문가'를 몇 손가락 안에 꼽을 것이다. 코로나가 등장하자 수십 년 동안 무대 뒤에서 일하던 이 사람들이 집중적인 조명을 받게 됐다. 질병 모델링 전문가는 감염자 수를 예측한다. 팬데믹 기간 동안 기자들이 '예측'보다 사랑한 것이 있을까?

질병 모델링에 대한 내 경험의 대부분은 IHME와 시애틀플루연구에 참여했던 IDM과의 작업에서 얻어진 것이다. 하지만 전 세계에는 그 외에도 수백 개의 모델이 더 있고, 서로 다른 모델은 서로 다른 유형의 질문에 대한 답을 찾는 데 유용하다. 두 가지 예를 들어보겠다.

하나는 2021년 후반 남아프리카역학모델링·분석센터(남아프리카공화국 스텔렌보스 소재)팀이 실시한 오미크론 변종에 대한 연구다. 당시 연구진은 오미크론을 확인했지만 '이미 코로나의 초기 변종에 감염되었던 사람이 오미크론에 재감염되는 경우가 얼마나 많은가?'와 같은 몇 가지 중요한 질문에는 답을 제시하지 못하고 있었다. 남아공 연구팀은 전국적으로 전염병 사례를 추적하는 데이터베이스를 사용해 다음과 같은 답을 찾아냈다. 오미크론은 이전 변종들보다 재감염률이 훨씬 높다. 이 연구와 팀의 다른 연구 결과는 오미크론이 등장한 곳 어디에서든 다른 변종보다 빠르게 퍼질 가능성이 높다는 것을 보여줬고, 그것은 바로 현실로 나타났다.

다른 모델링팀은 다른 문제를 다뤘다. 예를 들어, 런던위생·열대의학대학원의 연구팀은 마스크, 사회적 거리두기, 기타 전염 속도를 늦추는 방법 등이 미치는 영향을 수량화했다. 2020년 그들의 모델은 바이러스가 중·저소득 국가에서 어떻게 전파되는지에 대한 매우 정확하고 시기적절한 예측을 내놓았다(그들은 현재 게이츠 재단의 일부가 된 IDM을 능가하는 결과를 내놓는 경우가 많았는데 이 사실을 가장 먼저 사람들에게 알린 것 역시 IDM이었다).

팬데믹 패턴을 예측하기 위해 모델링 전문가들이 어떤 일을 하는지 알고 싶다면 날씨 예측을 떠올리면 된다. 기상학자들은 비가 오늘 밤 내릴지 내일 아침에 내릴지 예측하는 일을 매우 잘해내는 모델을 가지고 있다(시애틀의 겨울이라면 답은 모두 '예스'겠지만). 지금부터 열흘 후의 날씨라면 이 모델의 정확도는 떨어질 것이고 지금부터 6~9개월 후라면 정확히 어떤 일이 일어날지 예측하기 힘들 것이다.* 변종이 있는 질병의 모델링도 그와 비슷하다. 완벽한 결과가 나오는 과학은 아니지만 일

* 지구 기온이 상승할 테고, 우리가 행동에 나서지 않으면 끔찍한 결과가 벌어지리란 것은 확실하겠지만 말이다.

기 예보보다는 조금 나을 것이다.[•]

근본적으로 모델링 전문가가 하는 일은 두 가지 목적을 갖고 입수 가능한 모든 데이터(이 장에서 설명한 것들은 물론 휴대전화 데이터와 구글 검색 등 다른 많은 정보원을 통한)를 분석하는 것이다. 하나는 과거에 어떤 일이 왜 일어났는지 판단하는 것이고, 다른 하나는 정보에 입각해 앞으로 일어날 일을 추측하는 것이다. 인구의 0.2퍼센트만 코로나에 감염되면 순식간에 병원이 환자로 넘쳐날 것이라고 초기에 예측한 것도 컴퓨터 모델링이다.

질병 모델링은 공중보건에 대해 연구하는 사람들에게 여러모로 대단히 유용하다. 모든 가정과 데이터를 제시하게 함으로써 알고 있는 것은 무엇이며 모르고 있는 것은 무엇인지, 그것들이 얼마나 확실한지 드러나게 만들기 때문이다. 또한 고위험군에게 다른 사람들보다 먼저 예방접종을 하는 데 따르는 혜택이 무엇인지, 전염성이 열 배 높은 변종이 나타나면 확진자, 입원 환자, 사망자는 얼마나 늘어날 것으로 예측되는지, 특정 비율의 사람들이 마스크를 사용하면 얼마나 도움이 되는지 등 질병의 어떤 속성과 어떤 대응법이 장래에 가장 큰 영향을 줄 수 있는지 파악하는 역할도 한다.

내 생각에, 모델링에 대해서 코로나가 준 가장 큰 교훈은 어떤 모델이든 그 결과는 데이터의 품질에 크게 좌우된다는 것, 그리고 좋은 데이터를 구하는 일이 대단히 어렵다는 것이다. 검사가 얼마나 많이 이루

• IHME는 팬데믹 초기에 지나치게 낙관적인 전망을 하고 예측을 둘러싼 불확실성을 강조하지 않았다는 이유로 큰 비난을 받았다. 하지만 좋은 과학 조직이라면 항상 그렇듯이 그들은 피드백에 귀를 기울이면서 연구를 발전시켜나가고 있다.

어지고 있는가? 양성인 사람은 몇 명인가? 질병 모델링 전문가들은 이런 것을 알아내느라 갖가지 어려움을 겪었다. 미국의 일부 주는 감염자를 지역이나 인구통계학적 요소에 따라 구분하는 일조차 하지 않았다. 주말이나 휴일에는 보고를 멈추었다가 사람들이 사무실로 복귀한 첫날 보고를 하는 바람에 실제로 어떤 일이 일어나는지를 모델링 담당자들의 추측에 맡기는 경우도 있었다.

기자들이 모델링 전문가의 발견을 보도하면서 중요한 뉘앙스나 경고를 빠뜨리는 일도 눈에 띄었다. 2020년 3월 임페리얼칼리지런던Imperial College London의 저명한 전염병학자 닐 퍼거슨Neil Ferguson은 팬데믹으로 인한 사망자가 영국의 경우 50만 명, 미국의 경우 200만 명이 넘게 될 것이라는 예측을 내놓았다.[17] 이 발언으로 언론은 크게 동요했다. 그러나 퍼거슨이 밝히고자 했던 요점을 명확하게 언급한 기자는 몇 명 되지 않았다.

각종 신문의 헤드라인을 장식한 그의 시나리오는 사람들의 행동에 변화가 없다는(아무도 마스크를 쓰거나 보호 조치를 취하지 않는다는) 가정 하에 나온 것이다. 물론 현실은 그렇지 않았다. 그는 위험이 얼마나 큰지 보여줌으로써 마스크를 비롯한 비약학적 개입의 가치를 입증하고자 했던 것이지 사람들을 공황 상태로 몰아넣으려 했던 것이 아니다.

이제부터는 모델링 전문가의 예측을 들을 때 두 가지를 염두에 두도록 하라. 첫째, 모든 변종은 서로 다르다. 따라서 수주일 분량의 데이터를 입수하기까지는 각 변종의 심각성을 예측하기 어렵다. 둘째, 모든 모델에는 한계가 있으며 당신이 접하는 보도에는 중요한 경고가 누락되어 있을 수 있다. 예를 들어, 불확실성의 정도가 상당히 높을 수 있다.

워싱턴주 감염자가 570명이라는 마이클 패멀라레의 추정치는 90퍼센트 신뢰수준에 신뢰 구간을 80~1,500으로 한다는 이야기를 기억하는가? 추정 범위를 누락시킨 모든 보도는 대단히 중요한 맥락을 빠뜨린 것이다.

마지막으로 질병 모델링 수립에 관련된 모든 사람들은 대중이 자신들의 연구 결과를 어떻게 사용할지에 대해 생각해봐야 한다. 그리고 명확하게 소통함으로써 오해나 오용의 가능성을 낮추어야 한다. 또한 질병 모델링 작업을 할 때는 겸손한 태도로 모든 가능한 상황을 수용해야 한다. 예측 시점과 4주 이상의 차이가 있을 때는 특히 더 그렇다.

팬데믹 예방에 필요한 유형의 명확한 질병 감시 어젠다에는 이 장에서 언급된 모든 것이 통합되어야 한다.

첫 단계는 질병의 감지와 보고는 물론 치료까지 가능케 하는 든든한 보건 시스템의 모든 요소에 투자를 아끼지 않는 것이다. 보건 시스템이 자금 부족을 겪는 경우가 많은 중·저소득 국가에는 특히 더 많은 투자가 필요하다. 의사와 전염병학자들이 필요한 도구를 얻지 못하고, 필요한 교육을 하지 못하고, 국가의 보건기관이 허술하거나 존재하지 않는다면 계속해서 질병의 아웃브레이크가 이어질 수밖에 없다. 모든 국가의 모든 사회가 7일 이내에 아웃브레이크를 감지하고, 보고하며, 하루 안에 조사에 착수하고, 1주 안에 효과적인 통제 조치를 실시해야 한다(보건 시스템 내 모든 사람들의 목표이자 개선 정도 측정의 기준).

두 번째 단계는 성인과 어린이의 사망 원인을 파악하기 위한 노력을 확대해나가는 것이다. 이 사업에는 두 가지 혜택이 따른다. 건강과 질병에 대한 새로운 식견을 줄 뿐 아니라 새로운 위협을 파악할 기회를 준다.

세 번째 단계는 우리가 맞서고 있는 적이 누구인지 파악하는 것이다. 따라서 단시간에 많은 수의 사람들을 검사할 혁신적인 방법, 특히 중·저소득 국가에 적합하게 고안된 저가의 대량 진단 방법을 개발하는 데 지원을 아끼지 말아야 한다. 새로운 검사는 그 결과를 환자와 연결할 수 있어야 한다. 그리고 그 과정에서 개인 정보 보호를 위한 적절한 조치가 개입되어서 데이터가 개인에게 제공됨은 물론 공공보건 조치의 기반이 될 수 있어야 한다. 유전체 염기 서열 분석이 극적으로 확대되어야 한다. 또한 바이러스가 동물 안에서 어떻게 진화하는지, 인간에게 어떻게 전염되는지에 대해서 계속 연구하고 더 많은 것을 배워야 한다. 가장 최근의 예상치 못한 30건의 아웃브레이크 중 4분의 3이 동물(인간이 아닌)과 연관된 것이었다. 대규모 아웃브레이크에서 검사 장치가 부족할 경우에는 발병률을 보여주는 지도를 통해 누가 검사의 우선권을 가져야 할지 파악하고 감염 가능성이 가장 높은 사람들에게 검사 장치를 보내야 한다.

마지막으로 컴퓨터 모델링의 미래를 위해 더 많은 투자를 해야 한다. 코로나 팬데믹 동안 나온 분석들도 대단히 유용했지만 그 분야에는 더 큰 잠재력이 있다. 더 많은 데이터, 보다 정확한 데이터, 이들 모델에 대한 지속적인 피드백은 우리 모두를 더욱 안전하게 만들어줄 것이다.

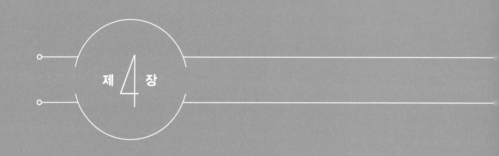

제 4 장

팬데믹의 기본 조치 :
마스크 쓰기와 거리두기

불안한 인사

요즘에는 사람을 만나면 어떻게 해야 할지 잘 모르겠다. 주먹을 부딪쳐야 할까, 악수를 해야 할까? 아니면 미소를 지으며 손이나 흔들어야 할까? 어떤 사이냐에 따라 손을 잡고 포옹을 하고 싶을 수도 있다. 특히 몇 달 만에 만나는 경우라면 더욱 말이다.

물론 인사를 나누는 방법은 코로나19가 복잡하게 만든 여러 사회적 상호작용 중 하나에 불과하다. 바이러스에 노출된 경우에는 집에 있어야 할까? 마스크를 써야 하는 사람은 누구일까? 써야 한다면 언제 써야 할까? 파티를 해도 좋을까? 파티를 한다면 실내에서 해야 할까, 실외에서 해야 할까? 사람들끼리는 얼마나 거리를 두고 서 있어야 할까? 손을 더 자주 씻어야 할까? 사람들이 많이 모이는 장소나 대중교통은 어떨까? 사람들과의 만남이나 대중교통 이용을 계속해도 되는 걸까? 학교, 사무실, 소매점은 계속 문을 열어도 될까?

이런 모든 결정이 개인의 손에 달려 있는 것은 아니지만 개인이 결정해야 하는 부분도 많다. 선택권이 그 어느 때보다 제한적인 것처럼 보이는 팬데믹 기간에는 선택을 한다는 것 자체에서 스스로에 대한 통제권을 되찾는다고 느낀다. 비록 우리가 과학자들이 치료제나 백신을 개발하는 데 도움을 줄 만한 위치에 있지는 않다 하더라도, 마스크를 쓰고, 몸이 좋지 않을 때는 집에 있고, 큰 파티는 뒤로 미루는 걸 선택할 수는 있다.

안타깝게도 일부에서는, 특히 미국에서는 자신과 가족을 안전하게 지킬 수 있는 선택을 꺼리는 사람들이 있다. 나는 이런 식의 선택은 지지하지 않는다. 하지만 그런 행동에 '반사회적'이란 딱지를 붙이는 것 역시 도움이 되지는 않는다고 생각한다.

율라 비스Eula Biss는 《면역에 관하여》On Immunity에서 백신 접종 거부 vaccine hesitancy에 대해 이야기한다.[1] 그녀가 이를 이야기하는 방식을 통해 다른 공중보건 조치에 대해서 종종 드러나는 분노까지 설명할 수 있을 것 같다. 그녀는 과학에 대한 불신은 하나의 요소에 불과하다고 말한다. 여기에 제약회사, 큰 정부, 엘리트, 의학계라는 기득권층, 가부장적 권위 등 두려움과 의심을 촉발하는 다른 요소들이 뒤섞인다. 지금은 눈에 보이지 않는, 장래에나 주어질 혜택만으로는 누군가 자신의 눈을 가리고 있다는 걱정을 좀처럼 털어버리지 못하는 사람들이 있다. 지금 우리의 상황처럼 정치의 양극화가 극심한 시기라면 문제는 더 악화된다.

코로나가 처음 등장했을 때는 여러 조치의 비용과 편익을 가늠할 충분한 증거가 없다는 것도 문제였다. 회사나 학교 문을 닫는 고통스러운 조치들에 어떤 근거가 있는지 입증하기가 몹시 힘들었다. 이런 조치들의 대부분은 1918년 팬데믹 이래 사회 전반에 적용된 적이 없었다. 더구나 이 고통스런 조치들과 관련된 비용은 예측이 가능하며 조금만 생각해봐도 누구나 바로 알 수 있는 것이었다. 하지만 그에 비해 정확한 혜택은 확인할 수가 없었다(새로운 병원체를 다루고 있기 때문에 특히 더).

통제된 환경에서 이런 조치들(사람들은 이를 비약학적 개입nonpharmaceutical intervention, NPI이라 불렀다)의 영향력을 평가하는 것이 매우 어렵다는 것도 부분적인 이유였다. 약과 백신 실험은 시간과 돈이 많이 드는 일이지만(이후에서 설명할 것이다), 그 효과를 테스트할 수 있는 실험이 가능하다. 반면 비용과 편익을 따지기 위해 도시에 있는 모든 학교와 회사의 문을 닫는 실험은 할 수가 없다.

지난 2년간 현실 속에서 비약학적 개입을 연구한 우리는 이제 그 효과에 대해서 많은 것을 알게 되었다. 적어도 코로나에 있어서는. 이번 팬데믹은 어떤 실험으로도 할 수 없는 실제적인 지식을 주었다. 규모가 작은 지역의 지방 정부부터 도시, 주, 연방 정부에 이르기까지 거의 모든 단계의 정부 관리들이 데이터를 통해 어떤 일이 벌어지고 있는지 살폈다. 그리고 학계에서 이루어진 수천 건의 연구가 다양한 비약학적 개입의 효과를 입증했다. 이런 노력은 이 분야에 대한 우리의 이해를 극적

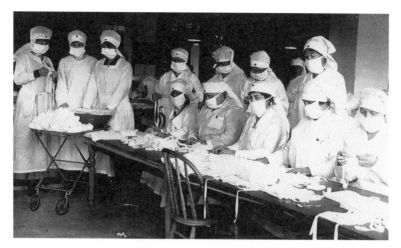

1918년 팬데믹 당시 매사추세츠 보스턴의 적십자 자원봉사자들이 인플루엔자의 확산을 막기 위해 거즈로 만든 마스크를 모아 정리하고 있다.[2]

으로 증진시켰다. 연구자들은 비슷한 도시나 국가의 서로 다른 정책을 통해 이전에는 결코 가능하지 않았을 방식으로 개별적인 비약학적 개입의 영향을 분리할 수 있었다.

좋은 소식이 아닐 수 없다. 비약학적 개입은 아웃브레이크 초기에 우리에게 가장 중요한 도구이기 때문이다. 마스크 착용을 의무화하고 (마스크를 제공할 수 있다는 가정하에), 대형 대중 행사를 언제 취소해야 할지 파악하고, 식당에 들어갈 수 있는 사람의 수를 제한하는 데는 임상시험을 하고 그것을 현실로 옮기는 과정이 필요치 않다(단, 우리가 채택하는 비약학적 개입이 우리가 막으려 하는 병원체에 적합한지는 확인해야 한다).

이런 개입을 사용하는 것은 감염된 사람을 모두 확인하지 않고도 질병의 확산을 막음으로써 병상 부족 사태를 피하기 위해서다. 아웃브레이크를 초기에 잡을 수 있다면 거의 모든 감염자를 찾고 그들과 접촉한 모든 사람을 검사할 수 있다. 병원체를 보유하고 있으나 증상이 없는 사람을 찾는 것은 극히 어렵기 때문에 이 부분이 대단히 중요하다. 비약학적 개입은 증상이 없는 감염자가 코로나를 퍼뜨리는 것을 막는 데도 도움이 된다.

비약학적 개입이 고통 없는 해법이라는 말은 아니다. 마스크를 쓰는 것처럼 대부분의 사람들에게 부정적인 영향이 거의 없는(나처럼 안경을 쓰는 사람들이 렌즈에 김이 서리는 불편함을 겪는 것 외에) 방법이 있는 반면, 영업을 중단하거나 사람들이 많이 모이는 일을 금지하는 것은 사회에 큰 영향을 주며 시행하는 것도 큰 부담이 된다. 하지만 바로 실시할 수 있는 데다 지금은 이전보다 효과적으로 시행하는 방법도 알게 되었다.

지난 2년 동안 얻은 몇 가지 통찰에 대해서 알아보자.

과잉 대응을 하는 것처럼 보인다면
제대로 하고 있는 것이다

"과잉 대응을 하는 것처럼 보인다면 제대로 하고 있는 것이다." 앤서니 파우치의 말이다. 나 역시 이 말에 동의한다. 비약학적 개입은 효과가 좋을수록 그것을 시행한 사람들이 비난받을 가능성이 높다는 아이러니가 따른다. 어떤 도시나 국가가 비약학적 개입을 일찍 채택했다면 감염자 수가 낮게 유지될 것이고 결국에는 이런 조치까지는 필요치 않았다는 말이 나오게 된다.

예를 들어, 2020년 3월 세인트루이스의 공무원들은 자택 대기 명령

이런 예방 조치들은 모두 시간 낭비야.
아무도 감염되는 사람이 없잖아!

비약학적 개입의 아이러니

| 비약학적 개입이 효과적으로 사용된다 | → | 감염자가 줄어든다 | → | 비약학적 개입이 필요치 않았다고 생각한다 |

등 바이러스 전파를 막기 위한 몇 가지 조치를 취했다. 그 결과 세인트루이스의 초기 아웃브레이크는 미국의 다른 도시만큼 심하지 않았다. 이에 일부 사람들은 그런 조치들이 과잉 대응이었다고 목소리를 높였다. 하지만 한 연구를 통해서 세인트루이스 주정부가 그러한 개입을 단 2주만 늦추었어도 사망자 수가 일곱 배 늘어났으리라는 것이 드러났다. 세인트루이스는 미국에서 가장 큰 타격을 받은 몇몇 지역과 비슷한 수준이 되었을 것이다.

세인트루이스가 선두에 선 것은 이번이 처음이 아니다. 한 세기 전에도 매우 흡사한 일이 벌어졌다. 1918년 팬데믹 때 세인트루이스는 첫 인플루엔자 환자를 발견한 직후 휴교령을 내리고, 대규모 공공집회를 금지하고, 사회적 거리두기 조치를 시행했다.

반면 필라델피아는 조치를 취하지 않고 기다렸다. 첫 환자가 발생하고 2주 동안 도시 전역을 지나는 행진을 비롯한 대규모 공공행사를 허용한 것이다.

결과적으로 필라델피아의 사망률 최고치는 세인트루이스보다 여덟 배 높았다. 이후 여러 연구를 통해 전국적인 패턴이 밝혀졌다. 여러 조치를 초기에 시행한 도시들은 그렇지 않은 도시들에 비해 사망률이 절반에 불과했다.

도시가 아닌 국가를 비교해도 비슷한 결과를 얻을 수 있다. 코로나 첫 파동 때 덴마크와 노르웨이는 초기부터(각국의 입원 환자가 30명 미만일 때) 철저한 봉쇄 조치를 시행했다. 반면 이웃 나라 스웨덴은 식당, 술집, 체육관의 영업을 그대로 유지했다. 사회적 거리두기도 강제하기보다는 권고하는 데 그쳤다. 한 연구는 스웨덴의 인접국들이 엄격한 봉쇄 조치를 취하지 않고 스웨덴의 선례를 따랐다면, 덴마크는 첫 파동 때 실제보다 세 배 많은 사망자가 나왔을 것이고 노르웨이는 아홉 배 많은 사망자가 나왔을 것이란 점을 알아냈다.[3] 또 다른 연구는 미국을 비롯한 여섯 개 대국의 비약학적 개입이 2020년 첫 몇 개월 동안만 해도 5억 명에 가까운 코로나 감염을 방지했던 것으로 추산했다.[4]

앤서니 파우치의 말대로 처음에는 과잉 대응을 하는 것처럼 보여야 한다. 그리고 거기에 그치지 않고 모든 비약학적 개입을 지나치게 빨리 완화하는 일이 없도록 주의를 기울여야 한다. 대규모 공공집회 제한 등 효과적인 공공조치가 완화되면 감염자 수가 다시 늘어나는 경향이 있다(다른 모든 조건이 동일할 때). 이런 조치를 성급하게 완화할 경우 전문가들이 '면역이 전혀 없다'immune naïve고 지칭하는 사람들이 많아지는 문제가 생긴다. 바이러스에 노출된 적이 없어서 감염에 취약한 사람들이 대부분인 상황이 초래되는 것이다. 세균성 질환일 경우 몸이 나아지기 시작해도 계속 항생제를 복용해야 하는 것처럼, 사람들을 감염으로부터 보호하고 아파도 병원까지 갈 필요가 없게 만드는 의학적 도구들이 개발될 때까지는, 아니 최소한 한국의 경우처럼 많은 사람들에게 검사를 실시하고 양성이나 의심 환자를 격리해 전염을 극적으로 줄일 수 있을 때까지는 일부 비약학적 개입 조치를 유지해야 한다.

모든 과잉 대응(혹은 그렇게 보이는 것)이 똑같은 무게를 갖는 것은 아니다. 예를 들어 국경 봉쇄는 일부 지역에서 코로나의 전파 속도를 늦췄다. 하지만 국경 봉쇄는 대단히 조심스럽게 휘둘러야 하는 망치다. 교역과 관광의 중단으로 한 나라의 경제에 큰 타격을 줌으로써 오히려 질병보다 상황을 악화시킬 수도 있다. 종종 그렇듯 국경 통제가 너무 늦게 이루어질 경우에 특히 문제가 된다. 그리고 일부 국가에서는 아웃브레이크를 조기에 보고하기를 꺼리는 상황이 생길 수도 있다. 예를 들어, 남아프리카공화국은 오미크론 변종을 확인하고 여행 금지 조치를 내렸지만 오미크론이 확산되고 있던 다른 국가들은 똑같은 조치를 취하지 않았다.

봉쇄가 공중보건에 이득이 되는 것은 분명하다. 하지만 저소득 국가에서도 이런 조치가 희생한 만큼의 가치가 있는지는 확실치 않다. 그런 곳에서는 경제 부문의 봉쇄가 심각한 기아로 이어질 수 있고, 국민을 극심한 빈곤 상태로 몰아넣을 수 있으며, 다른 원인으로 인한 사망을 증가시킬 수도 있다. 젊은 성인이고 밖에서 일을 해야 하는 경우라면(저소득 국가의 많은 사람들이 그렇듯) 코로나보다는 당장 가족들을 먹일 충분한 음식을 구하지 못하는 것이 더 두려울 것이다. 이후 자세히 설명하겠

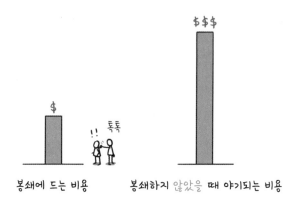

봉쇄에 드는 비용　　　　봉쇄하지 않았을 때 야기되는 비용

지만, 부유한 국가에서도 비슷한 현상이 나타난다. 저소득 계층의 사람들은 봉쇄령에 따를 가능성이 낮고 코로나에 영향을 받을 확률이 높다.

　이제 와서 생각하면 많은 지역이 봉쇄를 하지 않았을 때의 대가가 훨씬 컸으리라는 것을 알 수 있다(최소한 코로나가 최고조에 달했을 때는). 회사와 상점이 문을 닫으면서 경기가 나빠졌지만 그런 조치 없이 바이러스가 통제 불능 상태로 퍼져서 수백만 명의 사람들이 목숨을 잃었다면 더 나쁜 결과가 나타났을 것이다. 봉쇄는 사람들의 생명을 구함으로써 경제 회복을 보다 빨리 시작할 수 있게 해준다.

미래에는 장기적인 휴교 조치가
필요하지 않을 수도 있다

코로나 시대에 백신만큼이나 열띤 논란의 대상이 된 것은 휴교의 문제다. 코로나로 인해 2020년 3월부터 2021년 6월 사이에 거의 모든 학교가 휴교 조치를 취했다.[5] 최고조에 달한 것은 전 세계 95퍼센트의 학교가 문을 닫은 2020년 4월이었다. 다음 해 6월에는 10퍼센트를 제외한 모든 학교가 적어도 부분적으로는 수업을 재개했다.

휴교에 찬성하는 논거는 대단히 설득력이 있다. 아이들 사이에 끊임없이 상호작용이 일어나는 학교는 이미 감기나 인플루엔자의 온상으로 알려져 있다. 다른 병원체라고 해서 다를 게 있을까? 교사나 직원은 목숨을 대가로 보수를 받는 것이 아니다. 코로나와 같은 팬데믹이 유행하는 동안 나이 든 교사나 직원들에게 백신을 맞지 않은 상태로 대면해서 학생들을 가르치라고 요구하는 것은 목숨을 걸라는 뜻이나 마찬가지다. 특히 코로나바이러스의 경우, 나이가 많을수록 중증으로 발전하거나 사망할 위험이 높다. 백신이나 기타 도구를 할당할 때 유념해야 할 중요한 사항이다. 이 부분에 대해서는 이후에 다시 이야기할 것이다.

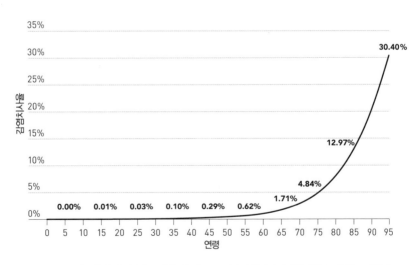

코로나는 노인들에게 훨씬 더 심각한 문제다. 이 표는 코로나에 감염되어 사망한 사람의 비율을 보여준다. 연령이 높아질수록 기울기가 얼마나 가파르게 변하는지에 주목하라. (IHME)[6]

반면, 학교가 문을 닫으면 학생들은 학업에 뒤처지게 되고 부유한 계층 어린이와 빈곤 계층 어린이 사이의 학력 격차가 기존보다 더 커진다. UN은 코로나로 인해 학생들이 교사와 함께하는 시간이 크게 줄어들면서 1억 명의 학생이 기본적인 학력의 최저 하한선 이하로 떨어졌고, 이를 따라잡기 위해서는 수년에 걸친 보충 학습이 필요할 것이라는 예측을 내놓았다.[7] 미국의 경우, 흑인과 라틴아메리카계의 3학년 학생들은 백인이나 아시아계 학생들보다 학과 진도가 두 배나 뒤처졌다.[8] 원격 수업 전환으로 백인 학생들의 수학 진도는 1~3개월 정도 늦어진 반면 유색 인종 학생들의 진도는 3~5개월 뒤처졌다.

팬데믹은 잘못된 믿음 하나를 노출시켰다. 원격수업이 저학년 학생들의 교실 수업을 대체할 수 있다는 왜곡된 믿음 말이다. 나는 온라인 학습을 열렬히 지지하는 사람이다. 그러나 학생이 교사와 대면해서 하는 공부를 보충하는 수단일 뿐 그 대체물이 될 수는 없다고 생각해왔다(미국에서는 원격수업remote learning과 온라인 학습online learning이라는 말을 혼용하는 경우가 대부분인데, 다른 많은 나라에서는 온라인뿐 아니라 라디오, 텔레비전, e-북을 통한 수업도 제공했다).

온라인 교육 도구들과 교육 과정은 발전했지만 원격수업 개발에 대한 교육을 받은 교사들은 별로 없었다. 이런 상황도 시간이 지나면서 변화하기는 했지만 말이다. 게다가 인터넷 이용이 불가능한 사람들이 아직 많다. 남아시아에서는 집에 머물 수밖에 없게 된 학생 중 3분의 1 이상이 원격 학습을 할 수 없었다. 원격수업이 가능한 학생들도 그 경험을 매력적이라고 생각하지 않았다. 간단히 말해, 온라인 학습은 의도되지 않은 시험을 거쳐야 했던 셈이다. 하지만 나는 적절하게만 사용한다면 온라인 학습의 미래가 밝다고 보는 입장이고, 후기에서 그에 대해 훨씬 더 많은 이야기를 할 것이다.

학교가 문을 닫으면 학과 공부에만 손실이 있는 것이 아니다. 부모들은 일해야 하는 시간에 집에 있게 된 아이들을 돌봐야 한다. 미국과 전 세계에 있는 수백만 명의 학생들이 학교에서 무료 혹은 할인된 급식을 제공받는다. 아이들은 학교에서 또래와 어울리는 법을 배우고, 운동을 하며, 정신건강에 대한 지원을 받는다.

불행히도 휴교에 대한 논란은 초기의 일부 데이터(오해의 소지가 있는 것으로 밝혀진)에 의해 뒤죽박죽이 되었다. 팬데믹 초기에는 어린이들 중에는 코로나 환자가 적었으며, 노르웨이의 한 연구는 학교에서의 전염이 많지 않다는 것을 발견했다. 따라서 많은 사람들(나를 비롯한)이 어린이들은 어른만큼 감염이 잘 되지 않는다는 결론을 내렸다. 나는 그것이 학교 문을 닫지 말자는 주장의 근거라고 생각했다.

이것은 사실이 아니었다. 2021년 3월까지 미국의 어린이 감염률과 발병률은 18~49세 성인과 비슷했고, 심지어 50세 이상 성인의 비율보다 더 높았다.[9] 초기에 형성된 그런 관점에는 많은 학교가 휴교한 것이 영향을 미쳤던 것 같다. 어린이들이 감염이 덜 되는 것이 아니라 바이러스에 노출되는 빈도가 적었을 뿐이었다. 또 감염이 돼도 보호자가 알아차리고 검사를 받게 할 정도의 증상을 보이거나 아플 가능성이 훨씬 낮았다(검사가 대규모로 이루어졌다면 해결되었을 문제다).

이 점을 염두에 두더라도, 모든 것을 종합해보면 앞으로의 아웃브레이크에는 장기 휴교가 필요치 않다는 것이 내 생각이다. 세계가 6개월 내에 모두에게 충분할 만큼의 백신을 생산한다는 목표를 달성한다면 특히 더 그렇다. 백신을 사용할 수 있게 되면 교사들이 앞줄에 서야 한다(코로나 백신이 처음 나왔을 때 많은 교사들이 그랬듯이). 코로나처럼 노인들에게 훨씬 심각한 질병이라면 젊은 교사와 나이든 교사 혹은 노인들과 같이 사는 교사를 구분해야 한다(50세 미만은 연령과 관련된 위험이 크게 줄어든다는 것을 기억하라). 그 사이에 많은 학교들은 마스크, 거리두기, 환기 등을 비롯한 다층적 예방 전략을 사용하면서 학교 문을 열 수 있게 될 것이다. 한 연구는 독일의 등교 재개는 감염률의 증가를 유발하지 않았으나 미국의 경우는 감염률이 증가했다는 것을 발견했다.[10] 이 논문의 저자들은 독일의 완화 조치가 미국보다 더 효과적이었다는 가설을 세웠다.

하지만 장기 휴교가 필요치 않다는 생각에 덧붙여야 할 주의 사항이 있다. 다음 아웃브레이크가 코로나와 같은 특성, 즉 특히 어린이들이 중증으로 발전하는 경우가 드문 특성을 갖고 있을 때 해당되는 이야기다. 지나간 싸움에 사로잡혀 오류를 범하지 않도록 주의해야 한다. 미래의 병원체가 코로나와 확연히 다르다면, 예를 들어 어린이에게 미치는 영향이 훨씬 심각하다면 이익 대비 위험에 대한 계산은 달라져야 한다. 그리고 휴교가 합리적인 방침이 될 수 있다. 우리는 유연성을 잃지 말아야 하며 항상 그렇듯 데이터를 따라야 한다.

반면, 노인 요양 시설의 출입 규제는 분명히 옳은 일이었다고 생각한다. 이 조치로 많은 사람의 목숨을 구할 수 있었다. 바이러스가 노인들에게 극도로 치명적이기 때문이다. 물론 나는 이런 규제가 시설에 갇혀 지내야 했던 노인들과 그들의 가족, 친구들을 얼마나 고통스럽고 외롭게 했는지 알고 있다. 죽어가는 부모나 조부모와 유리창을 사이에 두고 혹은 전화로 작별해야 했던 가족들의 이야기는 듣는 것만으로도 가슴이 아팠다. 내 아버지는 2020년 9월 알츠하이머로 돌아가셨다. 아버지가 마지막 날들을 가족들에게 둘러싸여 집에서 보낼 수 있었던 것이 정말 다행스럽게 느껴졌다.

이런 헤어짐에서 인간이 받는 고통은 말 그대로 헤아릴 수 없는 것이다. 직접 작별 인사를 할 수 없는 고통을 어떻게 숫자로 표현할 수 있을까. 그럼에도 불구하고 그 조치는 정말 많은 생명을 구했다. 따라서 필요한 상황이 오면 다시 채택할 가치가 있다.

한쪽에서 효과가 있는 것이
다른 쪽에서는 그렇지 않을 수 있다

당신이 세상의 어디에 있든 마스크는 똑같은 보호 효과를 줄 것이다. 안타깝게도 다른 많은 비약학적 개입들은 그렇게 보편적인 효과를 내지 못한다. 비약학적 개입의 효과는 사용되는 시기뿐만 아니라 사용되는 장소에 따라서도 달라진다.

봉쇄는 가장 좋은 사례다. 봉쇄가 전염을 줄인다는 데는 확실한 증거가 있다. 또한 봉쇄가 철저할수록 느슨한 봉쇄보다 전염 감소의 효과가 크다. 하지만 어디에서나 똑같은 효과를 내는 것은 아니다. 모든 사람이 한곳에 머물면서 이 조치에 응할 수 있는 것은 아니기 때문이다.

그 차이는 실제로 정량화할 수 있다. 한 독창적인 연구는 미국 전체에 걸친 익명의 휴대전화 데이터를 이용해서 다른 지역에 거주하는 사

람들이 집에 머무는 정도를 측정했다(휴대전화는 주기적으로 위치 설정 서비스에 접속한다).[11]

2020년 1월부터 3월 사이에는 미국에서 가장 부유한 지역에 사는 사람들의 이동성이 가장 높았다. 집 밖에서 보낸 시간이 가장 많았다는 뜻이다. 소득이 가장 낮은 지역에 사는 사람들은 이동성이 가장 낮았다.

하지만 전국적인 봉쇄가 시작된 3월에는 상황이 역전됐다. 부유한 지역 사람들의 이동성이 가장 낮아지고 빈곤한 지역 사람들의 이동성이 가장 높아졌다. 이유가 무엇일까? 빈곤한 지역의 사람들은 집에서 할 수 있는 일을 가지고 있을 가능성이 훨씬 낮았고 식료품 배달 서비스를 이용할 수 있는 여유도 훨씬 적었다.

인구 밀도도 비슷한 변화를 가져왔다. 봉쇄 이전에는 인구 밀도가 높은 지역의 전염률이 가장 높았지만 봉쇄 이후에는 전염률이 크게 감소했다. 하지만 인구 밀도가 낮은 지역의 전염률은 그만큼 떨어지지 않았다.

그도 그럴 것이, 집에 머무르라는 명령은 애초에 밀집도가 높지 않은 장소에서 살거나 근무하는 사람들에게는 별 영향을 주지 않기 때문이다.

연구는 국가들 사이에 그리고 국가 내에서 실시한 비약학적 개입 조치의 효과가 각기 다르다는 것을 발견했다. 접촉자 추적은 각 개인의 접촉자에 대한 데이터를 보고하고 처리하는 시스템이 잘 갖춰진 곳에서 더 효과적이다. 감염자의 수가 늘어나면서 이런 일이 훨씬 힘들어지기는 하지만 말이다. 사회적 거리두기와 봉쇄는 가난한 나라보다 부유한 나라에서 효과가 크다. 그 이유는 미국 내의 가난한 지역보다 부유한 지역에서 봉쇄 효과가 좋은 것과 대체로 비슷하다.

일부 국가에서는 봉쇄가 역효과를 낳을 수 있다. 장거리를 이동하는 (예를 들어, 도시에서 일을 하다가 고향으로 돌아가는) 사람을 통해 질병이 퍼지기 때문이다. 질병 부담disease burden(건강과 관련된 문제가 재정적 비용, 사망률, 질병률에 미치는 영향―옮긴이)이 낮은 곳에는 봉쇄가 필요하지 않을 수도 있다. 또한 봉쇄는 국민들이 국가적 사안에 목소리를 크게 내지 못하고, 정부가 봉쇄를 비롯한 명령을 엄격하게 집행할 수 있는 나라에서 보다 효과적이다.

이를 종합하면 모든 곳에서 동일하게 좋은 효과를 내는 이상적인 비약학적 개입의 조합은 없다는 말이다. 각각의 상황과 전후 사정에 따라 보호 조치들은 사용되는 장소에 맞게 조정되어야 한다.

인플루엔자는 사라졌다,
최소한 한동안은

2020년 가을, 인플루엔자가 유행하는 시기가 가까워지자 걱정이 되기 시작했다. 인플루엔자는 매년 미국에서만 수만 명, 전 세계적으로 수십만 명에 이르는 사람의 목숨을 빼앗았다.[12] 희생되는 사람의 거의 대부분이 노인이다.* 병원에 입원하는 사람은 더 많다. 코로나가 기승을 부

---

* 인플루엔자로 아프거나 사망하는 사람의 추정치는 매년 크게 달라진다. 특히 사망자 수는 실제보다 적게 집계될 가능성이 높다. 모든 인플루엔자 사망자에 대한 보고가 CDC와 같은 전염병 센터로 올라오는 것이 아닌 데다 사망진단서에 인플루엔자와 같은 증상은 언급되지 않을 수도 있기 때문이다.

리고 지구상의 거의 모든 보건 시스템을 흔들고 있는 와중에 심각한 인플루엔자가 유행한다면 재앙이 될 수 있었다.

하지만 그해에는 인플루엔자가 유행하지 않았다. 사실상 거의 없었다고 봐도 될 것이다. 2020~2021년 인플루엔자 유행 시기의 감염자 수는 2019~2020년에 비해 99퍼센트 감소했으니까 말이다. 비/야마가타B/Yamagata라고 알려진 특정 유형의 인플루엔자는 2020년 4월부터 2021년 말 현재까지 전 세계 어디에서도 발견되지 않았다. 다른 호흡기바이러스 역시 극적으로 감소했다.

물론 당신이 이 글을 읽을 때쯤에는 상황이 달라졌을 수도 있다. 인플루엔자 변종들은 장기간 사라졌다가 아무런 이유 없이 갑자기 나타나기도 하기 때문이다. 하지만 현재는 꽤 장기에 걸쳐 전반적인 감염자 수가 확연하게 줄어들고 있으며 우리는 그 이유를 알고 있다. 비약학적 개입, 우리 몸의 면역체계 그리고 예방접종이라는 조치들이 합쳐져 인플루엔자 감염을 극적으로 줄인 것이다.

무척 좋은 소식이다. 2020~2021년에 코로나와 인플루엔자의 재앙적인 이중 팬데믹을 겪지 않아도 되었다는 의미에서만이 아니다. 이후에 심각한 인플루엔자 아웃브레이크가 있을 때 비약학적 개입이 팬데믹으로의 발전을 막는 도구가 될 수 있다는 희망을 갖게 됐기 때문이다. 전염성이 대단히 강해서 최신의 백신 없이는 억제하기 힘든 인플루엔자를 만날 가능성은 얼마든지 있다. 그럼에도 불구하고 비약학적 개입이 우리가 알고 있는 일반적인 계열의 인플루엔자에 효과적인 대항 수단이라는 많은 증거들이 우리를 안심시킨다. 현재는 비약학적 개입이 백신과 함께했을 때 모든 계열의 인플루엔자를 최종적으로 퇴치할 수도 있다는 확실한 증거까지 갖게 되었다.

접촉자 추적을 통해
슈퍼전파자를 찾아야 한다

어디에 살고 있는지에 따라 차이는 있겠지만, 코로나 양성으로 확진을 받았다면 어떤 사람과 접촉했는지 묻는 전화를 받았을 것이다. 질문은 특히 처음 증상을 느끼기 시작한 때(증상을 느꼈다면)로부터 48시간 이전에 초점을 맞추었을 것이다. 이런 절차를 접촉자 추적contact tracing이라고 부른다. 대개의 사람들은 코로나 기간 동안 이런 방법을 처음 접해봤겠지만, 사실 접촉자 추적은 역사가 긴 전략이다. 이 방법은 20세기에 천연두를 퇴치하는 데 필수적이었고, 21세기에는 에볼라, 결핵, HIV와 싸우는 데 핵심 전략이다.

접촉자 추적은 검사와 데이터 처리 능력이 뛰어난 나라, 특히 한국과 베트남에서 좋은 효과를 발휘했다. 하지만 두 나라가 취한 조치는 미국이라면 받아들여지지 않았을 일이다.

한국 정부는 2014년 메르스MERS(중동호흡기증후군) 아웃브레이크 이후 바뀐 법에 따라 신용카드, 휴대전화, CCTV의 데이터를 사용해서 감염된 사람의 동선을 추적하고 그들과 접촉한 사람들을 확인했다. 정부는 이 정보를 온라인에 공개했다. 지자체들이 사람들의 동선에 대해 지나치게 상세한 정보를 공개하는 사례가 발생한 뒤에는 일부 데이터를 제한했지만 말이다.《네이처》Nature에 따르면 "한 남성은 처제와 동선이 겹쳐 한 식당에서 저녁 식사를 함께한 것으로 드러나면서 부정을 저질렀다는 오해를 받았다."고 한다.[13]

베트남은 광범위한 대면 인터뷰는 물론이고 휴대전화 위치 데이터에 페이스북과 인스타그램 게시물까지 동원했다. 2020년 3월, 베트남이 영국에서 온 모든 여행자에 대한 검사를 진행하기 전, 217명의 승객과 승무원을 태운 런던 발 비행기 한 대가 베트남에 도착했다.[14] 나흘 후 증상을 느낀 한 승객이 병원으로 가 검사를 하고 코로나 확진을 받았다. 베트남 당국은 비행기에 타고 있던 217명 전원을 추적해서 16명의 확진자를 찾아냈다. 비행기에 탔던 모든 사람과 1,300명 이상의 접촉자가 격리되었다. 이 비행기와 관련해서 32명의 확진자가 나왔다. 하지만 이 비행기에 탔던 모든 승객과 승무원이 격리 없이 흩어졌다가 발생했을지도 모를 확진자 수를 고려하면 극히 적은 수치다.

앞의 두 단락을 읽으면서 '접촉자를 추적하는 전화가 오면 받지 말아야지'라고 생각했는가? 당신만 그런 것이 아니다. 노스캐롤라이나의 두 개 카운티에서는 접촉자로 분류된 많은 사람들이 추적 전화에 응답하지 않았다.[15] 또 코로나 확진자 중 3분의 1에서 절반은 확진을 받기 전 며칠간 단 한 사람도 만나지 않았다고 주장했다. 하지만 접촉자 추적은 질병의 확산을 막는 데 중요한 역할을 할 때가 많다. 따라서 공중보건기관과 국민들 사이에 신뢰를 구축하는 방법을 파악하고 이를 활용함으로써 더 많은 사람이 접촉자를 밝히게 할 필요가 있다.

사람들이 대답을 망설이는 이유 중 하나는 접촉자들이 격리될 수 있다는 걱정 때문이다. 하지만 다행히도 모든 접촉자를 빠짐없이 격리해야 하는 것은 아니다. 영국의 일부 학교는 코로나 확진자와 접촉한 학생을 10일 동안 집에 있게 했다. 하지만 다른 학교들은 매일 검사를 통해 음성이라는 결과가 나오면 계속 학교에 올 수 있게 했다. 이렇게 매일 검사를 한다면 학생들의 등교를 막지 않으면서도 효과적으로 아웃브레이크를 막을 수 있는 것이다.[16]

접촉자 추적은 꼭 베트남이나 한국처럼 철저하게 시행하지 않더라도 효과가 있을 수 있다. 인구의 극히 일부만 감염되었을 때 접촉자 추적 프로그램을 시작하고 국내 확진자 식별의 비율을 높인다면 전염의 절반 이상을 줄일 수 있다.[17]

일부 미국 주와 지방 정부들은 접촉 가능성이 있는 사람을 확인하는 스마트폰 앱을 내놓았지만, 이런 앱이 엄청난 돈과 시간을 투자한 만큼 효과가 있을지는 의문이다. 첫째, 이 앱의 유용성은 그것을 설치한 사람의 수에 한정된다. 접촉한 두 사람이 모두 앱을 사용하고 있을 때만 노출이 기록되기 때문이다. 이 앱을 사용할 정도의 사람이라면 그들 대부분이 봉쇄 지침을 잘 따를 것이라 생각된다. 그렇다면 접촉한 사람이 별로 없을 테고 누구를 만났는지 모두 기억할 수 있을 것이다. 봉쇄 지침을 잘 따라 집에만 있는 사람에게 '동생을 만났다'고 알려주는 앱이 소용이 있을까?

코로나 기간 동안 전형적인 접촉자 추적에서 나타난 가장 큰 문제는 접촉자 추적이 자원을 효율적으로 사용하는 방법이 아니란 점이다. 감염된 사람 모두가 바이러스를 같은 정도로 전염시키는 것이 아니기 때문이다. 초기에 발생한 계열의 코로나에 감염되었다면 바이러스를 다른 사람에게 전파할 가능성이 그리 높지 않다(확진자의 거의 70퍼센트는 아무에게도 전염을 시키지 않았다).[18] 하지만 다른 사람에게 전염을 시킨다면 그 수는 많아질 것이다. 우리가 완전히 이해하지 못하는 여러 가지 이유 때문에 코로나 감염 확진 사례 중 80퍼센트는 단 10퍼센트의 초기 변종바이러스에 의한 것이었다(오미크론 변종의 경우에는 수치가 달라진다. 이 글을 쓰고 있는 현재 시점에서는 이를 파악할 만한 충분한 데이터가 없다).[19]

전형적인 접근법을 사용한다는 것은 코로나 같은 바이러스의 경우처럼 다른 사람에게 전염시키지 않는 사람들을 찾는 데 많은 시간을 보낸다는 의미다. 즉 역학적 견지에서 막다른 길에 이르게 되는 경우가 많을 것이란 뜻이다. 당신이 정말 찾아야 하는 것은 막다른 골목이 아니라 왕래가 빈번한 주요 도로다. 대부분의 감염을 일으키는, 비교적 소수의 사람들을 찾아야 하는 것이다.

이런 한계를 이해한 몇몇 국가들은 접촉자 추적에 새로운 접근법을 시도했다.[20] 해당 환자에게서 감염됐을 가능성이 있는 사람을 찾는 대신, 증상을 느낀 때로부터 14일 전까지의 접촉자를 역으로 추적해 해당 환자에게 전염시킨 사람을 찾아내는 것이다. 감염원을 찾아 그 사람이 바이러스를 전염시켰을 수 있는 다른 사람을 확인하는 것이 목표였다.

이러한 접촉자 역추적backward contact tracing은 광범위한 검사와 빠른 결과, 사람들과 신속하게 연락할 수 있는 시스템이 없다면 소화하기 어려운 방법이다. 빠르게 전파되는 병원체를 다룰 때라면 특히 더 어렵다. 감염된 후 짧은 시간 안에 전염성으로 진화하기 때문이다. 하지만 실현 가능하기만 하다면 대단히 효과가 좋은 접근법이다. 이 방법은 일본, 오스트레일리아 등지에서 사용되어 초기 코로나 변종의 슈퍼전파자superspreader를 찾는 데 큰 효과를 발휘한 것으로 밝혀졌다. 한 연구는 이 방법으로 예방할 수 있는 확진자 수가 전형적인 접근법보다 두 배에서 세 배가량 많다는 것을 발견했다.[21]

슈퍼전파자에 대해서 우리가 알고 있는 것은 깜짝 놀랄 만큼 적다. 생물학이 어떤 역할을 하는 것일까? 다른 사람보다 슈퍼전파자가 되기 쉬운 사람이 있는 것일까? 행동과 관련된 요소도 분명히 존재한다. 소규모 집단에서는 슈퍼전파자가 다른 감염자보다 특히 더 위험하지 않은 것으로 보인다. 하지만 술집이나 식당처럼 사람이 많은 실내의 공공장소라면 한 명 이상의 슈퍼전파자를 만날 가능성이 있다. 슈퍼전파자는 더 많은 연구가 필요한 질병 전염의 미스터리다.

환기는 당신이
생각하는 것보다 훨씬 더 중요하다

손을 자주 씻고 얼굴을 만지지 말라는 팬데믹 초기의 권고를 기억하는가? 신용카드 전표에 서명하기 위해 펜을 사용할 때마다 소독을 하는 건 어떤가? 말하고 있는 사람과 멀리 떨어져 있을 때 안전하다고 느끼는가?

손을 씻고, 펜을 소독하고, 거리두기를 하는 것도 좋은 생각이다. 모두 건강에 도움이 되는 습관이다. 인플루엔자나 감기와 같은 병원체의 접근을 막는 데 도움을 준다.

하지만 코로나 이후 2년이 지난 지금 과학자들은 이 특정한 바이러스가 어떻게 확산되는지에 대해 2020년 초보다 훨씬 많은 것을 알게 되었다. 그중 가장 두드러지는 것은, 이 바이러스가 2020년 초 대부분의 사람들이 생각했던 것보다 공기 중에 오래 머무르고 더 멀리까지 이동할 수 있다는 점이다.

이를 입증하는 여러 가지 이야기를 접해봤을 것이다. 오스트레일리아 시드니에서는 교회 상층에서 노래하던 열여덟 살 청년이 15미터 거리에 앉아 있던 신자들 12명에게 바이러스를 전염시켰다.[22] 중국 광저우의 한 식당에서는 한 사람에 의해 같은 테이블에 앉아 있던 몇 명의 사람들은 물론이고 몇 피트 떨어진 테이블에 앉아 있던 사람들까지 포함해 아홉 명이 전염됐다.[23] 뉴질랜드 크라이스트처치에서는 호텔에서 격리 중이던 사람이, 감염자가 그 방 앞을 지나고 거의 1분이 지난 후 열린 문을 통해 들어온 바이러스에 감염됐다.[24]

어떤 것도 추측이 아니다. 이런 사례들을 확인한 연구자들은 바이러스가 퍼질 수 있는 다른 경로를 철저히 배제했다. 광저우 사건을 연구한 일단의 과학자들은 동영상을 보면서 식당의 종업원과 고객이 몇 번이나 같은 표면을 만지는지 수천에 이르는 순간들을 체크했는데, 접촉 횟수는 해당 전염 사례를 모두 설명할 만큼 많지 않았다. 뉴질랜드의 사례는 유전자 분석으로 뒷받침된다. 감염자 두 사람의 바이러스 게놈을 연구한 과학자들은 두 번째 환자의 바이러스가 거의 확실하게 방 앞을 지나간 사람을 통해서 전해졌다는 판단을 내렸다.

좋은 소식은 코로나바이러스가 공기 중에 떠다니는 능력이 그나마 약하다는 점이다. 이 바이러스는 공기 중에서 몇 초, 어쩌면 몇 분 정도 머무를 수 있는 것으로 보인다. 반면 홍역을 일으키는 바이러스는 공기 중에 몇 시간도 머무를 수 있다.

바이러스가 공기를 통해 전염되는 이유를 이해하려면 호흡에 대해 이야기해야 한다. 우리는 이야기하고, 웃고, 기침하고, 노래할 때마다 숨을 내쉰다. 보통은 우리가 공기를 내뱉는다고 생각하지만 거기에는 공기 이외의 많은 것들이 있다. 당신의 호흡에는 작은 액체 방울, 즉 점액과 침 등 호흡기에서 나오는 각종 분비물 덩어리가 가득하다.

이런 액체 방울은 크기에 따라 두 가지 범주로 나뉜다. 큰 것은 비말droplet이라고 알려져 있고, 작은 것은 에어로졸aerosol(금속 통에 든 공기 청정제나 헤어 스프레이와 혼동하지 말 것)이라고 불린다. 이 둘을 가르는 기준은 보통 5마이크로미터. 이는 대략 평균적인 박테리아의 크기다. 그보다 큰 것은 비말, 그보다 작은 것은 에어로졸이다. 크기가 큰 비말은 에어로졸에 비해 더 많은 바이러스를 갖고 있을 수 있어 전염에 더 유리한 기제가 된다. 반면 비교적 무겁기 때문에 입이나 코에서 몇 피트 이상 나아가지 못하고 땅에 떨어진다.

비말이 착지하는 표면은 소위 '비생체 접촉 매개물'fomite이 된다. 비생체 접촉 매개물이 바이러스를 전달할 수 있는 기간은 병원체의 종류, 그리고 재채기인지 기침인지(기침의 경우 점액으로 덮여 병원체를 더 잘 보호한다.) 등 여러 가지 요인에 따라 달라진다. 코로나바이러스는 몇 시간, 심지어는 며칠까지도 생존할 수 있다. 하지만 사람이 오염된 표면을 만져서 감염되는 경우는 극히 드물다는 것이 여러 연구에서 밝혀졌다. 비생체 접촉 매개물을 만지는 경우라도 그 사람이 감염될 가능성은 1만분의 1도 되지 않는다.[25]

코로나가 주로 공기에 의해 전파된다고 알려졌을 때, 대부분의 전문가들은 비말을 통해 전파되는 것이라고 생각했다. 이는 거리가 몇 피트 이상 떨어져 있거나, 동일한 공간이라도 단 몇 초 후에 공유한다면 안전하다는 것을 의미한다. 하지만 후속 연구들은 에어로졸이 전파의 주요한 원인이라는 것을 보여줬다. 에어로졸에는 상당한 양의 바이러스가 포함되어 있을 수 있으며, 비말보다 무게가 가벼워 더 멀리 이동하고 공기 중에 더 오래 머물 수 있다. 게다가 바이러스는 에어로졸을 통해서 더 많이 퍼지도록 진화했다(알파 변종 감염자의 경우 원래의 바이러스 감염자보다 에어로졸로 18배 많은 바이러스를 내뿜는다).[26]

에어로졸을 과소평가했던 이유는 크기가 너무 작아 빠르게 건조되면서 바이러스 입자가 비활성화되기 때문이었다. 한 연구는 컴퓨터 시뮬레이션을 통해서 코로나바이러스(특히 델타와 오미크론 변종)가 폐에 있는 물질을 끌어당겨 에어로졸을 건조시키는 과정을 늦추는 전하를 가지고 있음을 보여줬다.[27] 바이러스 전파의 역학에 대한 더 많은 연구를 통해 다음에는 전파가 어떻게 일어나는지 보다 빨리 파악할 수 있어야 한다고 생각하도록 만든 결과였다.

코로나바이러스를 포함한 에어로졸은 실내의 조건(온도, 공기 흐름, 습도)에 따라 몇 피트(1피트는 30.48센티미터)까지도 이동할 수 있다. 에어로졸 전파에 의한 감염의 비율이 어느 정도인지 아직은 정확한 수치가 나오지 않았지만 절반이 넘을 수도 있다.

그래서 이것이 다 무슨 이야기란 말인가? 공기의 흐름과 환기가 상당히 중요할 수 있다는 뜻이다. 에어로졸을 제거하려면 가능한 한 질이 좋은 공기 정화 장치를 설치해야 한다. 그것이 불가능하다면 더 간단하고 저렴한 방법이 있다. 창문을 여는 것이다. 조지아에서 이루어진 한 연구에 따르면 문과 창문을 열고 환풍기를 사용해 대기 중 입자를 희석시킨 학교는 그렇지 않은 학교보다 코로나 감염률이 약 30퍼센트 낮았고, 공기 정화 장치를 설치한 학교의 감염률은 50퍼센트 낮았다.

손을 씻고 물체의 표면을 닦는 것은 좋은 방법이다. 이것은 향후의 아웃브레이크에서도 안전을 지키기 위한 첫 번째 선택이 될 것이다. 하지만 코로나 예방이란 문제에 있어서, 물건을 소독하는 일과 공기 흐름을 개선하는 일 중 돈과 시간을 어디에 투자해야 할지 선택해야 한다면 공기 흐름을 개선하는 쪽을 택해야 한다.

사회적 거리두기는 효과가 있다, 하지만 '2미터의 마법'은 없다

사람들과 2미터 거리를 둬야 한다는 것을 상기시키는 표지판을 헤아릴 수 없이 많이 만나게 된다. 가장 마음에 들었던 것은 내가 종종 테니스

를 치러 가는 테니스 클럽의 표지판이었다. 2미터를 테니스공 28개의 거리라고 익살스럽게 표현하고 있었다. 테니스공 28개가 만드는 거리가 어느 정도인지 알 만큼 테니스에 대해서 잘 아는 사람이 세상에 얼마나 될까? 사람이 너무 가까이 다가오면 "이봐, 테니스공 19개 거리밖에 안 되잖아. 아홉 개 거리만큼 더 떨어져줘."라고 말해야 하나? 혹여 그런 사람들이 있다 해도 테니스장에서나 만날 수 있을 것이다. 나는 테니스를 아주 좋아하지만 테니스공 28개가 어느 정도 거리인지 짐작도 되지 않는다.

아무튼 2미터(혹은 테니스공 28개)는 마법의 규칙이 아니다. WHO와 다른 많은 나라들은 1미터 거리두기를 권장한다. 1.5미터나 2미터를 권장하는 곳도 있다.

사실 특정한 거리 안에서는 코로나 감염 위험이 높아지고 그 거리를 벗어나면 위험이 0이 된다는 엄격한 기준 자체가 존재하지 않는다. 위험의 기준은 분명하지 않다. 얼마나 큰 비말에 노출되어 있는지, 실내에 있는지 혹은 실외에 있는지 등 개인이 처한 특정한 상황에 따라 달라지기 때문이다. 물론 2미터는 더 가까운 거리보다는 나을 것이다. 하지만 얼마나 나은지는 알 수 없다. 다음 팬데믹이 오기 전에 과학자들이 이 문제를 연구해서 환기와 공기 이동의 역할에 대해 이해하고, 더 명확한 답을 얻어야 할 것이다.

우선은 교실에서처럼 지키기 어려운 경우가 아닌 한 2미터 거리두기를 따르는 것이 좋다. 사람들은 간명하고 쉽게 기억할 수 있는 지침을 필요로 한다. "거리를 지키십시오. 하지만 정확한 거리는 상황마다 다르므로 2미터, 4미터 혹은 그 이상이 될 수도 있습니다."라는 메시지는 도움이 되지 않는다.

마스크는 저렴하면서
놀라울 정도로 효과적이다

값싼 재료에 두 개의 고무 끈을 꿰맨 이 물건보다 호흡기바이러스 전파를 차단하는 데 효과적이고 저렴한 방법을 고안할 수는 없을 것이다. 발명의 힘을 무척이나 중요하게 생각하는 나로서는 인정하기가 쉽지 않지만, 분명한 사실이다.

　광범위한 마스크 사용을 촉진함으로써 질병을 통제한다는 것은 간단하고도 오래된 생각이다. 그 시작은 중국 당국이 우롄더_{Wu Lien-teh}라는 선구적인 의사에게 중국 북동부 만주 지역의 폐 페스트 아웃브레이크 대응을 주도하는 임무를 맡긴 1910년으로 거슬러 올라간다.[28] 이 병의 사망률은 100퍼센트였다. 감염된 모든 사람이 사망한다는 뜻이다. 심지어 24시간 이내에. 폐 페스트는 쥐의 몸에 기생하는 감염된 벼룩에 의해 전파되는 것으로 인식돼 있었다.

　우롄더는 이 병이 쥐를 통해서가 아니라 공기를 통해 전염되는 것이라고 믿었고 의료진과 환자는 물론이고 일반 대중까지도 마스크로 얼굴을 가리게 했다. 그의 생각은 부분적으로 옳았다. 쥐에 있는 벼룩을 통해서도 감염이 될 수 있지만 더 위험한 상황은 폐에 페스트가 있는 사람이 공기를 통해 다른 사람들에게 병을 옮기는 것이었다. 아웃브레이크가 진정될 때까지 6만 명이 목숨을 잃었지만, 우롄더의 전략으로 더 심각한 상황을 막았다는 것이 일반적인 견해다. 그는 국민적 영웅으로 추앙받았다. 그리고 그의 리더십 덕분에 중국 전역이 마스크를 질병과 오염된 공기로부터 자신을 보호하는 수단으로 받아들이게 되었다. 코로나가 발생하지 않았더라도 마스크는 중국 문화의 일부였을 것이다.

1910년 페스트 발병 초기에 중국의 전문가들이 페스트가 어떻게 전염되는지 오해했던 것처럼, 코로나 발병 초기에는 서구 과학계의 대부분이 코로나 전파 방식에 대해 잘못 알고 있었다(중국 질병예방통제센터 CCDC 소장은 2020년 3월 이렇게 말했다. "미국과 유럽은 마스크를 쓰지 않는 큰 실수를 저질렀다").

연구 결과를 신뢰하고 그에 따라 행동하는 사람들(최소한 미국의 사람들)에게 마스크 찬성론이 자리 잡은 계기는 미주리 스프링필드의 한 미용실에서 벌어진 사건이었다.[29]

이 미용실의 두 미용사는 2020년 5월에 증상이 나타났고 코로나 확진 판정을 받았다. 기록을 통해 두 사람에게 139명의 고객이 노출되었다는 것을 알 수 있었다. 하지만 단 한 명의 고객에게서도 증상이 나타나지 않았다. 그들 모두가 미용실에 있는 동안 마스크를 착용했다. 이 미용사들에게 바이러스 전파력이 없었던 것은 아닐까? 그렇지 않다. 미용사 한 명은 미용실 밖에서 네 명과 밀접 접촉을 했고(미용사가 마스크를 쓰지 않은 상태에서) 그중 한 명에게 증상이 생겨 확진 판정을 받았다. 이로써 문제가 해결됐다. 마스크는 전염을 차단한다!

스프링필드 사건은 마스크가 두 가지 목적을 달성할 수 있음을 보여준다. 첫째, 감염된 사람이 바이러스를 퍼뜨리지 않도록 막는다. 둘째, 감염되지 않은 사람을 전염으로부터 보호한다. 첫 번째를 감염원천통제source control라고 한다.[30] 대부분의 바이러스에서 거의 모든 유형의 모든 마스크가 감염을 원천 통제하는 효과를 낸다. 천 마스크와 의료용 마스크 모두 기침할 때 입자의 50퍼센트가 빠져나가지 못하게 하며, 이 둘을 함께 사용했을 때는 85퍼센트 이상을 차단한다.

두 번째 목적(전염으로부터 보호하는 것)은 마스크를 제대로 착용하지 않았을 경우 달성하기가 조금 어렵다. 한 연구에 따르면 의료용 마스크를 느슨하게 착용하고 마스크를 착용하지 않은 코로나 감염자와 2피트 거리에 앉아 있을 경우 마스크는 노출을 단 8퍼센트만 감소시켰다. 마스크를 이중으로 착용하면 노출을 83퍼센트 줄여 큰 도움이 된다.

진짜 큰 혜택은 두 사람이 모두 이중으로 마스크를 하거나 의료용 마스크를 꼭 맞게 착용하는 보편적인 마스크 착용을 통해 얻을 수 있다. 이런 방법을 사용하면 노출 위험은 96퍼센트 감소한다. 단 몇 센트의 돈으로 이룰 수 있는 믿을 수 없을 정도로 효과적인 비약학적 개입이다.

이런 종류의 문제를 실험하는 데는 대단히 창의적인 방법이 사용됐다. 한 연구팀은 마네킹 머리 안에 패드를 넣어 인간 두개골의 비강을 모방하고, 세계 남성의 평균 키인 173센티미터 높이에 둔 뒤 연기 기계와 펌프를 연결했다.[31] 이후 마네킹이 여러 가지 시나리오 버전으로 기침할 때 비말이 얼마나 멀리까지 이동하는지 측정했다. 입을 가리고, 티셔츠로 만든 반다나bandanna로 입을 가리고, 접은 손수건으로 입을 가리고, 바느질된 마스크로 입을 가리고 기침하는 등 다양한 시나리오가 있었다. 또 다른 연구팀은 두 개의 마네킹을 옆에 두고 한쪽이 기침을 시뮬레이션하게 한 뒤 기침을 한 사람으로부터 상대에게 얼마나 많은 입자가 전해졌는지 측정했다.[32]

이중 마스크가 그렇게 좋은 효과를 내는 이유는 마스크가 얼굴에 꼭 맞도록 만들어주기 때문이다. 고품질의 N95, KN95 마스크는 그 자체로 얼굴에 꼭 맞춰 착용할 수 있게 설계되어 있다.˙ 한 연구는 꼭 맞게 쓴 방진 마스크가 꼭 맞게 쓴 의료용 마스크에 비해 75배 효과적이며, 방진 마스크는 느슨하게 쓴 경우에도 꼭 맞게 쓴 의료용 마스크에 비해 2.5배 효과적이라는 것을 발견했다(궁금한 사람들을 위해 얘기하자면, 95라는 숫자는 마스크의 소재가 격한 노동을 하는 사람이 헉헉대며 호흡할 때 튀어나와 힘차게 날아오는 아주 작은 크기의 입자를 95퍼센트 차단한다는 뜻이다. N마스크의 경우 고무줄을 머리 뒤로 착용하게 되어 있는 데 반해 KN 마스크는 귀에 걸치게 되어 있다).[33]

코로나 팬데믹 초기에는 병·의원에서 사용할 고품질 마스크의 공급이 제한적이었다. 따라서 환자를 치료하기 위해 위험한 현장에 나서는 의료진을 위한 마스크 확보가 중요했다. 하지만 이 글을 쓰고 있는 현재는 첫 번째 확진자가 발생하고 2년이 흐른 시점으로, 더 이상 마스크가 부족하지 않다. 미국에 있는 모든 사람이 방진 마스크를 쉽게 구할 수 있다(독일과 같은 일부 국가에서는 공공장소에서 의무적으로 방진 마스크를 착용해야 한다). 이것은 코로나가 전염성이 더 높게 진화하면서 더 중요한 문제가 되었다. 사슬은 한 부분이 약해지면 그 전체가 쓸모없어진다. 마스크는 충분히 많은 사람들이 써야만 아웃브레이크를 저지하는 데 효과를 낼 수 있다.

안타깝게도 미국에서는 마스크 착용 거부의 역사가 마스크의 역사

˙ 미국 이외의 지역에서는 이런 마스크를 FFP2, KF94, P2라고 부르기도 한다.

KN95(왼쪽)와 같은 방진 마스크는 전염성이 높은 바이러스로부터 당신과 주변 사람들을 가장 효과적으로 보호해준다. 의료용 마스크(가운데)와 천 마스크(오른쪽)도 모든 사람이 착용한다면 상당히 효과적이다.[34]

만큼이나 길다. 우렌더의 획기적인 발견이 있고 단 몇 년 후인 1918년, 스페인 독감 팬데믹이 시작됐고 미국의 몇 개 도시가 마스크 착용을 강제했다. 샌프란시스코의 경우 공공장소에서 마스크를 쓰지 않은 사람은 벌금형이나 구류형에 처해졌다. 도시 전역에서 반대 시위가 일어났다.[35] 1918년 10월에는 '마스크 착용에 저항하는 사람'mask slacker 한 명이 마스크를 쓰라고 종용하는 위생 검사관을 은화가 든 주머니로 때리는 사건이 발생했다. 위생 검사관은 권총을 꺼내 그를 쐈다고 한다.*

한 세기가 지나는 동안에도 미국인들의 마스크에 대한 태도가 더 수용적으로 변하지 못했다는 것이 안타까울 뿐이다. 2020년의 시위는 1918년만큼 격렬했고 때로는 폭력으로 치달았다.

중국 질병통제예방센터 소장의 말대로 마스크의 혜택을 놓친 것은

---

* 두 사람 모두 살아남았다. 〈뉴욕타임스〉에 따르면 '마스크 착용에 저항하는 사람'은 치안 유지와 공무 수행을 방해하고 폭행을 저질렀다는 혐의로 기소됐고, 위생 검사관은 총기를 이용한 폭행으로 기소됐다.

팬데믹 기간 동안 저지른 가장 큰 실수였다. 일찍부터 모든 사람이 마스크를 착용했다면(전 세계에 수요를 충족시키는 충분한 공급이 있었다면) 코로나의 확산을 극적으로 둔화시킬 수 있었을 것이다. 어느 날 나와 저녁 식사를 하던 공중보건 전문가가 이렇게 말했다. "모두가 마스크를 쓴다면 이번 책은 아주 짤막해질 텐데 말이죠."

현재는 전 세계에서 마스크의 혜택이 증명됐다. 팬데믹 초기 일본은 마스크 착용의 문제를 진지하게 받아들였고 접촉자 역추적과 결합시켰다. 그 결과 2021년 말, 초과 사망률은 인구 100만 명당 70명으로 극히 낮은 수준을 유지했다(미국의 초과 사망률이 인구 100만 명당 3만 2,000명이라는 것을 기억하라). 방글라데시에서는 연구자들이 600개 마을의 35만 명에 가까운 성인을 대상으로 연구를 진행해 마스크에 대한 대중 메시지의 영향을 조사했다.[36] 연구 대상자의 절반 정도인 한 집단은 무료로 마스크(일부는 천, 일부는 의료용)를 지급받고, 마스크 사용의 중요성에 대한 정보를 대면으로 직접 전달받았으며, 종교 지도자와 정치 지도자의 격려를 받았다. 두 번째 집단은 이런 촉진 수단이 전혀 주어지지 않았다. 2개월 후, 첫 번째 집단의 적절한 마스크 사용률은 42퍼센트인데 반해 두 번째 집단은 13퍼센트에 불과했다. 첫 번째 집단은 코로나 감염률도 낮았으며 5개월 후에도 여전히 마스크 사용 가능성이 높았다.

이런 이야기들이 조금 복잡하게 여겨질 수 있을 것이다. 잊지 말아야 할 가장 중요한 사항은 마스크의 효과가 좋다는 점이다. 천 마스크와 의료용 마스크는 효과가 대단히 크고 모든 사람이 착용할 경우 특히 더 그렇다. 위험이 큰 상황이나 전염성이 강한 바이러스의 경우 방진 마스크가 더 좋은 효과를 낸다. 마스크나 방진 마스크는 지금까지 우리가 가진 모든 백신이나 치료 방법에 비해 훨씬 저렴하면서도 더 효과적이다.

코로나의 결과로 마스크 착용에 대한 사회적 기준에 큰 변화가 있을지 지켜보는 것은 흥미로운 일이 될 것이다. 2020년 3월, 나는 컨디션이 좋지 않은 상태에서 대면 회의에 참석했다. CDC에서 아직 마스크 착용을 권고하기 전이었기 때문에 마스크를 쓰지 않았다. 다행히 코로나가 아닌 인플루엔자였다는 것을 알게 됐지만, 호흡기 증상이 있는 상태로 확산 가능성을 낮출 수 있는 조치를 취하지 않고 그 자리에 있었다는 것이 후회스럽다. 지금 알고 있는 것을 그때도 알았더라면, 화상으로 회의에 참석하거나 마스크를 착용했을 것이다.

마스크 착용이라는 관행이 널리 받아들여지게 될까? 답하기 어려운 문제다. 아마 대부분의 미국인들이 마스크 없이 회의에 참석하거나 대형 스포츠 경기를 보러가던 과거로 돌아갈 것이다. 따라서 호흡기 증상이 있을 때는 마스크를 착용해야 한다는 정보를 널리 퍼뜨리고 문제의 싹이 보이자마자 본격적인 조치에 들어가는 공공경보 시스템을 마련해야 한다. 그래야만 아웃브레이크가 팬데믹으로 발전하는 것을 막을 수 있다.

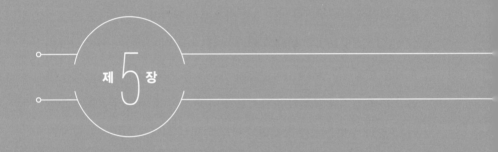

제5장

새로운 치료법을 찾기 위한
피나는 도전들

초기에는 코로나에 대한 소문과 오정보misinformation(잘못된 정보―옮긴이)가 병 그 자체보다 빨리 퍼지는 것 같았다. 2020년 2월, 코로나 팬데믹이 선언되기 한 달 전 WHO는 이미 병을 치료 혹은 예방한다는 다양한 물질에 대한 잘못된 주장들과 씨름하고 있었다. WHO 사무총장은 이렇게 말했다. "우리는 에피데믹과만 싸우고 있는 것이 아니다. 우리는 인포데믹infodemic(정보information와 전염병epidemic의 합성어로, 논란 혹은 사건과 관련하여 입증되지 않은 정보가 빠르게 확산되는 현상―옮긴이)과도 싸우고 있다."[1]

WHO 웹사이트에는 '잘못된 코로나 상식 바로잡기' 코너가 생겼다. 이 코너는 터무니없는 주장들의 오류를 밝히기 위해 끊임없이 업데이트가 필요했다.

2020년 상반기만 해도 다음과 같은 물질로 코로나가 치료된다는 잘

못된 소문이 돌아 의사들이 이를 막는 데 애를 먹었다.[2]

- 후추
- 항생제(코로나는 바이러스에 의해 유발되며 항생제는 바이러스에는 영향을 주지 않는다.)
- 비타민과 미네랄 보충제
- 하이드록시클로로퀸hydroxychloroquine(백색 무취의 결정성 분말로 물에 녹기 쉽다. 말라리아 치료제와 홍반성 루푸스 억제 약물로 사용된다.—옮긴이)
- 보드카
- 개똥쑥sweet wormwood

위의 항목에서 어느 것도 코로나에 효과가 없다. 하지만 나는 사람들이 왜 그렇게 믿고 싶어 하는지 알 것 같다. 이들 중 일부는 엄연한 의학적 개입이다. 하이드록시클로로퀸은 말라리아, 루푸스 등의 질병에 사용되며 이버멕틴ivermectin은 사람을 비롯한 동물의 여러 기생충 질환에 대한 표준 치료법이다. 어떤 질환을 치료하는 약이라고 해서 그것이 코로나에도 효과가 있다는 의미는 아니다. 하지만 그렇게 믿고 싶은 것이 그리 무리한 논리는 아니다.

사람들이 입소문으로 전해진, 현대 의학보다는 민간요법에 가까운 치료법에 끌리는 이유도 알 것 같다. 무섭고 새로운 질병이 전 세계로 퍼지고 있으며 휴대전화를 통해 매일 혹은 매 시간 최신의 무서운 이야기들이 전해지는 상황에서라면, 쉽게 접할 수 있는 즉각적인 해법을 찾으려 하는 것이 당연한 일이다. 치료의 필요성을 충족시켜주는 동시에 과학적으로 입증된 치료법이 없을 때는 특히 더 그렇다. 집 안의 약 상자나 주방 선반에 이미 대안이 있을 때라면 말할 것도 없다.

사람들이 쉬운 치료법에 헛된 희망을 품고 매달리는 것은 어제오늘의 일이 아니다. 아마도 인간은 죽음을 피할 수 없다는 것을 인지하고, 죽음을 막을 방법을 찾으면서부터 그런 식의 희망을 가져왔을 것이다. 하지만 지금은 의학적인 오정보가 그 어느 때보다 위험한 상황이다. 정보가 과거와 비교할 수 없을 만큼 빠르게, 멀리 이동할 수 있어서 그릇된 정보를 믿는 많은 사람들에게 비극적 결과를 불러올 수 있기 때문이다.

이런 문제에 대한 완벽한 해답은 알지 못한다. 하지만 과학이 실제 치료법(모든 사람이 정당한 치료법이라고 인정할 수 있을 만한)을 더 빨리 찾아내고, 그것을 전 세계에서 광범위하게 사용할 수 있게 된다면 코로나에 대한 잘못된 생각이 덜 퍼질 수 있지 않을까 싶다.

코로나 초기에 내가 생각했던 일이 일어났다. 백신 개발에 성공한 것이다. 백신이 결국 개발될 것이라는 확신을 갖기는 했지만 나는 치료제가 그보다 훨씬 빨리 나올 것이라고 예상했다. 나뿐만이 아니었다. 공중보건 부문에서 내가 아는 대다수가 비슷한 생각을 하고 있다.

유감스럽게도 일은 그렇게 진행되지 않았다. 단 1년 만에 안전하고 효과적인 코로나 백신을 이용할 수 있게 되었지만(다음 장에서 이야기하게 될 역사적 위업) 많은 수의 사람들을 병원에서 벗어나게 할 수 있는 치료제가 나오기까지는 놀라울 만큼 긴 시간이 필요했다.

노력이 부족해서가 아니었다. 의사들은 거의 첫날부터 FDA의 승인 없이 하이드록시클로로퀸을 처방하기 시작했다. 하이드록시클로로퀸

이 코로나에 맞서는 데 효과가 있을 수 있다는 초기 보고들이 나왔다. FDA는 긴급사용승인emergency-use authorization이라고 알려진 잠정적 승인을 해주었다.

하이드록시클로로퀸에 대한 초기 증거는 아프리카 녹색 원숭이의 신장 세포에 미치는 효과를 연구한 데서 나왔다. 이 세포는 항바이러스 약물의 성능을 검사하는 데 종종 사용된다. 세포에서의 바이러스 복제 속도가 대단히 빠르기 때문이다. 이 방법으로 항바이러스제 렘데시비르Remdesivir(미국 제약회사 길리어드사이언스Gilead Sciences, Inc.가 개발한 항바이러스제. 에볼라 출혈열의 치료제로 개발됐지만 추가 임상시험에서 효과를 입증하지 못했다. 후속 연구를 통해 코로나19의 최초 치료제로 승인받았다.—옮긴이)를 비롯한 몇 가지 유망한 치료제가 부상하게 되었다.

초기 연구에서 하이드록시클로로퀸은 코로나바이러스가 원숭이의 세포로 들어가는 경로를 차단하는 것이 드러났다. 이는 인간에게도 마찬가지일 수 있음을 시사한다. 수백 건의 임상 연구가 이런 유망한 결과를 복제하려 시도했다.[3] 하지만 6월 초, 영국 당국의 무작위 연구는 이 약이 코로나로 입원한 환자들에게 어떤 혜택도 주지 못한다는 것을 발견했다. 열흘 후 FDA는 긴급사용승인을 철회했고, 이틀 후 WHO는 진행 중인 실험에서 하이드록시클로로퀸을 제외시켰다.

인간 세포에는 원숭이 세포에서 이 약물이 차단한 것과 다른 경로가 있었다. 원숭이 세포에서 나타났던 유망한 결과가 사람에게로 전환되지 않았던 것이다. 코로나 치료에 있어서라면 이 약물은 막다른 길이었다. 한편, 하이드록시클로로퀸 열풍으로 수요가 폭증하면서 루푸스나 다른 만성 질환 치료를 위해 이 약을 필요로 하는 많은 환자들이 약을

구하지 못하는 상황이 벌어졌다.[4]

그해 여름에는 덱사메타손Dexamethasone이 입원 환자의 사망률을 거의 3분의 1까지 낮추면서 중증 코로나의 주 치료제가 되었다.[5] 1950년 대부터 사용된 이 스테로이드계 약물은 면역체계의 방어력 일부를 억제하는 다소 반직관적인 방식으로 코로나에 작용한다.

왜 면역체계를 억제해야 할까? 감염 초기 단계를 지나면 코로나의 가장 큰 위험은 바이러스에서 오는 것이 아니고 바이러스에 대한 면역체계의 반응에서 비롯되기 때문이다.

대부분의 경우 감염 후 5~6일 내에 면역체계가 체내의 바이러스 양을 감소시킨다. 하지만 이후에는 면역체계가 지나치게 활성화된 나머지 사이토카인 폭풍cytokine storm이라고 알려진 강한 염증 반응을 일으킬 수 있다. 혈관으로 하여금 다량의 체액을 여러 주요 장기로 누출시키도록 만드는 신호가 폭주하는 것이다(코로나의 경우 이런 누출이 폐에서 특히 문제가 된다). 이런 혈관 내 체액 손실은 위험한 정도의 저혈압으로 이어질 수 있고 이는 다시 장기 부전과 사망을 유발할 수 있다. 바이러스 침입에 대한 신체의 과민 반응이 당신을 아프게 하는 것이다.

덱사메타손은 대단한 성과를 냈다. 효과가 좋았고, 배송이 쉬웠으며, 다른 어떤 대안들보다 저렴해 개발도상국에서도 광범위하게 이용할 수 있었다(사실 코로나 이전에도 WHO는 덱사메타손을 임신부 필수 약품으로 취급했다). 효과가 좋다는 것이 입증되고 한 달도 안 돼 아프리카의 약공급플랫폼(제3장에서 언급했던 아프리카 각국에 루미라디엑스 검사기를 보급한 단체)이 아프리카연합African Union 전역에서 약 100만 명을 치료할 수 있는 약을 구입했다.[6] 한편에서는 유니세프가 450만 명의 환자들을 치료할 약물을 사전 구매했다. 영국의 연구진은 2021년 3월까지 덱사메타손이 전 세계에서 100만 명이 넘는 생명을 구한 것으로 추산했다.[7]

그렇다고 해도, 덱사메타손에는 단점이 있다. 지나치게 일찍 사용하면 면역체계가 최대의 힘을 발휘해서 바이러스의 복제를 막아야 할 순간에 면역 반응을 약화시키는 일이 생기는 것이다. 이런 상황이 벌어지면 합병증이나 기회감염opportunistic infection(병원성이 없거나 미약한 미생물이 극도로 쇠약한 환자에게 감염되어 생기는 질환. 2차감염이라고도 한다.—옮긴이)에 취약해진다. 인도에서 일어난 코로나 2차 파동은 모균증 혹은 털곰팡이증mucormycosis이라 불리는 섬뜩하고 치명적인 질병 사례의 급증과 함께 나타났다. '검은곰팡이'라고도 불리는 이 곰팡이가 폐에 있는 사람이 있는데, 면역 반응이 약화되면서 억제되어 있던 이 곰팡이가 활동을 시작해 병을 유발한다. 대부분의 나라에는 이 곰팡이를 보균하고 있는 사람이 거의 없기 때문에 문제는 주로 인도에 한정됐다.

연구진은 도움이 되는 기존 약물이 달리 더 없는지 확인하기 위해 수십 가지 가능성이 있는 치료제들을 연구했다. 예를 들어, 특정 질병에서 회복된 사람의 혈액에서 항체를 뽑아 아픈 사람에게 직접 주입하는 여러 가지 방법이 있다. 안타깝게도 '회복기 혈장 치료'라고 불리는 이 접근법은 코로나에 광범위하게 적용할 만큼 효과적이거나 실용적이지 못했다. 원숭이 세포에서 가능성을 보여줬던 항바이러스제 렘데시비르는 본래 C형 간염과 RSV와 싸우기 위해 개발되었다. 렘데시비르 초기 연구는 입원 환자에게 별다른 도움이 되지 않음으로써 더 많은 사람에게 적용할 정도로 가치가 있지 않다는 것을 보여줬다(투여도 어려웠다. 하루 5회 접종이 필요했다!).

그렇지만 후속 연구를 통해 적절한 시기에 적절한 사람에게 적용될 경우라면 틈새를 찾을 수 있다는 것이 입증되었다. 따라서 아직 병원에 입원할 만큼 아프지 않은 환자들에게 큰 영향을 줄 수 있음이 드러났다.[8] 하지만 렘데시비르는 발병 초기에 3일 동안 정맥주사를 맞아야 한다. 때문에 흡입하거나 알약으로 복용할 수 있도록 형태를 바꾸는 일이 중요한 과제다.

회복기 혈장 치료는 코로나에서 좋은 결과를 내지 못했지만, 나는 항체를 주입하는 다른 접근법에 운이 더 따르기를 기대하고 있다. 단클론항체monoclonal antibodies, mABs라고 불리는 이 방법은 2020년 11월(첫 백신을 사용할 수 있게 되기 불과 한 달 전) 긴급사용승인을 받았을 정도로 좋은 효과를 보였다.

이 접근법은 바이러스가 건강한 세포를 장악하는 것을 막거나 세포를 장악한 뒤 복제하는 것을 막는 방식(대부분의 항바이러스 약물의 작용 방법)이 아니다. 단클론항체는 면역체계가 바이러스를 없애기 위해 생성하는 항체의 일부와 동일하다(항체는 바이러스 표면이 특유의 형태에 달라붙는 다양한 영역을 갖춘 단백질이다). 단클론항체를 만들려면 사람의 혈액에서 강력한 항체를 분리하거나, 소프트웨어 모델링을 사용해 바이러스의 형태에 꼭 맞는 항체를 만들어내야 한다. 이후 항체들을 수십억 회 복제한다. 이렇게 하나의 항체에서 복제가 시작되기 때문에 단클론monoclonal(단일 세포에서 생성되는)이라는 이름이 붙었다.

코로나에 감염된 사람이 적절한 시기에 단클론항체를 주입받으면(그리고 항체가 그 사람이 가진 변종에 적합하다면), 그가 병원에서 마지막을 맞을 위험은 70퍼센트 이상 감소한다.[9] 코로나 초기에 나는 단클론항체에 희망을 갖고 있었다. 빈곤 국가의 고위험 환자들을 위해 게이츠 재단이 300만 도즈의 단클론항체를 확보하게 했을 정도로 기대가 컸다. 그러나 특히 아프리카에 널리 퍼졌던 코로나바이러스의 베타 변종은 형태가 크게 바뀌어서, 우리가 지원했던 항체는 효과를 낼 수 있을 만큼 바이러스에 충분히 달라붙지 못했다. 변종에 효과가 있는 다른 단클론항체의 개발을 처음부터 다시 시작할 수도 있었지만 제조까지 3~4개월이 필요했기 때문에 코로나처럼 빨리 진화하는 바이러스를 따라잡기가 어려웠다.

미래에는 이런 리드 타임을 줄여서 저렴한 가격에 단클론항체를 빠르게 제조할 수 있는 더 나은 방법이 나올 수도 있을 것이다. 또한 변화 가능성이 없는 바이러스에 달라붙는 단클론항체를 찾아야 한다. 이 글을 쓰고 있는 지금, 사스SARS 환자에게서 분리한 뒤 수정한 소트로비맙Sotrovimab이란 단클론항체 치료제가 알려져 있는 모든 코로나 변종에 광범위한 효과가 있음이 드러났다. 이로써 과학자들이 여러 계열의 바이러스에 효과가 있는 항체를 만들 수 있으리라는 희망을 품을 수 있게 되었다.

부유한 국가들이 단클론항체 치료를 시도하면서 드러난 다른 단점이 있다. 코로나 항체는 만드는 데 많은 비용이 들고, 혈액에 주입할 수 있는 시설에서 투여해야 하며, 발병 초기로 확인된 환자에게만 유용하다는 점이다. 시설의 부족은 개발도상국에서 특히 큰 문제다. 이런 문제들 때문에 우리는 코로나 단클론항체에 대한 투자를 단념했고(다른 질병에 대한 단클론항체를 연구하는 여러 프로젝트를 여전히 지원하고 있다.) 항바이러스 약물, 특히 정맥주사가 아닌 경구 투약이 가능한 약물에 투자를 집중했다.

코로나가 확인되자마자 많은 연구자들이 치료제의 성배, 즉 값싸고 투약이 쉽고 여러 변종에 효과가 있으며 중증이 되기 전에 사람들에게 도움을 줄 수 있는 항바이러스 약물을 찾기 시작했다. 2021년 말, 이런 노력 중 몇 가지가 성과를 냈다. 이상적이라고 할 만큼 빠른 시기는 아니었으나 큰 영향을 미칠 수 있는 시점이었다.

머크Merck와 제휴단체들은 몰누피라비르molnupiravir라는 새로운 항바이러스제를 개발했다. 이 물질은 경구 복용이 가능하고 고위험군의 입원과 사망 위험을 눈에 띄게 감소시킨다는 것을 보여줬다. 이 약은 임상시험이 조기에 종료될 정도로 효과가 좋았다(조기 종료는 임상시험에서 흔한 관행이다. 약물이 성공적이어서 약을 제공받지 못하는 실험 대상자들이 열등한 치료를 받고 있다는 것이 확실한 경우 임상시험을 조기에 종료한다. 혹은 약물이 실패작이라 그 약을 제공받고 있는 대상자들이 열등한 치료를 받고 있다는 것이 확실하다는 결정적인 증거가 있어서 실험을 계속하는 것이 비윤리적이라면 실험을 조기에 종료한다).

곧 두 번째 경구 항바이러스제 팍스로비드Paxlovid(화이자Pfizer가 만든)의 실험이 중단됐다. 이 역시 약물의 효과가 좋아서였다. 증상이 나타난 직후 고위험 환자에게 팍스로비드를 투여하고 효과를 연장시키는 약물을 함께 투여하자 중증으로 발전하거나 사망할 위험이 90퍼센트 가까이 감소했다.[10]

2021년 말, 이런 발표가 나올 때쯤에는 세계 인구의 상당수가 한 번 이상의 예방접종을 마친 상태였다. 하지만 그 사실은 코로나나 다른 모든 아웃브레이크에서 치료제가 중요하지 않다고 여길 만한 이유가 되지 않는다. 백신을 주인공으로, 치료제를 건너뛰어도 그만인 단역쯤으로 생각하는 것은 실수다.

팬데믹의 진행 과정을 생각해보라. 다음 팬데믹이 선언되었다고 가정하면, 100일 안에 새로운 병원체에 대한 백신을 개발할 수 있다 하더라도 인구 대부분에게 백신이 보급될 때까지는 상당한 시간이 걸린다. 전면적이고 지속적인 보호를 위해 2회 혹은 그 이상의 접종이 필요한 경우라면 특히 더 그렇다. 해당 병원체가 유난히 전염성이 강하고 치명적이라면, 치료제가 없어 수만 명 이상이 목숨을 잃을 수 있다.

병원체에 따라서는 장기적인 영향을 다룰 수 있는 방법도 필요하다. 예를 들어, 코로나에 감염되고 몇 달 후에도 호흡 곤란, 피로, 두통, 불안, 우울, '브레인포그'brain fog(머리에 안개가 낀 것처럼 멍한 느낌이 지속돼 생각과 표현을 분명하게 하지 못하는 상태—옮긴이)라고 알려진 인지 문제 등 심각한 증상을 계속해서 경험하는 사람들이 있다. 코로나에만 이런 장기적 영향이 있는 것은 아니다. 일부 과학자들은 비슷한 증상들이 다른 바이러스성 감염, 외상, 중환자실 입원 등과도 관련되어 있을 수 있다고 주장했다.

연구자들은 경증의 코로나도 몇 주가 지난 후 염증을 일으킬 수 있으며 그 영향이 폐에만 국한되지 않고 신경계와 혈관까지 확대될 수 있음을 입증했다. 이런 코로나의 장기적 영향에 대한 많은 연구를 통해 지금 증상을 겪고 있는 사람에게 도움을 주고, 다음에 대규모 아웃브레이크가 비슷한 장기적 영향을 줄 때 그런 증상을 치료할 방법을 찾아야 할 것이다.

백신이 존재해도 좋은 치료제는 여전히 필요하다. 코로나를 겪으며 경험했듯이 백신이 있다 해도 모든 사람이 접종을 선택하는 것은 아니다. 또 백신이 돌파 감염을 완전히 막지 않는 한, 예방접종을 하고도 병을 앓는 사람이 있을 수밖에 없다. 백신으로 막을 수 없는 변종이 나타난다면, 백신이 수정될 때까지 치료를 받아야 한다. 비약학적 개입과 함께 치료제가 있어야 병원에 가해지는 부담을 줄일 수 있고, 병원의 수용력 부족으로 목숨을 잃는 환자가 생기는 걸 막을 수 있다.

좋은 치료제가 있다면 중증과 사망의 위험이 감소할 것이고(어떤 경우에는 극적으로), 이를 통해 각국이 학교와 기업에 대한 규제를 완화하면서 교육과 경제의 혼란을 막을 수 있다.

여기서 더 나아가 검사와 치료를 연계하는 다음 단계로 갈 수 있다면 사람들의 삶에 큰 변화를 가져올 수 있다. 코로나로 의심되는 초기 증상이 있는 사람이라면 누구나 전 세계의 모든 약국이나 병원에 가서 검사를 받을 수 있다. 그리고 양성인 경우 집에서 복용할 수 있는 항바이러스 치료제를 받아올 수 있게 된다. 이때 공급이 부족하다면 심각한 위험 요인이 있는 사람들이 우선권을 갖게 될 것이다.

어떤 경우든 치료제는 아웃브레이크에서 가장 기본이 된다고 말할 수 있다. 과학자들이 이처럼 빨리 코로나 백신을 만든 것이 우리에게는 큰 행운이었다. 팬데믹이 일어난 첫 2년 동안 효과적인 치료제 개발의 진전이 상당히 더뎠던 것을 고려하면 백신이 빨리 나오지 않았을 경우 코로나로 인한 사망자 수는 훨씬 늘어났을 것이다.

코로나로 인해 일어났던 일을 피할 방법을 이해하려면 치료제의 세계를 둘러볼 필요가 있다. 치료제에는 어떤 것이 있는지, 연구소에서 시장까지 어떻게 이르게 되는지, 이번 팬데믹에서 더 좋은 성과를 거두지 못한 이유는 무엇인지, 치료제의 혁신을 통해 미래를 위한 더 나은 대응의 발판을 마련할 방법은 없는지 살펴야 한다.

우리는, 약물은 신비하고 복잡한 물질이라고 생각하는 경향이 있지만 가장 기본적인 약들은 매우 단순하다. 탄소, 수소, 산소 등 고등학교 화학 시간에 배운 것만으로도 표현할 수 있는 요소들의 조합이다. 물이 H_2O고 소금이 NaCl인 것처럼 아스피린의 공식은 $C_9H_8O_4$고 타이레놀은 $C_8H_9NO_2$다. 이런 분자들은 질량이 매우 작기 때문에 저분자small molecule 약물이라고 부른다.

저분자 약물은 아웃브레이크에서 특히 매력적인 여러 가지 장점을 갖고 있다. 화학구조가 단순해서 제조가 쉽고 크기와 화학적 성분 덕분에 소화기관에서 분해되지 않으므로 알약으로 복용할 수 있다(아스피린 주사를 맞을 필요가 없는 것도 이 때문이다). 대부분은 상온에서 보관이 가능하며 유통기한도 길다.

고분자large molecule는 거의 모든 면에서 더 복잡하다. 예를 들어, 단클론항체는 아스피린 분자보다 10만 배 크다. 고분자는 삼킬 경우 소화기에서 분해되기 때문에 주사나 링거로 맞아야 한다. 이는 적절한 투약을 위해 의료진과 장비가 필요하다는 뜻이며 감염 환자가 치료를 위해 병원에 왔을 때 시설 내의 다른 사람들에게 바이러스를 옮기지 않도록 격리해야 한다는 의미다. 또한 고분자는 훨씬 복잡한 제조 과정을 필요로 한다. 그것들은 살아 있는 세포를 사용해 만들어지기 때문에 훨씬 비싸고 많은 양을 생산하는 데 시간이 오래 걸린다.

간단히 말해, 아웃브레이크 동안에는 다른 조건이 동일할 경우 고분자보다 저분자 치료제가 낫다. 하지만 특정 병원체에 대해서는 효과가 있는(혹은 심각한 부작용을 초래하지 않으면서 효과를 내는) 저분자 약물을 찾지 못할 수도 있다. 때문에 우리의 팬데믹 계획은 저분자 치료제와 고분자 치료제에 대한 준비를 병행하는 것이다. 다음 10년에 걸쳐 팬데믹이 감지될 경우 치료제 제조에 필요한 단계를 단축시키고 비용을 줄이기 위한 연구와 개발에 박차를 가해야 한다.

약물 이외에 환자들이 회복할 때까지 지켜줄 다른 구명 도구들의 공급도 필요하다. 산소가 그 대표적인 예다. WHO에 따르면 2021년 초 코로나 환자의 15퍼센트가 산소 보충이 필요한 심각한 상태까지 갔다.[11]

산소는 의료 시스템에서 중요한 요소다(특히 폐렴이나 조산일 경우 사용된다). 부유한 국가들조차 코로나 시국 내내 산소 장비의 부족 사태를 겪었으니 중·저소득 국가의 어려움은 말할 필요도 없다. 한 연구는 개발도상국 의료시설에서 산소 장비를 보유한 곳은 단 15퍼센트뿐이고 그중 기능을 하는 것은 절반에 불과하다는 것을 발견했다.[12] 매년 의료용 산소를 얻지 못해 수십만 명의 사람들이 죽는다. 그리고 이것은 팬데믹 이전의 상황이다.

세계은행의 보건 전문가인 버나드 올라요Bernard Olayo는 이 부분의 개선을 위해 일하고 있다. 2000년대 중반 의과대학을 졸업한 그는 고향 케냐의 시골 병원에서 일했다. 그곳의 많은 환자는 폐렴을 앓는 어린이들이었고 치료에 산소가 필요했다. 하지만 산소를 충분히 이용할 수 없었다. 여러 환자가 하나의 산소 실린더를 공유해야 하는 경우가 잦았다. 모두에게 줄 만큼의 충분한 산소가 없을 때는 올라요와 동료들이 누구에게 산소를 공급해야 할지를 결정해야 했다. 어떤 아이를 살리고 어떤 아이를 죽이느냐 하는 고통스러운 선택일 때도 있었다.

올라요는 케냐에서 산소처럼 기본적인 것을 구하는 일이 왜 그처럼 힘든지 알아보기 시작했다. 첫 번째 문제는 전국에 산소 공급업체가 단 하나라는 것이었다. 경쟁자가 없기 때문에 그 업체는 높은 가격을 청구 했다(당시 케냐의 산소 가격은 미국보다 13배 높았다). 게다가 케냐의 많은 의료시설은 가장 가까운 산소 공장에서 수백 마일 떨어져 있었다. 이것 은 두 가지 문제를 유발했다. 운송비용 때문에 가격이 더 올랐고 형편없 는 도로 사정 때문에 배송 시간이 길어졌다. 공급이 지연되는 경우가 많 았고 때로는 아예 오지 않기도 했다.

2014년 올라요는 다른 접근법을 시도하기 위해 헤와텔레Hewatele(스 와힐리어로 '충분한 공기'라는 뜻)라는 단체를 만들었다. 헤와텔레는 국내 외 투자자를 통해 자금을 조달했다. 그리고 케냐에서 산소 수요가 가장 많고 산소 생산을 위한 전력 공급이 안정적인 몇몇 병원에 산소 공장을 만들었다. 이 단체는 우유 배달과 같은 물류 모델을 만들었다. 오지의 병·의원에 산소 실린더를 정기적으로 배달하고 빈 실린더는 보충을 위 해 수거하는 것이다. 헤와텔레는 이런 새로운 접근법을 이용해 케냐의 산소 가격을 50퍼센트가량 낮추고 3만 5,000명의 환자가 산소를 공급 받을 수 있게 했다. 이 글을 쓰고 있는 현재, 이 단체는 케냐는 물론 아 프리카의 다른 지역에까지 사업 확장을 고려하고 있다.[13]

중증 질환을 앓는 환자는 산소를 공급하는 것 외에 삽관(기관氣管으 로 튜브를 집어넣는)이 필요하고 산소 호흡기를 통해 호흡을 보조해줘야 한다. 사람의 폐가 심각하게 손상되어 더 이상 혈액에 산소를 공급하지 못하는 극단적인 상황에서 기계가 이 일을 돕는 것이다. 많은 저소득 국가에서는 코로나 이전에도 의료용 산소를 구하기 힘들었던 것처럼 산소를 투여하는 데 필요한 전문 기술과 장비도 부족했다. 팬데믹은 이 문제를 몇 배 더 악화시켰다.

이 책에서 계속 강조하는 것은 팬데믹 예방과 세계 보건체계의 전반적인 개선이 양자택일의 문제가 아니라는 점이다. 이 둘은 서로를 강화시킨다. 전형적인 예를 들어보자. 헤와텔레가 하고 있듯이 세계 보건체계가 산소를 비롯한 의료 도구를 갖추는 일을 더 잘 진행한다면, 더 많은 의료진이 폐렴 및 조산과 같은 일상적인 문제를 다루는 데 필요한 장비를 더 쉽게 이용할 수 있게 될 것이다. 그렇다면 팬데믹으로 발전할 수도 있는 아웃브레이크와 같은 위기를 겪는 동안, 이런 장비와 전문 지식을 이용해서 사람들의 목숨을 구하고 질병이 보건체계를 압도하는 사태를 막을 수 있다. 각각이 서로를 더 강하게 만든다.

질병 치료는 인간에게 새로운 일이 아니다. 식물 뿌리, 허브, 기타 자연 재료를 치료제로 사용하는 관행은 고대부터 시작됐다. 9,000년 전 석기 시대에 현재의 파키스탄 지역에 살았던 치과의사(!)는 단단한 돌 조각으로 환자의 치아에 구멍을 냈다.[14] 고대 이집트의 의사이자 과학자인 임호텝Imhotep은 약 5,000년 전에 200가지 질병을 분류했고,[15] 그리스의 의사 히포크라테스는 2,000여 년 전에 일종의 아스피린(버드나무 껍질에서 추출한)을 처방했다.

약을 자연에서 추출하는 것이 아니라 연구실에서 합성할 수 있게 된 것은 200년도 되지 않았다. 최초의 합성 약물은 1830년대에 만들어졌다. 독립적으로 연구를 하던 몇몇 과학자와 의사들이 클로로포름을 만든 것이다. 이 강력한 마취제이자 진정제는 특히 빅토리아 여왕이 출산의 고통을 겪을 때 유용하게 쓰였다.

진취적인 과학자들이 연구에 나서서 약을 발명하는 경우도 있지만 때로는 순전히 우연으로 약이 발명되는 경우도 있다.[16] 1886년 스트라스부르대학에서 화학을 전공하는 학생 두 명이 풀려고 생각조차 하지 않았던 문제의 해법을 우연히 찾게 된 것처럼 말이다. 두 학생의 담당 교수는 나프탈렌이라는 물질(타르를 만들 때 나오는 부산물)을 사람의 장내 기생충을 없애는 데 사용할 수 있는지 조사하고 있었다. 그들은 나프탈렌을 투약하고 놀라운 결과를 얻었다. 기생충은 없어지지 않았지만 대상자의 열이 떨어진 것이다. 이후 어떤 일이 일어났는지 조사하던 그들은 나프탈렌을 투약한 것이 아니라 약사가 실수로 건네준 아세트아닐리드acetanilide라는, 당시에는 잘 알려지지 않은 물질을 사용했다는 것을 알게 됐다.

곧 아세트아닐리드가 해열·진통제로 시장에 나왔다. 하지만 의사들은 아세트아닐리드에 부작용이 있음을 발견했다. 일부 환자의 피부가 파랗게 변한 것이다. 추가적인 연구 이후 그들은 아세트아닐리드에서 추출한 특정 물질이 부작용 없이 효과를 낸다는 것을 알게 되었다. 바로 파라세타몰paracetamol, 미국에서는 아세트아미노펜acetaminophen이라고 불리는 성분이다. 이것은 타이레놀 Tylenol, 로비투신Robitussin, 엑시드린 Excedrin 등 가정 상비약 상자에 들어 있을 법한 약들의 활성 성분이다.

현대에도 약은 훌륭한 과학과 행운이 결합해 발견되곤 한다. 그러나 아웃브레이크가 팬데믹을 향해 가고 있을 때는 행운에 의지할 시간이 없다. 가능한 빨리 치료법을 개발하고 실험을 진행해야 한다. 코로나 때

했던 것보다 훨씬 더 빠르게 말이다.

전 세계로 퍼질 것처럼 보이는 새로운 바이러스가 있고 치료법이 필요한 상황이라고 가정해보자. 과학자들은 어떻게 항바이러스제를 만들까?

첫 단계는 바이러스의 유전자 지도를 만들고 그 정보를 바탕으로 어떤 단백질이 바이러스의 라이프 사이클에서 가장 중요한지 파악하는 것이다. 이를 '단백질 표적화'protein targeting라고 부르며, 치료제 연구의 핵심은 이 표적(화된) 단백질이 작동하지 못하게 만드는 화합물을 찾아 바이러스를 물리치는 데 있다.

1980년대까지 유망한 화합물을 찾는 과정은 표적 단백질에 대한 연구자들의 기본적인 이해만을 기반으로 해야 했다. 자신이 갖고 있는 지식을 최대한 활용해서 추측하고, 실험을 통해 추측이 맞았는지 검증한 것이다. 추측이 빗나가는 경우가 대부분이었다. 그렇게 되면 연구자들은 다음 분자에 대한 실험을 시작한다. 하지만 구조유도발견Structure-guided discovery이라는 분야의 출현으로 지난 40년간 적절한 약물을 식별하는 데 사용할 수 있는 도구들이 엄청난 발전을 이뤘다.

구조유도발견에서는 가능성이 있는 화합물을 일일이 연구실에서 실험하는 대신 컴퓨터 프로그램으로 표적 단백질의 기능과 성장을 돕는 바이러스의 일부를 3D 모델로 만든 뒤 표적을 공격하는 분자를 설계할 수 있다. 화합물 연구를 연구실 실험에서 구조유도발견으로 전환하는 것은 체스를 체스판이 아닌 컴퓨터로 두는 것과 같다. 게임은 여전히 진행되지만 물리적 공간에서 진행되는 것은 아니다. 체스와 마찬가지로, 구조유도발견은 컴퓨터 처리 능력과 인공지능의 발전으로 더 정교해졌다.

2021년 말 화이자가 내놓은 항바이러스제 팍스로비드는 다음과 같이 만들어졌다. 과학자들은 코로나가 세포의 일부를 장악해 많은 복제(이 부분이 단백질의 구성요소인 아미노산 서열이다)를 만드는 방법을 확인했다. 이런 지식을 사용해 그들은 함정 수사를 진행하는 비밀경찰처럼 움직이는 분자를 설계했다. 이 분자는 코로나가 만드는 아미노산 서열의 대부분을 모방하지만 핵심 부분이 빠져 있어 바이러스의 라이프 사이클을 교란시킨다. 교란할 수 있는 라이프 사이클의 단계는 여러 개다. 항바이러스제 중 가장 큰 범주인 HIV 항바이러스제의 경우, 우리는 이미 바이러스 라이프 사이클의 각 단계를 공격하는 물질을 파악하고 있다. 그중 세 개를 조합하면 바이러스가 이들의 작용을 동시에 모두 중단시키는 돌연변이를 일으킬 가능성이 매우 낮아진다.

이렇게 컴퓨터에서 가상 실험을 대단히 빠르게 진행할 수 있다. 하지만 때로는 실험실에서 바이러스의 단백질과 화합물을 적용시켜보고 어떤 일이 일어나는지 살피는 실제 실험을 진행해야 하는 경우도 있다. 그리고 이런 접근법에도 기술로 인한 변화가 있었다.

고효율 스크리닝 혹은 고속대량 스크리닝high-throughput screening이라고 알려진 과정이다. 이것은 로봇 기계가 화합물과 단백질을 섞은 뒤 여러 가지 방법으로 반응을 측정하는 수백 건의 실험을 한 번에 진행하는 것이다. 현재 이 방법을 통해 과거라면 사람의 손으로 완성하기까지 몇 년이 걸렸을 수백만 가지 화합물을 실험하는 과제를 몇 주 내에 해낼 수 있다. 여러 대형 제약회사들은 수백만의 화합물을 수집했다. 이렇게 모아둔 자료를 도서관이라고 생각하면, 고속대량 스크리닝은 적절한 검색어로 보유하고 있는 장서를 검색하는 빠르고 체계적인 방법이라 할 수 있다.

잘 맞는 짝이 없는 경우라도, 즉 좋은 치료제가 될 것으로 보이는 화합물들이 존재하지 않더라도 다양한 화합물에 대한 자료는 연구에 큰 보탬이 된다. 기존 화합물을 빠르게 배제할수록 과학자들이 새로운 분자를 만드는 쪽으로 급선회할 수 있기 때문이다.

관련된 방법이 무엇이든 일단 유망한 화합물이 확인되면 연구진은 그것을 분석해 추가적인 연구가 필요한지 여부를 판단한다. 추가 연구가 필요한 경우 다른 팀(의약 화학자)이 해당 화합물을 최적화시키는 과정을 거친다. 약효를 강화하기 위해 특정한 방향으로 조정하면 강화된 효능 때문에 독성 또한 강해진다는 것을 발견하는 경우도 있다.

일단 실험 단계에서 유망한 후보를 발견하면 임상 전 단계로 들어간다. 이 후보가 효과적인 용량을 투여했을 때 안전한지, 동물에게서 기대한 반응을 유발하는지 1~2년간 연구한다. 적절한 동물을 찾는 것은 말처럼 쉽지 않다. 모든 동물이 항상 인간처럼 약물에 반응하는 것은 아니기 때문이다. 연구자들은 이렇게 말한다. "쥐는 거짓말을 하고, 원숭이는 과장을 하며, 흰담비는 교활하다."

임상 전 단계에서 모든 일이 잘 진행되면 가장 위험하고 가장 비용이 많이 드는 단계로 이동한다. 인간에 대한 임상시험이다.

1747년 5월 제임스 린드라는 의사가 영국 해군의 솔즈베리Salisbury 함에서 일하게 됐다.[17] 그는 괴혈병을 앓는 수병들의 숫자가 엄청나게 많다는 것을 알고 경악했다. 괴혈병은 근육 약화, 피로, 피부 출혈로 결국 사망하게 되는 무서운 질병이었다. 당시에는 무엇이 괴혈병의 원인인지 아무도 알지 못했다. 치료법을 찾고 싶었던 린드는 여러 가지 방법을 시도해 결과를 비교해보기로 마음먹었다.

그는 비슷한 증상을 보이는 12명의 환자를 골랐다. 그들은 모두 같은 음식(아침에는 설탕을 넣은 귀리죽, 저녁에는 양고기 스프나 보리와 건포도)을 먹었지만 치료법은 달랐다. 두 명은 매일 약한 사과주 1리터를 마셨다. 두 명은 식초를 받았다. 다른 이들은 두 명씩 바닷물(불쌍한 사람들), 오렌지와 레몬 한 개, 병원 의사가 만든 약, '비트리올 영약'elixir of vitriol으로 불리던 황산과 알코올 혼합물을 먹었다.

이 중에서 오렌지와 레몬 치료가 성공했다. 이 치료를 받은 두 사람 중 한 명은 6일 만에 업무에 복귀했고 다른 한 명은 다른 환자를 돌보기 시작할 정도로 빨리 회복됐다. 린드가 괴혈병 치료의 실제적인 증거를 처음으로 발견한 것이다(영국 해군은 이후에도 거의 50년 동안 감귤류를 수병의 필수 식단에 포함시키지 않았지만). 한편으로는 최초의 현대적 임상 대조군 시험으로 인정받는 일이 되었다.

린드의 실험 이후 수십 년 동안 임상시험의 또 다른 혁신들이 등장했다. 1799년에는 위약 사용이, 1943년에는 최초의 이중맹검 시험double-blind trial(환자도 의사도 누가 어떤 치료를 받는지 알지 못하는)이 시작되었다. 1947년에는 2차 세계대전 당시 나치의 끔찍한 실험들이 폭로된 후 실험 참가자의 윤리적인 처우에 대한 최초의 세계적 지침이 등장

● 지금 우리는 괴혈병이 비타민 C의 부족으로 생긴다는 것을 알고 있다. 린드가 이 실험을 시작한 5월 20일은 세계임상시험의 날로 지정되었다.

했다.

20세기에 나온 일련의 법률과 법원 판결을 통해 지금 존재하는 시험 및 품질보증체계가 서서히 확립됐다. 새로운 병원체에 대한 가상의 치료제는 다음과 같은 과정을 거쳐야 한다. 통상적으로 어떻게 진행되는지 단계별로 살펴보자.

임상 1상. 정부 규제기관(미국의 경우 FDA)으로부터 인간에 대한 임상시험 진행을 허가받아 몇십 명 정도의 건강한 성인 지원자가 참여하는 소규모 실험을 시작한다. 약물이 부작용을 유발하지 않는지 확인하고 원하는 약효를 내되 환자를 아프게 할 정도는 아닌 용량을 파악하는 데 집중한다(일부 암 치료제는 이미 질병이 있는 지원자만을 대상으로 한다. 건강한 사람에게 실험하기에는 독성이 지나치게 강하기 때문이다).

임상 2상. 모든 것이 잘 진행되고 있으며 약물이 안전하다면 대규모 실험으로 전환할 수 있게 된다. 표적 인구(병을 앓는 사람들, 그게 아니라면 약물의 특성에 적합한 사람들) 중 수백 명 규모의 지원자에게 약을 주고 약이 기대하는 효과를 낸다는 증거를 찾는다. 이상적인 경우라면 임상 2상 마지막에는 약이 효과가 있으며 적정한 용량을 찾았다는 것을 확인해야 한다. 다음 단계는 비용이 너무나 많이 들어서 성공 확률이 상당히 높을 때만 진행하는 것이 좋기 때문이다.

임상 3상. 이 단계까지 모든 일이 잘 진행되면 수백 명 혹은 수천 명의 환자가 참여하는 더 큰 규모의 임상시험을 진행한다. 지원자의 절반은 후보 약물을 받고, 다른 절반은 증상에 맞는 일반적인 치료제를 받거나 아직 치료제가 없는 경우 위약을 받는다. 치료제 임상 3상의 시험 대상자 수는 백신의 임상 3상보다 훨씬 적은데, 그 이유는 다음 장에서 설명할 것이다. 모두가 치료하려는 병을 이미 가지고 있는 상태이므로 약이 효과가 있는지를 훨씬 빨리 확인할 수 있다(이미 시중에 치료제가 있다면 더 많은 지원자가 있어야 한다. 개발하는 제품이 경쟁 제품 이상으로 효과적이라는 것을 보여줘야 하기 때문이다).

높은 비용 이외에 임상 3상의 또 다른 장애 요소는 후보 약물이 투약되는 모든 사람에게 안전하고 효과적임을 보장할 만큼 충분히 많은 지원자를 구해야 한다는 점이다. 아픈 사람을 찾아야 하는 것이다(이 시점에서는 병이 없는 사람에게 이 후보 치료제를 주는 것은 아무런 효용이 없다). 하지만 우리가 제3장에서 다루었던 이유로 아픈 사람을 찾는 것은 쉽지 않다. 더구나 아픈 데다 새로운 약물 투여를 기꺼이 시도하겠다고 자원하는 사람을 찾는 것은 더 어렵다. 연령에서부터 인종, 전반적인 건강 상태에 이르기까지 이 모든 것이 사람의 몸에서 약물이 어떻게 작용하는지에 영향을 미친다. 때문에 다양한 사람들이 약에 어떻게 반응하는지 연구하는 것이 중요하다. 그렇다 보니 임상시험 자체보다 시험에 자원할 다양한 환자들을 찾는 일에 시간이 더 걸릴 수도 있다.

규제기관의 승인. 3상을 끝내고 약물이 안전하고 효과적임을 확인했다면 규제기관에 승인을 신청해야 한다. 이 신청서는 보통 수십만 페이지에 달해서 미국의 경우 FDA의 검토에만 1년, 혹여 신청에 문제가 있을 경우 그 이상이 걸릴 수도 있다. 규제기관은 약을 제조하는 공장에 대한 조사도 하고 제품에 부착하는 라벨과 포장 안에 들어가는 인쇄된 정보까지 검토한다.

승인을 받은 후에도 특정군을 대상으로 또 다른 임상시험을 진행해야 할 수도 있다. 규제기관은 계속해서 생산 라인을 점검해 약의 안정성, 순도, 강도를 확인한다. 투약한 사람이 많아지는 과정에서 부작용이 있는지도 계속 주시해야 하며(희귀한 문제는 많은 사람이 투약했을 때나 나타난다.), 병원체가 약에 대한 내성을 키우고 있다는 징후가 있는지도 살펴야 한다.

이것은 팬데믹이 아닌 때의 이야기다. 코로나와 같은 긴급한 상황에서는 이 과정이 훨씬 더 빨리 진행돼야 한다. 미국 정부를 비롯한 자금 조달자들은 임상 1상을 마치기도 전에 임상 3상(대단히 많은 사람이 관여하기 때문에 가장 돈이 많이 드는 단계)을 위한 자금을 마련해야 한다. 비상시에는 과학자들이 중요한 안전 측면을 유지하되 필수적이지 않은 측면에 대한 연구를 미뤄둬야 한다. 목적지까지 가야 할 차를 점검하는 것과 비슷하다. 연비나 눈길에서의 타이어 조향성 같은 것에 대해서는 불확실한 면이 약간 있더라도 도중에 폭발하지 않고 목적지에 이를 수 있도록 점검하는 것이다.

코로나 약물 임상시험 초기에는 미국 내에서조차 어떤 데이터를 수집해야 하는지에 대한 합의나 임상시험 프로토콜에 대한 기준이 거의 없었다. 이로 인해 시간과 노력이 너무나 많이 낭비됐다. 잘못 설계된 여러 임상시험이 같은 제품을 실험하고도 결정적인 증거를 내지 못했기 때문이다. 프로토콜이 만들어지고 특정 장소에서의 임상시험이 승인되었는데 그 장소에서의 감염자 수가 너무 줄어드는 바람에 임상시험을 더 이상 효과적으로 진행할 수 없는 경우도 있었다.

임상시험에 대한 접근법을 미리 표준화시켜서 실험을 적절하게 설계하고, 여러 장소에서 진행하고, 가급적 빨리 결정적인 증거를 제시할 수 있는 준비를 갖춰야 한다. 원활하게 처리된 실험 중 하나로 꼽을 수 있는 것은 영국의 '리커버리'RECOVERY 실험이었다. 덱사메타손을 비롯한 여러 약물이 이 실험을 거쳤다. 185개 지역에서 4만 명이 참가하는 실험이 6주 내에 준비되었다.[18]

리커버리 실험은 코로나19 테라퓨틱스액셀러레이터COVID-19 Therapeutics Accelerator˙라는 새로운 프로젝트의 지원을 받은 많은 사업 중 하나다. 이 프로젝트는 코로나 치료제를 찾는 과정의 속도를 높이고 중·저소득 국가의 국민들에게 수백만 도즈의 치료제를 제공하기 위해 만들어졌다.

이 프로젝트는 약물 실험을 조정하는 데 도움을 줬으며, 이들 실험에 참가할 수 있는 사람들을 더 쉽게 식별할 수 있도록 새로운 진단 도구를 개발하는 데도 도움을 줬다. 기부자들은 2021년 말까지 이 사업에 3억 5,000만 달러를 기부했다.

이후 규제 당국의 수용력을 확장시킬 수 있는 새로운 아이디어들이 몇 가지 나왔는데, 하나는 양성 판정을 받은 사람에게 당신과 같은 특성을 필요로 하는 임상시험이 있으며 참여해줄 수 있는지 여부를 묻는 문자 메시지를 보내는 것이다. 문자 메시지의 '참여' 버튼을 누르기만 하면 절차가 시작된다. 선정된 사람은 연구 중인 치료법 혹은 이미 사용 중인 치료법에 접근함으로써 임상시험의 속도를 높이는 데 도움을 주게 된다.

내가 기대하고 있는 또 다른 혁신은 규제에 대한 의견서를 표준 형식으로 클라우드에 올려 중복 없이 전 세계의 규제기관들이 검토할 수

˙   웰컴트러스트 Wellcome Trust, 마스터카드 Mastercard, 게이츠 재단을 통해 시작됐다.

있게 하는 것이다. 특히 미국에서는 환자의 의료기록에 표준 형식을 채택할 경우 의약 실험의 잠재 지원자를 찾는 일이 더 쉬워지는 등 많은 혜택이 따를 것이다.

'인간 도전 연구'Human challenge study라고 알려진, 논란이 많은 접근법을 비롯해, 새로운 치료제의 실험 과정을 단순화하고 단축시키는 더 많은 방법들이 있다. 이미 말라리아 치료제에서 이런 실험들이 실행되고 있다. 연구자들이 새로운 약물, 항체, 백신의 효과를 실험할 수 있도록 지원자들이 말라리아 원충 감염에 동의하는 것이다. 이런 실험이 윤리적인 이유는 건강한 성인을 대상으로 하며 증상을 느끼자마자 효과적인 말라리아 치료제로 치료를 받도록 하기 때문이다. 이런 인간 도전 연구는 새로운 제품의 효과를 파악하기 위해 사람들이 자연적으로 병에 걸릴 때까지 기다릴 필요가 없기 때문에 말라리아 치료제와 백신 연구의 속도를 극적으로 높였다. 과학적인 문제를 해결하고 윤리적인 문제를 극복할 수 있다면, 신중하게 실행된 인간 도전 연구는 발병 초기의 고위험 환자들을 찾아야 하는 복잡한 연구들을 대체한다. 그리고 연구자들이 새로운 치료법을 조기에 파악할 수 있도록 해줄 것이다.

이제 가상의 새로운 병원체에 대한 이야기로 돌아가 보자. 우리는 치료법을 개발하고, 임상시험을 통해 그 방법이 안전하고 효과적이라는 것을 증명했으며, 제조와 판매에 대한 승인을 얻었다. 이제 제조를 시작해야 할 시간이다. 저분자 약물은 항체보다 만들기가 쉬운 편이다. 다음 장에서 설명할 이유들 때문에 일반적으로 백신보다 만들기가 쉽긴 하다. 하지만 제조 규모를 늘리는 문제에 대해서는 잠시 설명하는 것이 좋겠다.

첫째, 화학자들이 화학물질과 효소들을 이용해 일련의 반응을 일으
킴으로써 약물의 핵심적인 부분(활성원료active pharmaceutical ingredient)을
일관되게 생산하는 방법을 찾는다. 열 개 정도의 개별적인 단계가 포함
되는 것이 가장 좋은 방법이다. 화학자들은 특정 원료들로 시작해 그들
사이에 반응을 일으키고, 부산물을 얻어내고, 이들을 이용해 또 다른
반응을 일으키는 식으로 원하는 활성원료를 찾는다. 이후 그것을 알약,
비강 스프레이, 주사 등 환자들에게 투약하는 형태로 바꾼다.

저분자 약물의 경우 백신에 비해 품질 관리가 쉽다. 이런 제품은 생
물이 아닌 분자의 결합이기 때문에 분석 도구를 이용해 필요한 원자들
이 모두 적절한 위치에 있는지 확인할 수 있다.

이런 사실은 세계 보건의 형평성에 관심을 두는 모든 사람들에게 하
늘이 내린 선물과 다름없다. 이를 통해 지난 몇십 년간 이 분야에서 가
장 중요한 혁신이 가능했다. 복제약generic drug(특허가 만료된 의약품 상
표등록에 의한 법적 보호를 받고 있지 않은 오리지널 의약품을 그대로 복제한
약―옮긴이) 제조업체들이 생명을 구하는 약을 고품질로 저렴하게 만
드는 데 전념하게 된 것이다.

역사적으로 새로운 약을 발명한 기업들은 대개 고소득 국가에 있었
다. 신약 개발에 너무나 많은 비용이 들기 때문에 제약회사들은 부유한
국가나 감당할 수 있는 높은 가격에 가급적 많은 약을 빨리 팔아서 투
자금을 회수하려고 노력한다. 제조 공정을 손봐서 제조 단가를 낮추는
(예를 들어 관련된 단계의 수를 줄여서) 일은 아무런 의미가 없다. 다시 일
부 규제 과정을 거쳐야 하는데, 그런 과정을 다 거치고 나서도 생산비
용에서 절감할 수 있는 부분은 일부에 불과하기 때문이다. 자연히 개발

도상국에게는 약의 가격이 지나치게 비쌀 수밖에 없다. 이 때문에 가난한 나라에서는 약을 광범위하게 이용하기까지 수십 년이 걸리는 경우도 있다.

저비용 복제약 제조업체들이 활약을 하는 것이 바로 이 부분이다.[19] 그들은 부유한 나라에서 광범위하게 사용되는 약과 생명을 구하는 발명을 가난한 나라 사람들이 더 쉽게 이용할 수 있도록 돕는다.*

복제약 제조업체들이 세계 보건 분야에서 이름을 떨치기 시작한 것은 약 20년 전부터였다. 당시 브라질과 남아프리카공화국 같은 나라에서는 HIV 약이 대단히 비쌌고, 이는 HIV 환자 수백만 명이 약을 구하지 못한다는 의미였다. 복제약 제조업체들은 약을 발명한 기업의 지적 재산권을 침해해 그 약을 복제하기 시작했다. 이들 국가의 정부는 정품의 특허 보호 조치에 소홀했다. 처음에는 특허권자들이 반발했지만 차등 가격제가 시장에서 더 효과적이라는 것을 깨달은 후에는 물러났다. 저비용 복제약 제조업체는 특허권을 가진 업체들로부터 약물에 대한 정보를 제공받아 로열티를 지불하지 않고 개발도상국에 판매할 수 있게 되었다. 이런 차등 가격제에 의해 부유한 나라에서는 높은 가격을, 중소득 국가에서는 낮은 가격을, 저소득 국가에서는 가능한 한 최저 가격(제조비용보다 약간 높은 가격)을 매긴다.

그런데 문제가 하나 있다. 복제약이 시판되고 나면 제조 원가를 낮추는 데 투자할 인센티브가 없어진다는 점이다. 다른 기업들이 개선 상

---

* 일부 처방약물을 훨씬 저렴한 버전으로 구할 수 있는 것도 복제약 제조업체들 덕분이다.

황을 즉시 모방할 수 있기 때문이다. 이 문제를 해결하기 위해 기부자들은 전문가를 고용하고 최적화 작업과 새로운 과정을 실행하는 데 드는 초기 비용을 지원한다. 2017년 게이츠 재단과 여러 협력단체들은 보다 효과적인 HIV 혼합제 버전의 복제약을 만드는 사업을 지원했다. 약들을 발명한 제약회사의 무료 사용 인가로 가능했던 사업이었다.

복제약 제조업체들이 비용을 크게 낮춘 덕분에 현재는 중·저소득 국가에서 HIV 치료를 받는 사람들의 약 80퍼센트가 이 개선된 혼합제를 받고 있다. 새로운 약은 효과를 내는 데 필요한 용량이 기존 치료제보다 훨씬 적어서(보다 작은 크기의 알약) 사람들이 복용하기가 훨씬 쉽다. 또한 부작용도 적고 약물 내성을 유발할 가능성도 낮다.

물론 복제약 제조업에도 단점이 있다. 낮은 가격을 목표로 하며 이윤이 적기 때문에 제품의 품질을 적절히 유지하지 못하는 업체들이 있다. 하지만 그들은 예외고 저렴한 고품질의 약품을 대량으로 생산하는 복제약 제조업체들의 긍정적인 영향은 아무리 강조해도 지나치지 않다.

머크는 몰누피라비르가 효과적인 항바이러스제라는 것이 입증되기 몇 개월 전부터 이미 인도의 여러 복제약 제조업체와 사용 허가에 대한 협상을 시작했다. 인도를 비롯한 다른 100개 중·저소득 국가에 복제 버전을 만들어 판매할 수 있게 하는 거래였다. 연구자들은 제조원가를 낮출 방안을 개발했고, 여러 단체들은 복제약 제조업체가 약을 제조하고 WHO의 승인을 신청할 준비를 갖추도록 도움을 줬다. 몰누피라비르의 성공적인 결과가 발표되고 불과 두 달 뒤인 2022년 1월, 복제약 제조업체가 중·저소득 국가에서 저렴하게 구입할 수 있는 1,100만 도즈의 복제약을 생산했다. 더 많은 약을 생산하기 위한 첫 단계였다.

중·저소득 국가 사람들이 사용하는 의약품의 대부분이 복제약 제조업체에서 생산된다.[*] 주로 복제약 제조업체와 협력하는 WHO의 말라리아 프로그램은, 복제약이 없었다면 약을 구할 수 없었을 2억 명의 사람들이 말라리아 치료제를 구하는 데 도움을 줄 것이란 추정을 내놓았다.[20] 미국조차 모든 처방전에 기재되는 약의 90퍼센트가 복제약이다.[21]

항체를 만드는 것이 약을 만드는 것만큼 단순하다면 얼마나 좋을까? 억제하고자 하는 가상의 병원체에 대한 항체를 만들려면 그 병에서 살아남은 환자를 찾아 혈액을 채취하고, 이 특정한 감염과 싸우기 위해 그들의 몸이 만들어낸 항체를 확인해야 한다. 혈액에는 그들이 앓았던 모든 질병에 대한 항체가 있기 때문에 해당 바이러스를 소량의 혈액에 주입한 뒤 거기에 달라붙는 항체가 어떤 것인지 지켜보다가 우리가 찾는 항체를 분리해야 한다. 바이러스에 달라붙는 항체가 바로 우리가 원하는 항체다(대안으로 같은 과정을 거치되 인간의 세포나 조직을 이식시킨 설치류인 인간화 쥐humanized mice의 혈액을 이용하는 방법도 있다).

적절한 항체를 분리하고 나면 수십억 번 복제를 해야 한다. 이 일은 중국 햄스터의 난소 세포에서 채취한 CHO 세포 플랫폼에서 배양을 통해 이루어진다. 이들 세포는 대단히 강하고, 무한히 유지되며, 빠르게 성장하기 때문에 몹시 유용하다.

---

* 몇 가지 사례: 인도에 기반을 둔 닥터레디스래보라토리스Dr. Reddy's Laboratories, 아우로빈도 Aurobindo, 시플라Cipla와 선Sun, 이스라엘의 테바Teva, 유럽과 미국의 마일란Mylan(현재는 비아트리스Viatris에 흡수된)과 산도즈Sandoz.

오늘날 전 세계에서 사용되는 세포의 대부분은 1957년 콜로라도대학교 의과대학에 몸담았던 시어도어 퍽Theodore Puck이란 유전학자가 만든 세포계를 복제한 것이다. 그가 간신히 손에 넣은 암컷 햄스터 한 마리는 공산당이 국공 내전에서 국민당을 축출하던 1948년 중국에서 밀반출된 햄스터의 자손이었다.

유감스럽게도 CHO 플랫폼은 팬데믹 기간 동안 필요로 하는 것에 부응할 만큼 빠르게 항체를 만들어내지 못하고 있다. 전 세계에서 매년 생산되는 백신은 50~60억 도즈지만 항체는 3,000만 도즈에 불과하다. 또한 CHO 항체는 만드는 데 비용이 많이 든다. 현재의 생산비는 환자 한 명당 70~120달러로 중·저소득 국가들에게는 너무나 비싼 금액이다. 하지만 과학자들이 이런 문제들을 해결하기 위해 연구를 계속하고 있다.

예를 들어, 일부 연구자들은 항체를 보다 효율적으로 생산하는 다른 숙주 세포들을 찾고 있다. 환자 한 명당 필요한 생산비를 줄이기 위해 더 강력하고 선택적인 항체를 찾을 방법을 연구하는 이들도 있다. 도즈당 30~40달러 정도로 비용을 낮추기 위한 아이디어들이 이미 실험 중이긴 하지만 아직 상용화에는 이르지 못했다. 목표는 비용을 열 배 낮추면서(1인당 10달러 미만) 같은 시간에 열 배 많은 양을 생산하는 것이다. 이 목표를 이루려면 여러 가지 개선이 필요하겠지만, 이런 유망한 도구를 갖게 되면 전 세계의 더 많은 사람을 도울 수 있게 될 것이다.

기업들은 변종 문제에 대한 해법도 개발하고 있다. 다른 변종에서도 변화하지 않는 바이러스의 부위를 표적으로 하는 항체, 즉 변종에서도 원래의 바이러스에서와 같은 효과를 발휘하는 항체를 만드는 방법이 있다. 또 다른 방법은 바이러스의 각기 다른 부분을 공략하는 항체를 혼합함으로써 바이러스가 항체에 내성을 가지기 훨씬 어렵게 만드는 것이다.

우리가 치료제를 만들고 있는 가상의 질병으로 돌아가 보자. 이제 치료제를 만들어 승인을 받았고 대량으로 제조할 수 있다고 가정해보자. 그 약이 실제로 필요한 모든 사람에게 도달하게 하려면 어떻게 해야 할까?

약의 가격이 낮다 해도 모든 국민에게 충분히 공급될 수 있도록 하려면 여전히 기부가 필요한 나라들이 있다. 중·저소득 국가들은 수십 년 동안 다양한 조직의 도움으로 약을 구입하고 전달해왔다. 유니세프에 대해서는 많이 들어보았을 것이다. 그만큼 널리 알려지지는 않았지만 HIV, 결핵, 말라리아와 싸우는 데 필요한 약과 기타 도구들을 구입하는 데 도움을 주는 글로벌 펀드Global Fund라는 조직도 있다. 글로벌펀드는 이 사업의 가장 큰 자금 조달처로 100개국 이상을 대상으로 한다. 2020년에는 그 범위를 코로나 관련 제품으로까지 확장했다.

물론 비용만이 우리가 극복해야 하는 유일한 장애는 아니다. 저렴한 치료제가 있어도 필요로 하는 환자에게 도달하기까지 여러 어려움이 있을 수 있다. 사람들이 적절한 때에 적절한 치료를 받을 수 있도록 해야 한다(예를 들어, 단클론항체와 항바이러스제는 증상이 시작된 직후에 투약해야 하는 반면 덱사메타손과 같은 스테로이드제는 중증으로 발전한 질병 후반기에만 적절하다는 것을 기억하라).

이 모든 과정을 성공적으로 거친 뒤에도, 약의 포장 등 기본적인 부분 때문에 사람들이 복용을 꺼릴 수 있다. 일부 HIV 약은 처음부터 감염을 예방할 수 있게 해주지만(노출 전 감염 위험 감소요법_{pre-exposure} prophylaxis이라고 불리는 접근법) 다른 사람이 자신을 HIV 양성이라고 볼까 봐 걱정돼서 에이즈 약을 복용하지 않으려는 사람들이 많다. 해결될 수 있는 문제지만 노력 없이는 불가능하다. 단순히 다른 모양의 약을 만들기 시작할 수는 없는 일이다. 모양, 크기, 심지어는 약의 색깔까지 모든 요소를 실험해야 한다.

저소득 국가의 국민들에게 약을 전달하는 데는 여전히 많은 장애가 있다. 큰 수익을 기대하는 시장의 경우 제약회사는 신약을 출시하기 수년 전부터 적절한 환자를 어떻게 공략할지 파악하고 새로운 약의 사용법을 의료진에게 훈련시킨다.* 실제로 약을 개발하고 만드는 자체보다 이런 일에 더 많은 돈을 쓰기도 한다! 약을 가장 필요로 하는 사람들 대부분이 가난한 나라에 살고 있는 상황이지만 기업은 이런 기초 작업에 시간과 돈을 투자하려 들지 않는다. 대규모 아웃브레이크나 팬데믹 때는 상황이 더 악화된다. 공급자와 환자가 소통할 수 있는 시간이 거의 혹은 전혀 없기 때문이다. 자연히 사람들이 새로운 약을 바로 받아들이지 못하거나 사용법에 혼란을 느끼게 된다.

다음의 대규모 아웃브레이크 때는 코로나 때보다 더 나은 치료 방법을 갖게 될 것이다. 이런 일을 가능케 하는 중요한 열쇠는 약물 배합에 대한 대규모 자료실이다. 자료실을 통해서 기존 치료제들이 새로운 병원체에 대항할 수 있는지를 빠르게 확인할 수 있어야 한다. 이미 이런

---

* 일부 회사들이 마약성 진통제에서 그랬듯 정도가 지나친 경우도 있다

자료실이 있기는 하지만 더 많이 필요하다. 이를 위해서는 학계, 업계, 최신의 소프트웨어 도구들을 한데 모으기 위한 상당한 투자가 필요하다.

우리에게는 여러 유형의 약물을 다루는 자료실이 필요하지만 가장 우선시해야 할 유형이 몇 가지 있다. 내가 볼 때 가장 유망한 후보는 광범위항생제(광범위한 바이러스 감염, 특히 팬데믹을 유발할 가능성이 있는 감염을 치료할 수 있는 항체 또는 약물)라고 알려진 것들이다. 또한 선천면역innate immunity(이질적인 침입자를 발견하면 단 몇 분 혹은 몇 시간 안에 활동을 시작하는 면역체계의 한 부분)을 활성화시키는 더 좋은 방법을 찾아야 한다. 선천면역은 당신 몸의 첫 번째 방어선이다(반대로 적응면역adaptive immunity은 이전에 만났던 병원체를 기억하고 그 공격을 막는 방법을 아는 면역체계의 한 부분이다). 선천면역 반응을 키운다면 약이 몸을 장악하기 전에 감염을 막는 데 도움을 줄 수 있다.

이런 유망한 접근법을 실현시키려면 위험한 각종 병원체들이 우리 세포와 어떤 상호작용을 하는지 이해하는 일에 많은 투자를 해야 한다. 과학자들은 이런 상호작용을 모방해 아웃브레이크에서 어떤 약이 효과가 있을지 빠르게 파악할 수 있도록 그 방법을 연구 중이다. 몇 년 전, 나는 '렁온어칩'Lung-on-a-chip이라는 실험 장치의 시연을 본 적이 있다. 연구자들은 폐와 똑같이 작동하는 손바닥 만한 크기의 이 장치로 다양한 약, 병원체, 인간 세포가 서로 어떤 영향을 주고받는지 연구할 수 있다.

인공지능과 머신러닝의 발전으로 이제는 컴퓨터를 이용해 우리가 익히 알고 있는 병원체들의 약점을 식별하는 것이 가능해졌다. 새로운 병원체가 등장했을 때도 이런 약점 확인 작업이 가능할 것이다. 이런 기술을 통해 병원체의 약점을 공략하는 새로운 화합물을 탐색하는 연구도 속도를 높이고 있다. 자금이 적절하게 지원된다면 표적이 어떤 모습인지 알게 되자마자, 에피데믹으로 악화되기 전에 여러 연구자들이 유망한 새 화합물들의 1상 실험을 마칠 수(그게 아니라면 최소한 제품화시킬 수 있는 우세한 후보들을 확보할 수) 있을 것이다.

치료제가 우리를 코로나로부터 구해줄 수는 없다. 하지만 생명을 구하고 미래의 아웃브레이크가 의료 시스템을 마비시키지 않도록 할 수 있는 가능성이 크다. 이런 가능성을 실현하려면 세계 각국이 연구와 시스템에 더 많이 투자해서 치료제를 훨씬 더 빠르게 찾고, 어디든 필요로 하는 사람들이 있는 곳에 전달할 수 있게 해야 한다. 이것이 성공한다면 우리가 다시 아웃브레이크에 직면했을 때 혼란을 최소화하고 수백만 명의 목숨을 구할 수 있을 것이다.

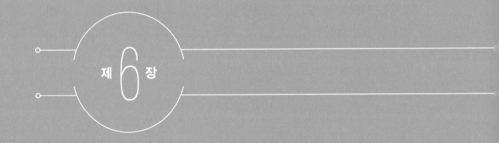

제 6 장

6개월 안에 백신을 만들어라

이미 수십억 명의 사람들이 코로나 백신을 1회 이상 접종한 상태이다 보니, 이 상황이 현실화 될 확률이 대단히 낮았다는 사실을 잊게 된다. 확률은 정말로 낮았다.

과학자들이 여러 가지 성공적인 코로나 백신을 만들 수 있었다는 사실 자체가 질병의 역사에서 이례적인 일이다. 그것도 약 1년 안에 해냈다는 것은 기적이다.

제약회사는 데이터하운드data hound(컴퓨터 검색으로 정보를 찾는 데 탁월한 기술을 가진 사람—옮긴이)로 불린다. 그들은 약이나 백신 후보가 승인을 받아 상용화되기까지의 복잡한 과정을 통과할 수 있는지에 대한 가능성을 측정하는 방법을 갖고 있다. 기술·규제 성공 확률Probability of Technical and Regulatory Success이라고 불리는 이 척도는 비슷한 제품이 성공을 거두었는지를 비롯해 여러 가지 요소에 의해 좌우된다. 이미 승인

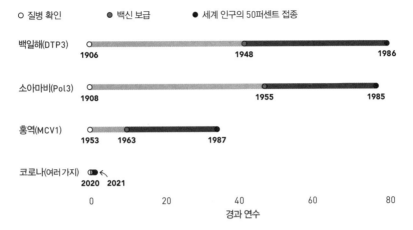

○ 질병 확인　　● 백신 보급　　● 세계 인구의 50퍼센트 접종

백일해(DTP3)
1906　　　　　　　　　**1948**　　　　　　　　　**1986**

소아마비(Pol3)
1908　　　　　　　　　**1955**　　　　　　　　　**1985**

홍역(MCV1)
1953　**1963**　　　　**1987**

코로나(여러 가지)
2020　**2021**

0　　　　20　　　　40　　　　60　　　　80
경과 연수

코로나 백신은 믿을 수 없을 정도로 빠르게 개발되었다. 과학자들이 바이러스에 대한 안전하고 효과적인 백신을 만들기까지 걸린 시간은 불과 1년이었다. 반면 백일해를 확인하고 세계 인구의 50퍼센트가 예방접종을 하기까지는 80년이 걸렸다. (OWID)[1]

을 받은 것과 비슷하게 작용하는 백신을 실험하고 있다면 자연히 성공 확률은 높아진다.

역사적으로 백신 후보의 성공 확률은 6퍼센트다.[*][2] 이는 100개의 후보로 시작했을 때 여섯 개만이 규제 승인의 전 과정을 마칠 수 있다는 의미다. 다른 후보들은 면역력을 충분히 높이지 못하거나, 임상시험에서 요구되는 결정적인 결과가 나오지 않았거나, 의도치 않은 부작용이 나타나는 등 여러 가지 이유로 실패한다.

물론 6퍼센트라는 수치는 평균일 뿐이다. 검증된 방식을 사용해 만들어진 약과 백신의 경우 확률이 몇 퍼센트 더 높고, 새로운 접근법을

●　　누구나 쉽게 짐작할 수 있는 것처럼 백신 후보는 안전하고 효과적인 백신으로 판명될 수도 있지만, 아직은 개발 단계에 있는 것을 말한다. 의회를 통과 중이어서 법이 될 수도, 안 될 수도 있는 법안과 비슷하다.

시도하는 경우라면 몇 퍼센트 더 낮다. 우선 기본적인 접근법이 효과가 있는지를 증명해야 한다. 이후 그 접근법을 이용해 만든 특정한 백신이 효과가 있는지도 증명해야 한다. 많게는 수십만 명의 사람들이 참여하는 대규모 임상시험을 하고 이후 수백만 명의 사람들을 대상으로 부작용이 나타나는지도 살펴야 한다. 곳곳에 장애물이 있다.

다행히 코로나는 백신의 표적으로 삼기가 비교적 쉬웠다. 표면 스파이크단백질의 위장이 다른 바이러스의 단백질만큼 심하지 않았다는 것이 부분적인 이유였다. 그 때문에 코로나 백신의 성공률이 이례적으로 높았던 것이다. 하지만 코로나 백신의 기적에서 과소평가되고 있는 점은 백신이 만들어지고 승인을 받았다는 사실 자체가 아니라 그 어떤 백신보다 '빠르게' 만들어지고 승인을 받았다는 것이다.

나를 비롯한 많은 사람들이 내놓은 예측보다도 훨씬 더 빨랐다. 2020년 4월, 나는 연말까지 백신이 나올 것이라고 생각했지만 내 블로그에는 최대 24개월이 걸릴 것이라고 적었다. 예측대로 되지 않을 가능성이 어느 정도 존재한다면 빠른 성공에 대한 기대감을 높일 필요는 없다고 생각했다. 2020년 6월, 유망한 백신 후보 몇 가지에 대한 초기 데이터를 확인한 FDA 전 국장은 〈뉴욕타임스〉에 이렇게 말했다. "대부분 사람들이 말하는 12~18개월이 상당히 적절한 기준이 되겠지만 사실 그보다는 낙관적이다."[3]

최선의 시나리오가 실현됐다. 화이자와 바이오앤텍BioNTech이 만든 백신이 12월 말 긴급 승인을 받았다.[4] 코로나 첫 확진자가 확인되고 단 1년 만이었다. 이 일이 얼마나 빨리 성사된 것인지 감이 잡히도록 얘기해보자. 백신의 개발 과정, 즉 연구소에서의 첫 발견부터 효과가 있는지 입증하고 허가를 받기까지의 과정은 보통 6~20년이 소요된다.[5] 인간을 대상으로 한 임상시험의 준비를 갖춘 제품을 얻기까지만 9년이 걸릴 수도 있다. 시간이 많이 걸린다고 성공이 보장되는 것도 아니다. HIV 백신의 첫 실험은 1987년 시작되었지만 아직도 허가받은 백신이 없다.

코로나 이전까지 백신 개발의 최단 기록은 4년이었다. 이 놀라운 업적은 모리스 힐만 Maurice Hilleman 이란 과학자가 유행성 이하선염 mumps 백신을 만들며 이뤄낸 것이다.[6] 미국에서 현재 어린이에게 권장되는 백신은 14가지인데, 힐만과 머크 제약 내 그의 팀이 만든 백신이 홍역, A형 간염, B형 간염, 수두 등 여덟 가지에 이른다.

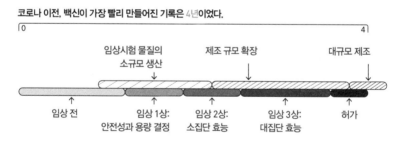

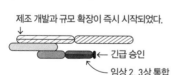

백신 만들기. 모든 백신은 안전성과 유효성을 확인하기 위해 엄정한 과정을 거친다. 안전성을 확보하는 동시에 개발 단계를 통합함으로써, 코로나 백신 여러 개가 1년 내에 만들어졌다. (《뉴잉글랜드저널오브메디슨》New England Journal of Medicine)[7]

1963년, 다섯 살 난 힐만의 딸 제릴 린 Jeryl Lynn이 목감기에 걸렸다. 이하선염(그때까지 허가받은 백신이 없었다)이 아닐까 의심한 그는 면봉을 이용해 딸의 목에서 표본을 채취해 연구실로 가져간 뒤 바이러스를 분리했다. 결국 그는 그것을 이용해 1967년 최초의 허가받은 이하선염 백신을 만들었다. 지금도 이 유행성 이하선염 균주는 백신을 만드는 데 사용되며 그의 딸 이름을 따서 붙여졌다. MMR(홍역, 이하선염, 풍진 rubella) 예방접종을 받았다면 제릴 린 균주를 투여받은 것이다.

힐만의 시대에는 4년 만에 백신을 만든 것이 환상적인 성과였다. 하지만 그가 비교적 빨리 성과를 올린 데는 지금처럼 동의를 얻고 품질을 확보하는 데 엄격한 윤리적 기준이 적용되지 않았다는 점도 한몫을 했다. 어떤 상황이든 아웃브레이크가 팬데믹이 될 위험이 있는 시기에 4년은 재앙이다.

그렇다면 팬데믹 예방을 위해 필요한 일은 명확하다. 백신의 성공 확률을 높이고 연구실에서 사람들의 손에 이르기까지 걸리는 시간을 줄이되 안전성과 유효성을 희생시키지 않아야 한다. 또한 빠르게 대량 생산을 해서 병원체가 확인된 후 6개월 내에 전 세계 모든 사람이 사용할 수 있게 만들어야 한다.

야심 찬 목표다. 도입 부분에서 언급했듯이 일부 사람들에게는 이상하게까지 보이는 목표이기도 하다. 하지만 나는 이 목표 달성이 가능하다는 확신을 갖고 있으며 이 장에서 그것이 충분히 도달 가능한 목표라는 것을 입증하고 싶다.

백신이 연구실에서 나와 필요한 사람에게 이르기 위해서는 개발, 승

미국의 경우 사람들이 미리 정해진 장소에서 차에 탄 채로 대기했다가 예방접종을 했다. 반면, 중·저소득 국가의 시골에 거주하는 많은 사람들은 제한된 양의 백신이 도보로 전달될 때까지 기다려야 했다.[8]

인, 대량 제조, 전달의 4단계를 거쳐야 한다. 우리는 이 과정을 더 빠르게 진행시킬 수는 없는지 알아볼 것이다. 백신을 만들고 실험하는 것이 왜 그렇게 어렵고, 왜 그렇게 긴 시간이 걸리는지도 알아볼 것이다. 출시 준비를 갖추기까지 5~10년 동안 정확히 어떤 일이 일어나는 것일까? 코로나 백신의 경우에는 과학자들이 어떻게 그렇게 빠르게 움직일 수 있었는지도 탐구할 것이다. 단순한 행운이 아닌, 두 영웅적인 과학자의 앞을 내다본 계획과 집요한 연구에 대한 흥미진진한 이야기가 펼쳐질 것이다.

안타깝게도 코로나에서 본 것처럼 백신을 만들고 승인을 받는 것과 가진 자와 그렇지 못한 자가 나뉘지 않는 시스템을 만든다는 것, 즉 중증으로 발전할 위험이 높은 저소득 국가의 사람들을 비롯해 백신을 필요로 하는 모든 사람에게 빨리 도달하도록 충분한 양을 만들고 유통시키는 것은 완전히 다른 문제다.

2020년과 2021년 코로나 백신의 유통에 관해서 말하자면 한스 로슬링의 말을 다시 한번 언급해야 한다. "상황은 나아지면서 동시에 나빠질 수 있다." 코로나 백신은 다른 어떤 백신보다 빠르게 많은 사람에게 도달했다. 가난한 나라의 많은 사람들에게도 그 어느 때보다 빨리 도달했다. 하지만 충분히 빠르다고는 할 수 없었다. 따라서 백신을 보다 공평하게 유통시킬 방법을 찾아야 한다.

마지막으로 백신을 보완하는 새로운 종류의 약물에 대해 이야기하며 이 장을 마무리하게 될 것이다. 숨으로 들이마실 수 있고 처음부터 바이러스가 몸에 들어오지 못하게 막는 약물이다. 자신과 다른 사람을 보호하는 일이 꽃가루 알레르기를 치료하는 것 정도로 그리 복잡하지 않은 일이 될 것이다.

내가 백신 분야에 처음 발을 들인 것은 1990년대 말 세계 보건 문제에 대해 공부하면서부터다. 나는 가난한 나라의 어린이들이 부유한 나라에서라면 절대 목숨을 잃지 않을 질병 때문에 죽어가고 있다는 것을, 그리고 그 주된 이유가 한쪽은 예방접종을 했고 다른 쪽은 그렇지 못해서라는 것을 발견했다. 시장 실패의 전형적인 사례였다. 현대 의학의 위대한 발명을 필요로 하는 사람이 수십억 명이었다. 그러나 그들은 돈이 없어서 시장에서 중시하는 방식으로 자신들의 니즈를 표현할 수 없었다. 그래서 그들은 그런 발명의 혜택을 받지 못하고 살아야 했다.

게이츠 재단이 처음으로 손을 댄 주요 프로젝트는 백신연합 Gavi Gavi, the the Vaccine Alliance의(이하 Gavi)의[*] 설립과 조직화를 돕는 일이었

---

[*] 이전에 이 단체는 세계백신면역연합Global Alliance for Vaccines and Immunization, GAVI으로 알려졌지만 몇 년 후 이름을 바꾸었다.

다. 가난한 국가의 백신 구입을 돕기 위해 기부금을 모으는 이 단체는 2000년 이래 8억 8,800만 명의 어린이에게 예방접종을 하고 1,500만 명의 사망을 막는 데 일조했다.[9]

　백신에 대해서 공부할수록 경제학은 물론이고 과학에 대해서도 많은 것을 알게 되었다. 가난한 나라들은 기존의 백신을 구할 여력만 없는 것이 아니었다. 그들은 국민들에게 큰 영향을 미치는 질병에 대해 새로운 백신을 요구할 만한 시장 지배력도 없었다. 게이츠 재단은 백신(과 약물) 제조 전문가들을 고용하기 시작했다. 나는 화학, 생물학, 면역학에 대해서 더 많은 것을 공부해야 했다. 전 세계의 과학자, 연구자들과 대화를 나누며 수많은 시간을 보냈고 많은 백신 공장을 견학했다.

　간단히 말해, 나는 백신 사업의 재정과 운영에 대해 공부하는 데 많

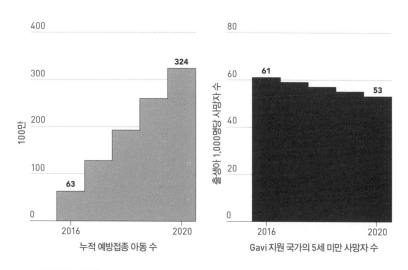

Gavi가 생명을 구한다. Gavi는 지난 5년 동안 3억 2,400만 아동의 예방접종을 도왔다. 이 표는 백신접종률이 높아지면서 아동 사망률이 얼마나 낮아지고 있는지를 보여준다. (Gavi, UN 아동사망률추정그룹[IGME])[10]

은 시간을 할애했다. 그 결과 그것이 대단히 복잡하다고 자신 있게 말할 수 있게 되었다.

백신 사업이 어렵고 복잡한 원인 중 하나는 백신에 있어서는 전체 사회가 위험을 조금도 감수하지 않겠다고 결정했기 때문이다. 이런 신중한 접근법에는 그만한 이유가 있다. 백신은 건강한 사람에게 주는 것인데, 부작용이 심한 백신을 사람들에게 준다면 애초의 목적에 어긋나기 때문이다(백신이 심한 부작용을 일으킬 가능성이 있다면 사람들은 예방접종을 하지 않을 것이다). 결과적으로, 업계는 엄격한 규제를 받아야 하고 백신은 실험과 감시의 길고 엄격한 과정을 거쳐야 한다. 지금부터 백신의 승인 과정이 약품의 경우와 얼마나 다른지 간단히 설명할 것이다. 하지만 여기에 제시하는 것은 그 과정이 얼마나 고단한지 보여주는 한 가지 예에 불과하다는 점을 기억해주기 바란다. 백신 공장을 짓는다면 공기의 온도에서 공기 흐름의 양, 벽 모서리의 곡률에 이르기까지 건물의 거의 모든 측면에 적용되는 기준을 충족시켜야 한다.

백신 사업이 어려운 또 다른 이유는 제품의 특성 때문이다. 백신은 아스피린을 이루는 분자보다 대략 100만 배는 무거운 거대한 분자로 이루어져 있다. 그리고 대부분이 살아 있는 세포를 기반으로 만들어진다. 예를 들어, 일부 인플루엔자 백신은 달걀에서 자란다. 생물은 본질적으로 예측할 수 없는 것이기 때문에 매번 정확히 같은 결과를 얻을 수 없다. 하지만 백신을 안전하고 효과적으로 만들려면 매번 정확히 같은 결과를 얻는 것이 매우 중요하다. 대단히 전문화된 장비가 필요하고 그것을 다루는 숙련된 기술자들이 있어야 한다. 새로운 배치batch(반응을 진행시켜 일정량의 생성물을 제조하는 하나의 과정—옮긴이)를 만들 때마다 최종 제품을 미묘하지만 중요한 방식으로 바꿀 수 있는 대여섯 개 이상의 변수가 존재한다.

백신 만드는 방법을 찾고 인간에게 안전한 백신을 개발했다면 매번 만들 때마다 이 방법을 재현할 수 있어야 한다. 그래야만 규제기관이 이전에 얻었던 것과 같은 결과를 얻었다는 확신을 가질 수 있다. 저분자를 확인할 때(이 경우에는 검사를 하고 이렇게 말할 수 있다. "이것을 어떻게 만들었는지는 특별히 신경 쓰지 않아. 적절한 위치에 적절한 원자가 있는 걸 확인했으니까.")와 달리, 백신을 확인할 때는 그것이 어떻게 만들어지는지 지켜봐야 한다. 그리고 백신 제조사가 지속적으로 아무런 변화도 가하지 않는다는 것까지 점검해야 한다.

사실 이렇게 일관성을 확보하기 위한 수십 건의 복잡한 실험이 백신의 최종 가격에 큰 영향을 미친다. 불행히도 여러 유망한 코로나 백신이 이런 문제들 때문에 백신 개발이 심각하게 지연되었다. 백신 개발은 절차를 무시하고 대충 해치울 수 있는 분야가 아니다. 여기에 비교하자면 소프트웨어와 같은 것을 다시 만들어내는 것은 식은 죽 먹기다. 코드의 오류를 검출하고 나면, 뭔가 새로운 것이 갑자기 나타나 일을 망칠 걱정 없이 원하는 만큼 얼마든지 복제할 수 있다. 소프트웨어를 복제하는 데 종종 새로운 문제가 생겼더라면 그 업계는 성공의 근처에도 가지 못했을 것이다.

백신 개발에는 많은 비용이 든다. 백신 하나를 개발하고 허가를 받는 데 드는 총 비용은 2억~5억 달러 정도다. 그 과정에서 실패하는 것들의 비용까지 계산하면 숫자는 더 커진다.[11] 많이 인용되지만 논란이 있는 약물(백신이 아닌)에 대한 한 연구에서는 총 비용을 26억 달러로

잡는다. 그런데 앞서 언급했듯이 백신은 약물을 만드는 것보다 훨씬 더 복잡하다.

아웃브레이크 동안이라면 백신회사들은 대중의 높은 기대까지 상대해야 한다. 사람들은 안전하고 효과적인 백신이 빠르게, 더구나 싼 가격에 나오기를 바란다.

제품 가격에 대해 제약회사들이 지금까지 해온 결정을 옹호하는 것은 아니다. 업계를 딱하게 여기라고 말하는 것도 아니다. 약과 백신을 개발하고 실험하고 제조하는 그들의 전문적인 지식을 활용하려면(그렇게 하지 않는 한 팬데믹을 예방하거나 중단시킬 방법이 없다) 그들이 직면하고 있는 문제에 대해 알아야 한다. 즉, 어떤 제품에 공을 들일지 판단할 때 그들이 거치는 절차, 그런 결정을 특정한 방향으로 몰고 가는 유인들에 대해서 말이다.

내가 '사업, 업계, 시장'이라는 단어를 계속 사용하고 있다는 것을 눈치 챘는가? 백신에 대한 일의 대부분을 민간 기업들이 하고 있다는 의미를 담기 위해 의도적으로 선택한 단어들이다. 기초 연구에 대한 자금을 대고 넓은 범위에서 백신을 사용하게 하는 일은 비영리단체, 학술기관, 정부가 맡지만 백신을 개발하고 대량으로 제조하는 최종 단계는 거의 항상 민간 부문이 책임진다.

이 점은 미래의 아웃브레이크가 세계로 확산되는 것을 막으려는 우리의 노력에 큰 의미가 있다. 우리의 목표가 더 이상 팬데믹을 겪지 않는 것임을 기억하라. 억제하기 전에 질병이 세계적으로 확산될 경우를 대비해 지구상의 모든 사람이 쓸 수 있을 만큼 충분한 양의 백신을 만들 수 있어야 하는 것도 맞다. 하지만 우선은 질병이 팬데믹으로 전환되는 것을 막아야 한다. 따라서 소규모 지역의 아웃브레이크, 즉 잠재 감염자가 수백만, 수십억이 아닌 수십만 규모에 그치는 아웃브레이크에 대한 백신도 필요하다. 이런 소규모 아웃브레이크에서는 제약회사의 유인이 현격하게 줄어든다. 제약회사를 경영하며 이윤을 추구하는 사람이 잠재 구매자가 얼마 되지 않는 백신을 개발하는 데 노력과 자금을 쏟아 부을 이유가 어디에 있을까? 특히나 가격을 낮게 책정해야 해서 돈을 벌 가능성이 낮은 백신을 말이다.

시장의 힘에만 의지해서는 이 일에 성공할 수 없다. 백신 공장들을 미리 준비시키고 새로운 백신에 자금을 조달할 계획이 필요하다. 이 계획에는, 미국 정부가 코로나 기간 동안 다양한 백신 후보들이 파이프라인을 통과하는 데 도움을 주기 위해 200억 달러를 제공했던 것처럼 백신 실험과 승인을 준비하기 위한 자금도 포함돼야 한다.

또한 백신과 기타 도구들에 대한 연구와 개발에도 상당한 자금을 지원해야 하며, 그 일부는 CEPI로 가야 한다. '들어가며'에서 내가 언급했던 이 조직은 학계와 민간 기업의 백신과 백신 기술 개발에 보조금을 지급한다. CEPI는 2021년 여름까지 코로나 대응을 위한 자금 18억 달러를 조달했지만 기부자들은 미래의 팬데믹 연구에 자금을 지원하는 데 큰 관심을 보이지 않았다.[12] 충분히 이해되는 일이다. 어떤 질병이 전 세계에서 수백만 명의 목숨을 빼앗고 있을 때, 미래의 어느 날 출현할지도 모를 질병에 대해 미리 생각하기란 쉬운 일이 아니다. 하지만 이런 자금은 미래에 수백만 명의 생명을 구하고 수조 달러의 경제적 손실을 막는 데 써야 할 수십 억 자금의 일부에 불과하다.

CEPI가 기여할 수 있는 분야 중 하나는 전체 바이러스군에 효과가 있는 백신, 즉 범용 백신을 만드는 일이다. 오늘날의 코로나 백신은 면역체계에 특정 코로나바이러스 표면에 있는 스파이크단백질의 일부를 공격하라는 지시를 내린다. 하지만 이제 연구자들은 코로나와 그 사촌들을 비롯한 모든 코로나바이러스에서 나타나는, 그리고 미래에 진화할 바이러스에서 나타날 형태를 표적으로 삼는 백신을 연구하고 있다. 범용 코로나바이러스 백신을 접종한다면 신체가 아직 존재하지 않는 바이러스와 싸울 준비를 갖추게 되는 셈이다. 이런 백신은 코로나바이러스와 인플루엔자 바이러스를 표적으로 삼아야 한다. 이들은 지난 20년간 가장 심했던 아웃브레이크들의 원인이었기 때문이다.

　마지막으로 전 세계의 백신 계획은 백신을 적절히 배분할 방법을 확고하게 정해 가장 비싼 값을 부르는 사람에게만 혜택이 돌아가는 상황이 빚어지지 않고, 공중보건 쪽이 가장 큰 수혜를 받도록 해야 한다. 코백스COVAX, COVID-19 Vaccines Global Access는 코로나 기간 동안 이런 문제를 해결할 의도로 만들어졌다. 당초의 목표는 부유한 국가들이 저소득 국가에 보조금을 지급하면서 백신 개발 고유의 위험을 공동으로 부담하는 것이었다. 그러나 여러 가지 이유(대부분 그 조직이 통제할 수 있는 범위 밖에 있는) 때문에 그 목표는 달성되지 못했다.[13]

　부유한 국가들은 그런 협의에서 벗어나 백신회사와 따로 거래 협상을 하면서 코백스를 뒷전으로 밀어내고, 코백스의 협상 능력을 약화시켰다. 더구나 코백스가 기대를 걸었던 두 가지 백신의 승인이 예상보다 더 오래 걸렸으며, 한동안은 인도에서 만든 저가 백신을 다른 나라로 수출하는 코백스의 사업이 허용되지 않았다. 이런 모든 문제에도 불구하고, 코백스는 전 세계 최빈곤국에 백신을 공급하는 최대 조직의 자리를 지켰다. 하지만 여기에 만족해서는 안 된다. 다음 번에는 전 세계가 반드시 이번보다 나아져야 한다. 이 이야기는 제9장에서 다시 다룰 것이다.

헝가리 출신의 생화학자 카탈린 카리코Kata-lin Karikó는 현재 mRNA 백신을 만드는 데 사용되는 기술을 개발하는 데 일조했다.[14]

새 백신에 대한 과학 연구에 자금을 대는 것은 필요한 노력의 한 부분에 불과하다. 새로운 백신은 코로나 백신보다도 빨리 개발되어야 하며, 현재로서 가장 유망한 기술은 mRNA(DNA의 유전정보를 세포질 안의 리보솜에 전달하는 RNA) 백신이다. 대부분의 사람들에게는 난데없이 나타난 것처럼 보였겠지만, 사실 mRNA 백신은 이 혁명적인 아이디어에 필사적으로 매달렸던 두 사람을 필두로 수많은 연구자와 제품 개발자들이 수십 년에 걸친 노력으로 만들어낸 작품이다.

카탈린 카리코는 열여섯 살 때부터 과학자가 되고 싶다는 생각을 품었다. 특히 체내에서 단백질 생성을 지시하는(여러 가지 다른 일도 하지만) 분자, mRNA에 큰 매력을 느꼈다. 1980년대에 고국 헝가리에서 박사 과정을 밟는 동안 그녀는 mRNA라고 불리는 작은 가닥을 세포에 주사하면, 신체가 스스로 약을 만들도록 할 수 있다는 확신을 얻게 되었다.

mRNA는 일종의 중개인 역할을 한다. 단백질을 만들라는 DNA의 지시를 단백질이 조합되는 세포 내 공장에 전달한다. 레스토랑의 웨이터처럼 당신이 한 주문을 받아 적어 주방에 전달함으로써 요리사가 음식을 만들게 하는 것이다.

mRNA를 이용해 백신을 만드는 것은 대부분의 백신이 작동하는 방식에서 크게 벗어난다. 바이러스에 감염되면 이 바이러스가 체내의 특정 세포에 침입해서 그 세포의 시스템을 이용해 복제바이러스를 만든 뒤 새롭게 만들어진 바이러스를 혈액 속으로 방출한다. 이 새로운 바이러스들은 침입할 더 많은 세포를 찾으러 나서고 이런 과정이 계속 반복된다.

한편 당신의 면역체계는 체내에서 이전에 보지 못한 형태를 가진 것을 찾을 준비를 갖추고 있다. 인식이 불가능한 것을 만나면 면역체계는 이렇게 말한다. "새로운 형태가 돌아다니는데? 나쁜 녀석인 것 같아. 없애버리자."

인간의 몸은 영리하게도 혈류를 자유롭게 떠다니는 바이러스와 그들이 침입한 세포, 양쪽 모두를 뒤쫓을 수 있다. 면역체계는 혈액 속의 이런 적들을 물리치기 위해서 그 특정한 모양에 달라붙는 항체를 만든다(항체를 만드는 세포는 B세포라고 하며, 감염된 세포를 공격하는 세포는 킬러T세포라고 부른다). 항체와 T세포를 생성하면서 몸은 기억 B세포memory B cell와 기억 T세포memory T cell도 만든다. 그 이름에서 알 수 있듯이 기억 세포들은 새로운 형태가 다시 나타날 때를 대비해 면역체계가 그 모습을 기억하게 한다.

면역체계는 결국 바이러스의 첫 공격을 막아내고, 다음에 바이러스를 만났을 때 몸이 더 효과적으로 대처할 수 있게 해준다. 하지만 심한 증상을 일으키는 바이러스(코로나나 인플루엔자처럼)의 경우에는 면역

●　설명을 다소 단순화시켰다.

체계를 미리 교육시켜서 바이러스가 처음 등장할 때부터 공격할 수 있도록 하는 것이 낫다. 바로 이것이 백신이 하는 일이다.

대개의 백신들은 막고자 하는 바이러스를 약화된 상태 혹은 죽은 상태로 주입한다. 바이러스의 새로운 형태를 발견한 면역체계는 활동에 나서서 면역체계를 구축한다. 약화된 바이러스의 경우 충분히 약화되었는지가 항상 문제다. 약화가 충분치 않다면 심각한 병을 유발하는 형태로 돌연변이를 일으킬 수 있기 때문이다. 반대로 지나치게 약화되면 체내에서 강한 면역 반응을 활성화시키지 못한다. 마찬가지로 일부 죽은 바이러스는 강한 면역 반응을 유발하지 못한다. 그래서 백신이 안전하고 적절한 면역 반응을 일으키도록 하려면 수년에 걸친 연구와 임상시험이 필요하다.

mRNA는 DNA가 단백질에 내리는 명령을 받아 세포라는 주방에 있는 요리사에게 전달한다. 그렇다면 그 주문을 우리가 목표로 하는 방식으로 바꾼다면 어떨까? mRNA 백신은 이런 영리한 아이디어에서 나왔다. 실제 바이러스와 같은 형태를 만들도록 세포를 교육시키면, 바이러스 자체를 주입하지 않고도 백신이 면역체계를 자극하게 된다.

이것이 가능하다면 mRNA 백신은 기존 백신들에 비해 큰 발전이 될 것이다. 표적으로 삼으려는 바이러스의 모든 구성 단백질에 대한 지도를 만들고 나면 항체가 달라붙어야 할 대상을 확인할 수 있다. 이후 바이러스의 유전 코드를 연구해 그 단백질을 만드는 지시를 찾아낸 뒤 그 코드를 mRNA를 이용해 백신에 넣는다. 다음에 다른 단백질을 공격하고 싶을 때는 mRNA만 변경하면 된다. 이런 설계 과정은 길어야 몇 주면 완성된다. 웨이터에게 샐러드 대신 감자튀김만 주문하면 나머지 일은 면역체계가 알아서 하는 식이다.

그런데 딱 하나 문제가 있었다. 이것이 이론에 불과했다는 것이다. 아무도 실제로 mRNA 백신을 만들지 못했다. 더구나 학계에 있는 대부분의 사람들은 시도하는 것조차 미친 짓이라고 생각했다. 특히 mRNA는 본질적으로 불안정하고 쉽게 분해된다. 수정한 mRNA를 주어진 일을 할 만큼 오래 유지시킬 수 있는지가 확실치 않았다. 또한 세포는 이질적인 mRNA에 장악되지 않도록 진화해왔기 때문에 이런 방어 시스템을 우회할 방법이 필요했다.

1993년 펜실베이니아대학의 카리코와 그녀의 상사는 세포의 방어 시스템을 통과할 수 있도록 교묘하게 변형된 수정 버전의 mRNA를 이용해 소량의 새로운 단백질을 생성하는 인간 세포를 만드는 데 성공했다. 대단한 것을 이뤄낼 수 있다는 가능성이 보였다. 중대한 돌파구였다. 만약 이 단백질의 생성을 최대한 늘린다면 mRNA를 이용한 암 치료제를 만들 수도 있다는 의미였기 때문이다. 백신 연구는 카리코의 주안점이 아니었지만, 다른 연구자들은 mRNA를 이용해 백신도 만들 수 있을 것이라 생각했다. 인플루엔자, 코로나바이러스, 심지어는 여러 형태의 암 백신까지 말이다.

그런데 이후 유감스럽게도 카리코의 연구는 그녀의 상사가 학계를 떠나 생명공학회사로 가면서 추진력을 잃었다. 그녀에겐 더 이상 연구실도 없었고 연구에 대한 재정적 지원도 없었다. 보조금을 수차례 신청했지만 단 한 번도 통과되지 않았다. 1995년은 특히나 힘든 한 해였다. 그녀는 암 진단을 받았고, 종신교수직을 박탈당했으며, 남편은 비자 문제로 헝가리에 발이 묶였다.

하지만 카리코는 단념하지 않았다. 1997년, 펜실베이니아대학에 온 새로운 동료 드루 와이스먼Drew Weissman과 의기투합했다. NIH에서 앤서니 파우치의 지도하에 펠로십 과정을 밟으며 탄탄한 기반을 다진 그는 카리코의 mRNA 연구를 이용해 백신을 개발하는 데 관심이 있었다.

카리코와 와이스먼은 연구실에서 조작한 mRNA 연구에 매달렸다. 하지만 더 많은 mRNA가 세포의 방어 시스템을 통과하도록 만들어야 하는 과제가 남아 있었다. 다른 과학자들이 이 문제를 해결하는 데 도움을 주었다.

1999년 암 연구학자 피터 쿨리스Pieter Cullis와 동료들이 지질(작은 지방 입자) 조각을 이용해 mRNA와 같은 섬세한 분자를 감싸고 보호할 수 있다는 의견을 내놓았다.[15] 6년 후, 쿨리스와 함께 연구를 하던 생화학자 이언 맥라클란Ian MacLachlan이 이를 처음으로 실현했다.[16] 그가 개발한 지질나노입자lipid nanoparticles는 첫 mRNA 백신이 탄생할 수 있는 길을 마련했다.

2010년이 되어서도 연방 정부나 민간업계는 mRNA를 이용해 백신을 만드는 데 전혀 관심을 두지 않았다. 대형 제약회사가 이를 시도했다가 실패를 맛보았으며, 일부 과학자들은 mRNA가 체내에서 충분한 반응을 이끌어내지 못할 것이라고 보았다. 그러나 그리 잘 알려지지 않은 미군의 연구 프로그램인 DARPA* 소속 장교가 이 기술에서 가능성을 엿보고 mRNA 전염병 백신 연구를 지원하기 시작했다.

선구적인 연구였던 만큼 새로운 백신이 바로 나오지는 못했다. 이를

---

* 고등연구계획국Defense Advanced Research Projects Agency을 말한다.

실현하는 것은 혁신적인 연구를 규제기관의 승인을 얻어 판매 가능한 제품으로 바꾸는 일을 하는 기업의 과제다. 미국의 모더나_{Moderna}와 독일의 큐어백_{CureVac}, 바이오앤텍이 설립되어 이런 일을 해냈다. 2014년 카리코는 mRNA 암 백신을 연구하던 바이오앤텍에 합류했다.

광견병 백신 실험이 가능성을 보여주긴 했지만 초기에는 성과가 없었다. 그러나 카리코와 바이오앤텍의 동료들은 굴하지 않았다. 모더나의 과학자들도 마찬가지였다. 코로나가 시작되자 그들은 바로 이 새로운 바이러스에 대한 백신을 만드는 작업에 착수했다.

좋은 선택이었다. 바이러스의 게놈 매핑을 통해 몇 주 만에 mRNA 백신을 만들 수 있으리란 생각이 옳았던 것으로 판명됐다.

2020년 3월, 과학자들이 코로나바이러스 게놈의 서열을 확인하고 단 6주 만에 모더나가 mRNA 기반의 백신 후보를 찾아 임상시험을 위한 생산을 시작했다고 발표했다. 12월 31일, 화이자와 제휴해 바이오앤텍이 만든 mRNA 백신이 WHO의 긴급사용승인을 받았다. 카리코는 그녀가 많은 기여를 한 이 백신을 처음 접종받으면서(공식승인 며칠 전) 눈물을 흘렸다.

mRNA 백신이 코로나에 미친 영향은 아무리 강조해도 지나치지 않다. 많은 지역에서 접종이 이루어진 코로나 백신의 대부분이 mRNA 백신이다. 2021년 말 현재, 유럽연합의 백신접종자 83퍼센트 이상이 화이자와 모더나가 만든 백신을 접종했고 두 백신 모두가 mRNA를 이용했다. 미국의 경우 그 수치는 96퍼센트에 이른다. 일본의 경우 mRNA 백신만을 사용했다.[17]

이 mRNA 이야기에서 나는 이런 교훈을 얻었다. 과학적으로 타당하

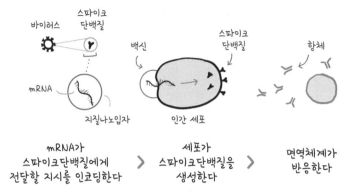

mRNA 백신

바이러스 | 스파이크 단백질
mRNA
지질나노입자

백신 | 인간 세포 | 스파이크 단백질 | 항체

mRNA가
스파이크단백질에게
전달할 지시를 인코딩한다

> 세포가
스파이크단백질을
생성한다

> 면역체계가
반응한다

기만 하다면 미친 것처럼 들리는 아이디어에도 기꺼이 기대를 걸어보자. 그것이 우리가 필요로 하는 혁신의 돌파구일 수도 있다. mRNA에 대한 이해를 백신을 개발하는 데 이용할 수 있는 수준까지 끌어올리는 데에는 오랜 연구가 필요했다. 코로나가 5년 더 일찍 찾아오지 않은 것이 천만 다행이다.

이제 mRNA 연구자들의 목표는 HIV 백신을 개발하거나 질병 치료의 새로운 방법을 만드는 등 이 기술을 더 발달시키고 더 광범위하게 활용하는 것이다. 하나의 mRNA 백신으로 하나가 아닌 여러 가지 병원체를 막는 것도 가능할 수 있다. mRNA 백신을 만드는 데 관여하는 원료의 추가적인 공급원을 찾을 수 있다면 가격도 낮출 수 있을 것이다.

미래의 아웃브레이크에서는 최초 확진과 최초 백신 후보가 나오기까지 걸리는 시간을 몇 년이나 몇 개월이 아닌 몇 주 혹은 며칠 단위로 측정하게 될 것이다. mRNA가 이를 가능케 할 기술로 자리할 것이 거의 확실하다.

mRNA 백신이 이 분야의 새로운 기린아라면 바이러스벡터 백신 viral-vectored vaccine은 그에 못지않은 기대주다. 하지만 아직 그만큼 관심을 받지는 못하고 있다. 등장한 지 얼마 안 됐기 때문이다.

바이러스벡터 접근법은 mRNA 백신과 마찬가지로 수년의 연구를 거친 주제이지만 최근에야 사람에게 사용할 수 있는 백신이 생산됐다. 바이러스벡터 백신은 면역체계가 이질적이라고 인식하기를 원하는 스파이크단백질이나 기타 표적 단백질을 전달하는 방식을 사용한다. 전달 기제는 인체에 해가 없도록 조작한 바이러스(감기를 유발하는 것과 같은 흔한 바이러스)다. 이 바이러스, 즉 면역체계에게 항체를 만드는 법을 가르치는 표면 단백질의 매개체를 '벡터'vetor라고 한다.

존슨앤존슨Johnson&Johnson 혹은 옥스퍼드대학이나 아스트라제네카 AstraZeneca가 만든 백신을 접종했거나 인도세럼연구소Serum Institute의 코비실드를 접종했다면 바이러스벡터 백신을 맞은 것이다. 표면단백질을 만드는 것은 mRNA를 만드는 것보다 어려운데도 이들 백신은 대단히 빨리 개발되었다. 존슨앤존슨과 아스트라제네카는 단 14개월 만에 백신을 출시해 이 접근법의 종전 기록을 크게 단축시켰다. 코로나 이전까지 승인을 받은 바이러스벡터 백신은 에볼라 백신뿐이었고 승인을 받는 데 5년이 걸렸다.

바이러스벡터 백신이나 mRNA 백신보다 오래된 또 다른 유형의 백신이 있다. 아단위단백질백신protein subunit vaccine이라고 알려진 이 백신은 인플루엔자, B형 간염, 인간유두종감염 human papillomavirus infection, HPV을 예방하는 데 사용된다. 이 백신은 전체 바이러스를 사용해 면역체계를 자극하는 대신 핵심적인 몇 개 부분만을 주입하며 그 때문에 '아

개발사	백신명	백신 유형	WHO 승인 일자	2021년 말까지 출하량 추정치(도즈)
화이자, 바이오앤텍	코머너티 COMIRNATY	mRNA	2020년 12월 31일	26억
옥스퍼드대학, 아스트라제네카	백스제브리아 VAXZEVRIA	바이러스 벡터	2021년 2월 15일	9억 4,000만
인도세럼연구소 (옥스퍼드대학/아스트라 제네카의 2차 공급자)	코비실드 Covishield	바이러스 벡터	2021년 2월 15일	15억
존슨앤존슨, 얀센제약	J&J	바이러스 벡터	2021년 3월 12일	2억 6,000만
모더나TX, 국립알레르기·전염병연구소	스파이크백스 SPIKEVAX	mRNA	2021년 4월 30일	8억
시노팜, 베이징생물제품연구소	코빌로 Covilo	불활화 바이러스	2021년 5월 7일	22억
시노백바이오텍	코로나백 CoronaVac	불활화 바이러스	2021년 6월 1일	25억
바라트바이오텍	코백신 COVAXIN	불활화 바이러스	2021년 11월 3일	2억
인도세럼연구소 (노바백스의 2차 공급자)	코보백스 COVOVAX	아단위 단백질	2021년 12월 17일	2,000만
노바백스	누백소비드 Nuvaxovid	아단위 단백질	2021년 12월 20일	0
사노피	사노피 Sanofi	mRNA	개발 중단	0
퀸즐랜드대학, 코먼웰스세럼연구소	UQ/CSL (V451)	아단위 단백질	개발 중단	0
머크, 파스퇴르연구소, 테미스바이오사이언스, 피츠버그대학	머크 MERK (V591)	바이러스 벡터	개발 중단	0

단위'라는 이름이 붙여졌다. 바이러스 전체를 사용하지 않기 때문에 사백신이나 약화된 백신보다 생산이 쉽다는 장점은 있지만, 다른 두 백신과 마찬가지로 항상 충분히 강한 면역 반응을 이끌어내지는 못한다는 단점도 있다. 따라서 보조제가 필요할 수도 있다. 말하자면 면역체계에 경보를 울리면서 "와서 이 새로운 형태를 좀 봐! 공격 방법을 배우는 게 좋을 걸."이라고 소리치는 물질을 말이다.

노바백스Novavax는 매우 복잡한 과정을 거쳐 코로나에 대항하는 보조제 결합 아단위단백질백신을 만들었다. 코로나의 스파이크단백질을 만드는 유전자 일부를 조작해 그것을 다른 유형의 바이러스에 삽입한 뒤, 그 바이러스를 이용해서 나방(!)으로부터 채취한 세포를 감염시킨다. 감염된 나방 세포에서 코로나바이러스에 있는 것과 같은 스파이크가 자란다. 이 스파이크를 모아 칠레 비누수지나무의 속껍질에서 추출한 보조제(믿거나 말거나 세상에서 가장 효과적인 보조제다)와 섞어 백신으로 포장한다. 누백소비드나 코보백스가 아단위단백질백신이다.

나는 기술에 대해 낙관적인 입장이기는 하지만, 여기에는 꼭 기억하고 주의해야 할 점이 있다. '우리가 잘 해낸 것은 사실이지만 거기에는 행운이 큰 몫을 했다.' 코로나바이러스가 이전에 이미 두 번의 아웃브레이크(사스와 메르스)를 유발했었기 때문에 과학자들은 그 바이러스의 구조에 대해서 상당히 많은 것을 알고 있었다. 특히 중요한 것은 과학자들이 이미 특징이 되는 스파이크단백질(팬데믹 동안 수십 장의 사진에서 지겹도록 본 왕관 모양 바이러스의 끝부분)이 백신의 잠재적인 표적임을 식별해두었다는 사실이다. 코로나 백신에 맞추어 mRNA를 수정해야 했을 때는 이미 표적이 무엇인지 알고 있는 상태였다.

여기에서 얻을 수 있는 교훈은 이미 알려진 다양한 바이러스와 병원체에 대한 기초 연구가 필요하다는 것이다. 기반이 되는 연구가 있어야 다음 아웃브레이크 전에 가능한 한 많은 것을 파악해둘 수 있다. 이전 장에서 언급한 광범위한 치료법에 대한 연구도 점진적으로 강화시켜야 한다.

하지만 아웃브레이크 동안 아무리 빨리 새로운 백신을 만들어도 승인 절차를 거치는 데 수년이 걸린다면 아무 소용이 없다. 그럼 이제 그 절차가 어떻게 진행되는지 자세히 살펴보고 안전성과 유효성을 희생시키지 않으면서 절차의 속도를 높일 방법을 알아보자.

인간이 백신을 만든 것은 백신이 어떻게 작용하는지 확인하는 방법을 만들기 훨씬 전의 일이었다. 현대적 백신의 창시자로 인정받는 영국의 의사 에드워드 제너Edward Jenner는 18세기 말 우두균cowpox(천연두와 관련된 질병이지만 건강에 대한 영향은 크지 않은)을 접종하면 천연두에도 면역이 생긴다는 것을 보여줬다.* 백신이라는 말은 우두바이러스의 이름인 '바키니아'vaccinia에서 유래했다. 소를 뜻하는 라틴어 '바카'vacca에서 나온 말이다.[19]

19세기 말에는 이미 천연두, 광견병, 페스트, 콜레라, 장티푸스 예방접종이 가능했다. 하지만 백신이 효과가 있는지, 심지어는 안전한지조차 확신할 수 없었다.

---

* 당시의 많은 과학자들과 마찬가지로 제너는 다방면에 관심을 갖고 있었다. 그는 조류학자였으며 고슴도치의 동면에 대해서도 연구했다.

규제가 없는 백신 시장은 비극적인 결과를 불러왔다. 1901년 오염된 천연두 백신이 뉴저지 캠던에서 파상풍 아웃브레이크를 일으켰다. 같은 해 박테리아 감염 디프테리아를 예방해야 할 혈청이 오염되어 세인트루이스의 어린이 열세 명이 목숨을 잃었다.[20]

미국 의회는 이런 사건에 자극을 받아 1902년 공중위생국 위생실험실Hygienic Laboratory of the U.S. Public Health Service에 자금을 대면서 백신과 약물의 품질을 규제하기 시작했다. 이후 규제 업무는 FDA로 이관되었고 연방 차원의 연구 책임은 위생실험실(지금의 NIH)이 계속 맡았다.[21]

이전 장에서 나는 약품이 승인을 받는 절차를 설명했다. 백신의 경우도 대체로 비슷하다. 따라서 여기에서는 절차를 간단히 요약해 보여주고, 각각의 승인 절차에서 중요한 차이만을 언급하기로 하겠다.

탐구 단계. 후보를 식별하기 위한 기본적인 실험실 연구. 2~4년.[22]

전 임상 연구. 후보들의 안전성을 평가하고 동물에게서 실제로 면역 반응을 유발하는지 연구한다. 1~2년.

임상 1상. 인간에 대한 임상시험을 진행해도 좋다는 정부 규제기관의 승인을 받으면 성인 지원자가 참여하는 소규모 실험을 시작한다. 제약 실험과 매우 흡사하지만 몇 가지 차이가 있다. 보통 백신 연구는 사람에 따라 다양한 면역 반응이 나오기 때문에 이 문제를 해결하기 위해 코호트cohort(특정 질병 발생에 관여할 것으로 의심되는 특정 집단—옮긴이)당 20~40명의 지원자를 대상으로 한다. 이 시점에서는 백신이 역효과를 일으키는지 여부를 살핀다. 속도를 높이기 위해 임상 1상과 임상 2상을 단일한 프로토콜로 합치는 시도를 할 수도 있다(J&J가 코로나 백신에서 이런 시도를 했다). 저분자 임상 1상은 그 규모가 훨씬 작을 수 있다.

임상 2상. 표적 인구를 대표하는 몇 백 명의 사람에게 백신 후보를 주입하고 안전한지, 면역체계를 적절한 방식으로 강화하는지, 적절한 용량은 얼마인지 확인하는 데 집중한다.

임상 3상. 3상은 더 많은 사람들을 대상으로 실험을 진행한다. 수천, 혹은 수만 명의 지원자들 중 절반에게는 위약이나 현재 이용할 수 있는 가장 효과적인 백신을 주입한다. 3상의 목표는 두 가지며 이 두 가지 목표 모두 막고자 하는 질병이 빈발하는 다양한 지역의 많은 지원자를 필요로 한다. 한 가지 목표는 백신이 위약에 비해 질병을 눈에 띄게 감소시킨다는 사실을 입증하는 것이다. 실험이 시작된 후에는 대부분의 감염이 백신을 맞은 사람보다 위약을 맞은 사람들 사이에서 발생한다는 것을 확인할 수 있을 만큼 충분한 감염자가 나올 때까지 기다려야 한다. 이 단계에서의 또 다른 목표는 백신을 맞은 사람 1,000명 중 한 명꼴로 발생하는 비교적 흔치 않은 부작용을 확인하는 것이다. 따라서 열 건의 부작용을 발견하려면 2만 명의 지원자를 구해 1만 명에게는 백신을, 나머지 1만 명에게는 위약을 주사해야 한다.

백신이 그것을 필요로 하는 모든 사람에게 효과가 있다는 것을 확인하기 위해서는 다른 성별, 지역, 인종, 연령군의 다양한 지원자 풀이 필요하다. 프레드허츠의 전염병학자 스테판 월리스Stephaun Wallace는 잠재 지원자의 풀을 넓히기 위해 노력하고 있는 전 세계 많은 사람 중 한 명이다.

로스앤젤레스에서 흑인으로 성장한 그는 인종이 의료 시스템을 비롯한 사회적 처우의 모든 부분에 어떤 영향을 주는지 직접 경험했다.

20대에 애틀랜타로 이주한 후, 그는 HIV바이러스를 갖고 있는 젊은 흑인들을 지원하는 단체를 만들었다. 이 경험을 통해 의료 불평등에 대한 관심이 커졌고 결국 그는 그 문제를 해결하는 일을 하게 되었다.

프레드허치에서 월리스가 하는 일은 특히 임상시험의 진행 방식을 개선하는 데 초점을 두고 있다. 그와 그의 동료들은 여러 지역 지도자들과의 협력, 지역 맞춤형 커뮤니케이션, 보다 유연한 일정 편성, 전문 용어를 배제한 이해하기 쉬운 말로 적힌 동의서 사용 등의 방법으로 백신 연구가 더 다양한 사람들을 대상으로 할 수 있도록 노력하고 있다.

월리스는 팬데믹이 닥쳤을 때 HIV 백신을 실험하고 있었다. 그는 주요 코로나 백신 후보(는 물론 몇 가지 치료제) 대부분에 대한 실험으로 재빨리 전환했다. 그는 자신과 같은 모습의 더 많은 사람에게 백신이 안전하다는 확신을 주고자 직접 임상시험 중 하나에 참여하기도 했다. 그 결과 월리스가 실험에 참여하기 전보다 더 많은 유색 인종이 그 실험들에 참여했다.

코로나 팬데믹 기간에는 백신 실험(약물 실험과 마찬가지로)의 속도가 빨라져야 했다. 그러나 안전성과 유효성에 대한 기준은 변하지 않았다. WHO로부터 긴급 승인을 받은 모든 백신은 전 세계 수천 명의 사람을 대상으로 안정성 검사를 실시했다. 코로나 백신을 매우 많은 사람이 접종했고 안전 기록을 대단히 면밀하게 추적했기 때문에, 과학자들은 현재 시중에 있는 여러 코로나 백신에 대한 광범위한 안전성 데이터를 갖고 있다. 일반적으로는 태아에 대한 부작용의 가능성 때문에 백신 임상시험에서 우선시되지 않는 임신부와 같은 그룹에 대해서까지 말이다.

코로나 백신이 그렇게 빨리 승인을 받을 수 있었던 것은 승인 업무를 맡은 사람들이 미친 듯이 열심히 일해서 수년까지 걸릴 수 있는 절차를 몇 개월로 단축했던 이유도 있다. 워싱턴 D.C., 제네바, 런던 등 여러 도시의 공무원들이 밤낮없이 백신 실험에 대한 데이터를 조사하고, 수십만 페이지의 문서를 검토했다. 코로나 백신을 빨리 맞은 사람이고 그것이 심각한 피해를 주지 않았다고 확신하는 사람이라면 정부 관료들에 대해 불평하는 이야기를 들었을 때 이 점을 기억하라. 오랫동안 가족들과 떨어져서 일해야 했던 FDA의 많은 숨은 영웅들이 있었다는 것을 말이다.

다음에는 실험과 승인 과정을 더 앞당겨야 할 것이다. 제5장에서 언급했듯이 프로토콜에 대한 합의를 도출하고 실험 진행에 필요한 인프라를 구축하는 등 실험을 미리 준비하기 위한 노력들이 치료제는 물론 백신에도 유용할 것이다. 더구나 코로나 팬데믹 기간 동안 연구자들과 규제기관들은 mRNA와 바이러스벡터 백신의 안전성에 대해서 많은 것을 배웠다. 그들은 이런 지식을 이용해서 장래에는 후보들을 더 빠르게 평가할 수 있을 것이다.

제5장에서 이야기한 가상의 아웃브레이크 사례를 이어가 보자. 세계가 제시간에 아웃브레이크를 억제하지 못해서 전 세계로 퍼졌다고, 그래서 수십억 명에 대한 예방접종이 필요하다고 가정하자. 여러 가지 백신이 승인과 검토 절차를 거쳐서 인간에 대한 사용 허가를 받았다. 이제 우리는 전혀 다른 일련의 문제를 해결해야 한다. 어떻게 해야 충분한 양의 백신을 만들어서 최대의 효과를 거두도록 배포할 수 있을까?

이렇게 이야기하면 얼마나 많은 백신을 만들어야 하는지 쉽게 이해할 수 있을 것이다. 보통 세계에서 연간 생산되는 백신은 50~60억 도즈다. 이는 아기들의 예방접종, 인플루엔자 예방접종, 소아마비 예방접종 등을 모두 헤아린 수치다. 대규모 아웃브레이크가 있을 경우, 새로운 백신은 80억 도즈(세계 인구 한 명당 하나) 정도, 어쩌면 160억 도즈(한 명당 2도즈가 필요할 경우) 정도가 필요할 것이다. 생명을 구하는 다른 백신 생산을 줄이지 않으면서 새로운 백신을 생산해야 한다. 그리고 우리 목표는 그 일을 6개월 안에 해내는 것이다.

그뿐만이 아니다. 백신 제조업체는 제조 과정의 각 단계에서 여러 가지 문제에 직면하게 된다.

- 첫 단계, 백신을 기능하게 하는 유효성분을 생산하는 단계에서는 세포나 박테리아를 배양해서 차단하고자 하는 병원체로 세포(혹은 박테리아)를 감염시킨다. 이후 거기서 생성되는 물질을 채취해야 한다. 이를 위해서는 생물반응기bioreactor(재사용이 가능한 강철통이나 일회용 비닐 봉투)가 필요하다. 하지만 이 두 가지 모두 공급이 제한적이다. 팬데믹 초기에는, 조기에 팬데믹을 타개할 수 있다는 희망으로 여러 회사가 이것들을 대량 매입할 것이다. 상점에 화장실용 휴지가 없을 때의 기분을 모두 알지 않는가!
- 다음으로는 백신을 더 효과적, 안정적으로 만드는 다른 물질과 백신을 혼합한다. mRNA 백신인 경우라면 mRNA를 보호하는 지질이 필요하다. 다른 유형이라면 보조제가 필요할 수도 있다. 불행히도 칠레 비누수지나무는 구하기 어려울 수 있다. 따라서 이 나무를 보조제로 사용하고 싶어도 할당을 기다리는 동안 제조가

지연될 것이다. 미래에는 합성 버전의 보조제를 더 많이 만들어 제조의 규모를 빠르게 늘릴 수 있어야 한다.

- 마지막으로 유리병에 약을 넣어야 한다. 살균된 대단히 정밀한 장비가 필요할 것이고 유리병은 유리의 종류나 마개에 이르기까지 엄격한 사양을 모두 충족시켜야만 한다(코로나 팬데믹 기간 중, 이 유리를 만드는 데 사용하는 고급 모래가 바닥날 것이라는 우려가 있었던 적도 있다). 백신을 판매하는 나라에 따라 사용 언어 등에 대한 규정에 맞춰 유리병에 라벨을 붙여야 한다. 그 규정들은 나라마다 다르다.

세계 보건 분야에서는 기업의 지적재산권 포기가 백신이나 약의 생산을 늘리는 효과적인 방법인지에 대한 논란이 수년 동안 이어졌다. 지적재산권 포기가 제5장에서 언급한 HIV 치료제의 경우처럼 약을 저렴한 가격에 구할 수 있게 해주기도 한다. 이 사건은 사람들이 세계무역기구World Trade Organization에 코로나 백신의 지적재산권 포기를 요구하면서 다시 큰 관심을 받았다.

세계는 더 많은 백신을 만들어야 했다. 그리고 그것을 가능하게 할 방법들이 분명히 있다(이 장에서 이야기할 것이다). 불행히도 지적재산권 포기에 대한 요구는 시기를 놓쳐서 공급 격차를 해소하는 데 도움을 주지 못했다. 품질과 안전성에 대한 국가와 세계의 요구 조건을 모두 충족시키는 백신 제조시설과 인력은 제한적이다. 대부분의 백신이 매우 특별한 과정을 이용해 만들어지기 때문이다. 예를 들어, 바이러스벡터 백신을 만드는 시설은 mRNA 생산 시설로 전환시킬 수가 없다. 새로운 장비가 필요하고 직원을 교육해야 하며, 그 뒤에도 새로운 제품 생산에 대한 승인을 받아야 한다.

기업이 제조법 공개 요구를 따랐다고 가정해보자. B회사는 승인을 받은 A회사 백신을 복제해 모든 필요한 기준을 충족시키려 한다. 그런데 A회사의 제조법을 얻는 것만으로는 충분치가 않다. 제조 과정의 세부 사항, 임상시험 데이터, 규제기관의 지침 세목 등 A로부터 정보가 필요하다. 하지만 이 정보의 일부는 A의 다른 제품에도 적용되기 때문에(예를 들어, 동일한 과정을 암 백신에도 사용하고자 하기 때문에) A회사는 이들 정보의 공개를 망설인다.

어쨌든 B는 사업을 진행하지만 A의 제조 공정에서 아주 조금만 이탈해도 새로운 임상시험을 거쳐야 한다. 만일 그렇다면 애초에 A의 제조법을 받은 취지에서 벗어나게 된다. 결국 두 회사는 비슷하게 보이는 두 개의 제품을 출시하지만 안전성과 유효성의 수준은 다를 것이다. 모두가 명확성을 바라는 시점에서 빚어진 이런 상황은 혼란을 야기한다. B회사는 A로부터 고소를 당하지 않아야 겨우 이익을 볼 것이다. 그렇지 않을 경우라도 얻는 것이 별로 없을 것이다.

더구나 백신 제조는 약을 만드는 것보다 더 복잡하다. 대부분의 약은 명확하고 측정 가능한 화학적 과정을 이용해 만든다. 하지만 백신은 그런 식으로 만들 수가 없다. 백신 제조에는 박테리아에서 달걀에 이르기까지 생명체가 관여하는 경우가 많다. 생물은 매번 정확하게 동일한 작용을 하지 않는다. 동일한 과정을 두 번 반복한다 해도 두 번 모두 동일한 제품을 얻지 못할 수도 있다.

이 복제 버전이 모든 중요한 면에서 원래의 제품과 일치하는지 판단하기가 훨씬 더 어렵다는 의미다. 백신을 만드는 과정에는 보통 수천 개(!)의 단계가 있다. 경험이 많은 백신 제조업체에게도 다른 회사의 제조 과정을 복제하는 것은 쉬운 일이 아니며, 이 일은 원래의 생산자로부터 기술 지원을 받을 때 가장 성공적이다.

때문에 복제약은 있어도 복제 백신은 없는 것이다. 장래에는, 특히 mRNA 백신 기술이 더 발전하면 이런 상황이 달라질지도 모르지만 지금으로서는 실현 가능성이 없다. 2021년에 지적재산권을 포기했다고 해도 코로나 백신이 필요한 시점에 백신의 공급이 유의미한 수준으로 늘지는 못했을 것이다.

전 세계에 백신이 얼마나 빨리 그리고 충분히 공급될지를 결정짓는 중요한 결단들은 2020년에 내려졌다. 2020년 상반기, CEPI, Gavi, 각국 정부, 게이츠 재단을 비롯한 여러 조직이 백신 생태계의 여러 기업들과 협력해 백신 생산을 극대화시킬 준비를 했다. 이번에는 단순히 지적재산의 사용권을 주고 제조업체에 공장 설계와 실험을 요청하는 데 그치는 것이 아니었다. 모든 주체들이 힘을 모으고 모든 정보를 공유하며 규제기관과도 발을 맞추는 접근법이 사용됐다. 2020년까지는 그런 거래가 드물었다. 하지만 많은 양의 백신을 짧은 시간 안에 생산해야 하는 긴급한 상황을 고려하면, 그것이 규제 승인이나 품질을 희생시키지 않고 생산 공장을 추가하기 위한 최선의 방법이었다.

이런 거래를 2차 공급 계약second sourcing이라고 한다. 2차 공급 계약에서는 성공 가능성이 있는 백신 후보를 보유한 회사가 다른 회사를 통해 그들이 자기 시설로 백신을 제조하도록 한다.[23] 제조법만 공유하는 것이 아니라 제조법을 어떻게 사용해야 하는지에 대한 지식은 물론 인력, 데이터, 생물 시료까지 공유한다. 유명 셰프인 데이비드 장David Chang의 요리책을 구입하면 그가 재료를 챙겨 들고 당신 집에 나타나 자신의 라면 레시피를 자세히 설명해준다고 생각하면 된다.

2차 공급 계약은 기술 이전과 관련된 비용과 시간을 고려하고, 필요한 허가에 대해 협상하고, 양쪽 당사자가 수용 가능한 조건을 마련하는 일이 포함되는 복잡한 협의다. 양쪽 모두의 입장에 다양한 유인이 존재한다. 포드Ford가 혼다Honda를 초청해 자기 공장에서 어코드Accord(혼다의 대표적인 자동차 모델―옮긴이)를 만들도록 한다고 생각해보라.

이런 계약은 제대로만 작동한다면 눈에 띄는 결과를 낼 수 있다. 인도세럼연구소가 기록적인 시간 안에 매우 저렴한 가격의 코로나 백신 10억 도즈를 생산할 수 있었던 것은 정부 지시에 의한 지적재산권 포기가 아닌 2차 공급 계약 덕분이었다.

코로나 이전, 중·저소득 국가로 가는 대부분의 백신은 2차 공급자 계약을 통해서가 아니라 자선 자금을 받아 일부를 독자 개발하는 저비용 제조업체들을 통해 만들어졌다. 하지만 팬데믹 기간 동안에는 그 어느 때보다 많은 2차 공급 계약이 성사됐다. 2년이 못되는 시간 동안 아스트라제네카 한 곳만 해도 15개국 25개 공장이 2차 공급 계약을 맺었다(아스트라제네카가 코로나 백신에 대한 수익을 포기하는 데 동의했다는 점을 기억하라). 노바백스 역시 인도세럼연구소와 2차 공급 계약을 맺었고(여기에서 생산된 백신이 현재 많은 나라에서 사용되고 있다.) 존슨앤존슨은 인도 기업 바이오로지컬E Biological E. Limited, 남아프리카공화국의 아스펜파마케어Aspen Pharmacare와 2차 공급 계약을 맺었다. 2차 공급 계약을 통해 추가적으로 생산된 코로나 백신은 수십억 도즈에 이른다. 관련 기업들이 이런 관계를 계속 유지해 다음 아웃브레이크 때 원점에서 시작할 필요가 없어진다면 장래에는 그런 계약이 더 빨리 성사될 수 있을 것이다.

나는 이것이 mRNA 백신이 해결할 수 있는 또 다른 문제가 될 것이란 기대를 갖고 있다. 백신을 만드는 기존의 방법들 대부분은 상당히 난해하다. 이는 2차 공급 계약을 맺는 데 있어서 살펴야 할 세목들이 많다는 의미다. 하지만 mRNA 백신의 경우 기본적 접근방법이 거의 동일하기 때문에(이전의 mRNA를 새로운 mRNA로 교체하고 지질이 정확한 방식으로 만들어지는지만 확인하면 된다) 회사들 간의 기술 이전이 더 쉬워질 것이다. 연구 단계에 있는 새로운 모듈형 기술도 있다. 이 연구가 성공한다면 공장을 짓고 운영하는 것이 더 쉬워지고 비용도 감소하게 된다. 이로써 공장이 보다 유연해져서 다른 유형의 백신을 만들어야 할 때 쉽게 적응할 수 있을 것이다.

마지막으로 WHO나 CEPI와 같은 세계적인 조직들이 밟아야 할 몇 가지 단계가 있다. WHO는 유리병에 붙이는 라벨을 표준화시켜서 동일한 백신에 여러 가지 다른 라벨을 만드는 과정을 없애야 한다. CEPI와 다른 조직들은 백신 제조에 필요한 원료를 매수한 뒤 가장 유망한 후보를 가진 제조업체에 분배해야 한다.

CEPI는 코로나 팬데믹 동안 유리병 원료에 대해 이와 같은 일을 했다. 자체적으로 원료를 충분히 확보하지 못한 기업을 위한 예비 물자를 확보한 것이다.

코로나 백신은 병으로 인해 중증과 사망에 이를 위험을 크게 감소시킨다. 하지만 백신을 얼마나 빨리 맞느냐는 당신이 부유한 나라에 사는지, 중소득 국가에 사는지, 가난한 나라에 사는지에 따라 크게 좌우된다. 2021년 세계 인구의 절반 이상이 코로나 백신을 한 번 이상 접종했다. 하지만 저소득 국가의 접종률은 8퍼센트에 불과했다. 부유한 국가에서는 코로나로 아프거나 사망할 가능성이 낮은 젊고 건강한 사람들도 백신을 맞았다. 가난한 나라에서는 훨씬 위험도가 높은 노인이나 일선 근로자들조차 백신을 맞지 못한 상황에서 말이다.[24]

이론적으로는 우리가 가지고 있는 백신을 더 공정하게 배분함으로써 이런 불평등을 줄일 수 있다. 부유한 국가들은 코로나 팬데믹 동안 가난한 나라에 10억 도즈 이상의 백신을 공유하겠다고 약속했다. 이 약

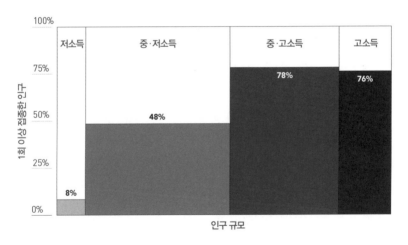

백신 불평등. 2021년 12월 현재, 부유한 국가에 사는 사람들의 코로나 백신접종률은 저소득 국가에 사는 사람들보다 훨씬 높다. 각 칸의 너비는 세계 인구에서 각각이 차지하는 비중을 나타낸다. (OWID)[25]

속은 지켜지지 못했지만, 지켜졌다고 해도 격차를 메우기에는 부족했을 것이다. 더구나 기존의 백신을 공유하는 것은 영구적인 해법이 되지 못한다. 부유한 국가가 장래에도 기꺼이 백신을 내놓으리란 보장은 없다. 학교가 문을 닫고 사람들이 죽어가는 상황에서, 젊은 유권자들에게 백신을 다른 나라에 보내야 해서 정작 그들이 맞을 백신은 없다고 말할 수 있는 정치인이 과연 있을까?

이 때문에 나는 재분배에 초점을 맞추기보다는 더 많은 백신을 만드는 데 집중해, 제한적으로 공급되는 백신을 누가 맞을지의 문제를 더 이상 첨예한 논란거리로 만들지 않는 편이 훨씬 더 현실적인 접근법이라고 본다. 2021년 백악관은 야심 찬 목표를 발표했다.[26] 위협을 인식한 뒤 6개월 이내에 안전하고 효과적인 백신을 개발, 실험, 제조해 전 세계 모든 사람들에게 공급한다는 계획이었다. 2차 접종이 필요한 백신이라면 병원체를 확인하고 약 6개월 안에 160억 도즈의 백신을 생산한다는 의미다.

전 세계에 공급할 만큼 충분한 백신을 만들기 위해서는 무엇이 필요한지 알아보자. 우선 백신의 가격은 어떻게 책정되는지, 가격을 낮출 수 있는 방법은 무엇인지부터 확인해볼 것이다.

백신을 발명하는 기업들은 새로운 제품을 개발하는 데 엄청난 비용이 들기 때문에 부유한 국가에서나 감당 가능한 한 높은 가격에 제품을 판매해서 비용을 회수하고자 한다. 원래의 생산 과정 때문에 백신의 가격이 높아진다고 해도 거기에 수정을 가할 유인이 없다. 생산 과정을 바꿀 경우 새로운 규제 검토를 거쳐야 하기 때문이다.

대개 백신은 개발도상국의 제조업체와 제휴를 통해 동일한 질병에 대한 새로운 백신을 만들되 생산비용을 크게 낮추는 것이 해결책이다. 이 방법은 백신을 처음부터 발명하는 것보다 훨씬 쉽다. 백신 개발이 가능하다는 것도 알고, 유발해야 하는 면역 반응이 어떤 것인지도 파악하고 있기 때문이다.

5가 백신pentavalent vaccine(다섯 가지 질병에 대항하는)이 좋은 예다. 가장 널리 사용되는 5가 백신은 2000년대 초에 발명됐다.[27] 하지만 제조업체가 단 한 곳이어서 1도즈에 3.5달러가 넘었다. 중·저소득 국가가 감당하기에는 상당히 비싼 가격이었다. 게이츠 재단과 협력단체들은 인도의 두 백신회사(최근 코로나 백신 생산을 시작한 바이오로지컬E와 인도세럼연구소)와 저렴한 5가 백신을 개발하는 일을 시작했다. 이런 노력 덕분에 백신의 가격은 도즈당 1달러 이하로 떨어졌고 매년 8,000만 명 이상의 영아들이 3회 접종을 할 수 있는 정도까지 보급률이 높아졌다. 2005년 이후 보급률이 16배 높아진 것이다.[28]

비슷한 계약을 통해 영아 사망의 주 원인인 로타바이러스와 폐렴구균병(심각한 호흡기 질환)을 예방하는 새로운 백신도 얻게 되었다. 인도세럼연구소와 역시 인도에 기반을 둔 바라트바이오텍Bharat Biotech이 만든 저렴한 로타바이러스 백신이 그것이다. 이제는 인도의 모든 어린이가 백신을 접종할 수 있게 되었다. 여러 아프리카 국가에서도 이 백신을 사용한다. 두 회사는 가난한 국가의 백신접종을 더 쉽게 만들기 위해 계속 노력하고 있다. 이 글을 쓰고 있는 현재, 인도는 폐렴 백신에 대한 접근권을 국가의 절반 이하에서 전국으로 확대하겠다고 발표했다.[29] 매년 어린이 수만 명의 목숨을 구하게 될 결정이다.

게이츠 재단은 지난 20년간 개발도상국 백신 제조에 가장 많은 자금을 조달한 조직이다. 우리는 그 경험을 통해 이들 국가에서 백신 제조 생태계를 만드는 것이 매우 어려운 일임을 배웠다. 하지만 장애는 극복할 수 있게 마련이다.

우선 규제 승인의 문제를 해결해야 한다. 코백스와 같은 UN 기구에서 구매하는 모든 백신은 WHO의 승인을 받아야 한다. 백신이 미국이나 유럽연합 혹은 몇 안 되는 다른 정부에서 승인을 받은 경우라면 WHO의 검토는 비교적 빨리 이루어진다. 그렇지 않은 경우, WHO의 검토는 훨씬 철저해지고 1년 정도에 이르는 긴 시간이 걸릴 수도 있다 (모든 승인에 대한 절차의 속도를 높이기 위해 노력하고 있기는 하지만).

탄탄한 백신 제조업체를 갖고 있는 인도와 중국은 WHO의 검토 기간을 단축시킬 수 있는 국가로 지정받기 위해 애를 쓰고 있다. 지정을 받게 되면 이들 국가에서 만들어진 백신과 기타 혁신 제품을 다른 나라에서도 지금보다 더 빨리 접할 수 있게 될 것이다. 아프리카에서는 지역단체들이 WHO를 비롯한 다른 협력단체들과 함께 아프리카 대륙 내 규제의 질을 높이기 위해 노력하고 있다. 그리고 각국 정부는 백신에 대한 국제 기준을 채택해 제조업체들이 나라마다 다른 요건을 충족시켜야 하는 상황을 제거하기 시작했다.

승인 절차 외에도 해결해야 할 또 다른 문제가 있다. 백신 제조업체들은 아웃브레이크들 사이에 다른 제품을 만들어야 한다. 그렇게 영업을 지속하지 못한다면 회사 문을 닫아야 할 것이다. 말라리아, 폐렴, HIV와 같은 질병에 대한 새로운 백신이 나오면서 백신 시장의 전체 규모가 커지면 새로운 생산자를 위한 자리가 마련될 것이다. 그 외에 다른 곳에서 만들어진 백신을 유리병에 무균충전하여 생산하는 '필 앤 피니

시'fill and finish 공정을 맡는 방법도 있다.

2000년대 중반 베트남을 출장 중이던 나는 그곳의 의료진이 맞닥뜨리는 문제들을 직접 볼 수 있을 거라는 생각에 시골 병원을 방문했다. 백신의 열렬한 팬이며 자금 제공자인 나는 백신이 현장 사람들이 '라스트마일'the last mile(저장 설비에서 오지의 병원까지, 마지막으로 환자에까지 이르는 여정)이라고 부르는 과정을 거치는 동안 필요한 것이 무엇인지에 큰 관심을 갖고 있었다.

병원에는 방금 언급한 로타바이러스 백신이 막 도착했다. 그러나 문제가 있었다. 의료진 한 명이 몇 개의 병을 이동식 냉장 용기(예방접종을 하는 사람들이 현장에 나갈 때 이 냉장 용기를 휴대한다.)에 넣으려고 했다.

하지만 새로운 유리병이 냉장 용기에 맞지 않았다. 사소한 문제처럼 보일지 모르겠지만 사실 이것은 대단히 큰 문제다. 대부분의 백신은 공장에서 최종 목적지까지 이동하는 동안 차갑게 보관하지 않으면(보통 섭씨 2~8도, 화씨 약 35~45도) 효과가 사라진다. 병원에서 유리병을 차갑게 보관할 수 없다면 그 백신은 효과가 없을 것이고 폐기돼야 한다(이동 과정에서 백신을 적절한 온도로 보관하는 것을 저온유통체계, 즉 콜드체인cold chain 유지라고 한다).

로타바이러스 제조업체는 곧 유리병의 크기를 바꿔 문제를 해결했지만, 이 일화는 백신에서 근본적으로 중요한 것이 무엇인지를 생생히 보여준다. 백신을 필요로 하는 세계 곳곳으로 전달하는 것이 엄청난 물류적 문제이고, 용기처럼 사소하게 보이는 것들이 모든 노력을 허사로 만들 수 있다는 것을 말이다.

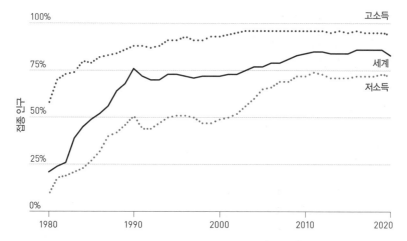

세계의 백신접종률이 사상 최고 수준에 도달했다. 1980년 이후 디프테리아, 파상풍, 백일해(DTP 3)를 예방하는 백신을 3회 이상 접종한 어린이의 비율이 급증했다. (WHO)[30]

다행히 전 세계 대부분에서는 콜드체인을 비롯해 백신을 전달하는 데 존재하는 여러 장애들이 해결된 상태다. 현재 어린이의 85퍼센트가 앞서 내가 언급한 5가 백신을 3회 이상 접종하고 있다. 하지만 나머지 15퍼센트에 도달하는 데까지는 아직 큰 어려움이 있다.

모든 어린이들이 전 세계 대부분의 지역에서 접종되고 있는 기본 백신들을 접종받을 수 있으려면 가장 먼 오지까지 백신을 전달해야 한다. 공장에서부터 환자에게 백신을 공급하기까지 어떤 과정을 거쳐야 하는지 살펴보자.

백신 용기가 향하는 목적지가 어디냐에 따라 백신은 최대 일곱 개의 장소를 거친다. 배나 비행기 편으로 해당 국가에 도착한 용기는 그 나라의 저장 시설로 보내진다. 거기에서 지역 시설, 더 작은 지역 시설, 또 더 작은 지역 시설로 옮겨진다. 오지의 경우 의료진이 백신을 직접 들고

네팔의 한 의료인은 오지에 사는 사람들에게 백신을 접종하기 위해 매일 몇 마일씩을 걷는다. 이동하기 쉽지 않은 지형도 종종 만난다.[31]

가 사람들이 집 근처에서 접종을 받을 수 있게 한다.

그 모든 과정에서 용기는 적절한 온도를 유지해야 한다. 저장 시설뿐 아니라 한 시설에서 다른 시설로 이동하는 과정에서도 마찬가지다. 그중 한 시설에 정전이 발생해서 냉장 장치의 전원이 꺼지기만 해도 백신은 효과를 잃을 수 있다. 화이자의 mRNA 백신은 섭씨 영하 70도, 화씨 영하 94도에서 보관해야 한다. 그렇지 않아도 백신의 냉장 보관이 쉽지 않은 개발도상국에게는 상당히 큰 문제다.

백신을 필요로 하는 오지 사람들에게 최종적으로 백신을 전달하는 것은 라스트마일을 책임지는 의료진이다. 그들의 작업에는 정확성에 더해 체력까지 필요하며(그들은 출장을 갈 때마다 몇 마일씩을 걸어야 하는 경우가 많다) 위험도 뒤따른다. 어떤 백신을 접종하느냐에 따라, 매번 적절한 비율로 액체에 가루를 섞어야 할 수도 있다. 그 과정에서 바늘에 찔릴 위험도 있다. 모조 백신이 아닌지에도 주의를 기울여야 한다. 예방 접종을 한 사람이 누구인지도 정확히 기록해야 한다.

이런 문제들을 해결하기 위한 경이로운 작업들이 진행되고 있다. 자동 비활성화 주사기에는 안전 기제가 탑재되어 있어서 실수로 자신을 찌르거나 한 번 이상 사용하는 일이 일어나지 않게 한다. 이들 주사기는 어린이들에게 백일해 등의 백신을 접종하는 데 있어서 말 그대로 구원 자였다. 하지만 팬데믹 기간 동안에는 코로나 백신을 위한 수요가 너무도 많아서 기본적인 어린이 면역 프로그램이 위기에 봉착했다. 이에 유니세프를 비롯한 단체들이 더 많은 자동 비활성화 주사기의 제작과 배포에 나섰다.

인도의 접종 실시자들은 냉장 용기 속의 얼음이 지나치게 차가워서 백신이 어는 것을 막는 이동형 냉장 용기를 새로 개발해 사용하고 있다. 연구자들은 전달 과정의 모든 단계에서 냉장 보관을 할 필요가 없는 새로운 백신 제형을 연구하는 중이다. 냉장 보관이 필요하지 않다면 포장의 부피가 줄어들기 때문에 냉장 공간이 절약되고 운송비도 낮아질 것이며, 접종 실시자들이 현장에서 액체에 가루를 섞어야 하는 과정도 없앨 수 있다.

백신접종자들은 식당에서 QR 코드를 스캔해 메뉴를 보듯이 휴대전화를 이용해 유리병에 인쇄된 바코드를 스캔함으로써 백신이 허가받은 합법적인 것인지 확인할 수 있다. 유리병 각각을 스캔할 때마다 얼마나 많은 백신이 사용되었는지가 추적되기 때문에 언제쯤 병원의 백신이 떨어질지, 언제 재보급이 필요한지도 파악할 수 있다. 주사기와 바늘을 미세바늘이 있는 작은 패치로 대체하는 등 최신 접종 방법(금연하려는 사람들이 사용하는 니코틴 패치와 같은 겉모양을 가진 물건을 상상해보라)은 접종 과정을 더 안전하게 만들고 백신 전달 과정도 더 쉽게 만들 것이다.

당신은 백신의 주된 목표가 감염을 예방하는 것이 아니라 병이 중증으로 발전하거나 사망에 이르는 것을 막는 데 있다는 점을 이미 알고 있을 것이다(이 책을 비롯한 여러 경로를 통해). 물론 이상적인 것은 감염을 막는 완벽한 백신이다. 감염을 막는다면(접종을 받음으로써 다른 사람에게 병원체를 옮기는 것이 불가능해진다면) 전염 차단에 큰 효과가 있을 것이다. 홍역 백신이 대표적인 예다. 홍역 백신은 두 번의 접종으로 감염을 97퍼센트 예방할 수 있다.[32]

다른 백신을 그 수준까지 끌어올리는 것이 우리의 장기적인 목표다. 그중 특히 전망이 밝은 방법은 백신을 다른 방식으로, 몸의 다른 부분에 투여하는 것이다. 코로나에 감염되는 방식을 생각해보라. 바이러스가 콧구멍과 기도를 통해 몸으로 들어와서 점액에 달라붙는다. 어깨에 백신을 접종하는 것으로는 점액 세포에 강한 면역력이 생기지 않는다. 강한 면역력을 갖게 하려면 비강 분무로 흡입하거나 액체 형태로 삼키는 편이 더 낫다.

인간에게는 코, 목, 폐, 소화기관의 축축한 표면에 특화된 항체가 있다. 이런 항체들은 혈액 내의 항체보다 바이러스에 달라붙을 수 있는 면적이 넓어서 더 효율적인 바이러스 사냥꾼이 된다(내가 본 한 미발표 논문에서는, 최소한 쥐의 경우, 이들 세포의 보호력이 열 배 강할 수 있다고 이야기하고 있다).

미래에는 흡입하거나 삼켜서 심각한 감염이나 사망을 막는 면역력과 점액 표면의 면역력까지 키울 수 있는 백신(바이러스로부터 보호해주는 동시에 호흡, 기침, 재채기를 통해 바이러스를 전염시킬 확률을 낮추는)이 나올 수도 있다. 래리 브릴리언트를 비롯한 과학자들은 영화 〈컨테이전〉 Contagion의 자문을 요청받고 그 안에서 묘사되는 가상의 바이러스에 대한 백신을 비강 분무 형태로 선택했다. 그들은 그 이유를 '전 세계 어디서든 쉽게 제조해, 유통, 배송할 수 있어서'라고 설명했다.[33]

백신을 전달하는 이런 새로운 방법 외에도 또 다른 연구가 필요하다. 백신과 결합시킬 수 있는 감염 차단 약물이다. 이 약이 감염을 단기적으로 차단하고, 백신은 중증 질환으로부터의 장기적 보호를 통해 후방 방어 역할을 하는 것이다. 병이 특히 급속히 확산되고 있을 때에는 약을 사용하겠지만, 약이 효과가 없거나 충분히 자주 복용할 수 없는 경우에는 백신이 효과를 내서 중증으로 발전하는 것을 막아준다.

이런 약물의 기반이 되는 기술은 아직 초기 단계다. 하지만 빠른 개발이 가능하고(mRNA 백신이 현재 그런 것처럼) 비강 분무나 알약의 형태로 전달될 수 있는 수준에 이른다면 아웃브레이크를 낮은 수준으로 억제할 수 있는 경이로운 도구가 될 것이다.

그 약이 저렴하고 충분히 오래 지속된다면(30일 이상 지속되고, 1회분에 몇 센트 정도 한다면) 계절성 호흡기 감염을 차단하는 데 이용할 수도 있을 것이다. 모든 학생이 매달 초 1회분을 복용하게 하는 방법도 있다. 흡입 장소를 정해두고 몇 주에 한번씩 들러서 약물을 흡입하는 것도 생각해볼 수 있다.

내가 차단제blocker라고 부르는 이 범주에서는 매우 흥미로운 연구가 진행되고 있다. 예를 들어, 백스아트Vaxart라는 회사는 경구 인플루엔자 차단제에 대한 유망한 데이터를 내놓고 있으며 코로나 차단제에 대한 연구를 진행 중이다. 하지만 전체적으로 보면 이 접근법은 거의 관심을 받지 못하고 있다. 새로운 질병이나 기존 질병 모두에서 대단한 돌파구가 될 텐데도 말이다. 정부와 기업이 여기에 더 많은 투자를 하고, 특히 부유한 국가는 물론 저소득 국가에서도 이용할 수 있는 저렴하고 실용적인 차단제를 만드는 데 집중해야 할 것이다.

하지만 사람들이 사용을 거부하면 이런 도구들은 아무런 의미가 없다. 과학자든, 정치가든, 기자든 사람들과 차단제나 백신에 대해 이야기를 나눌 때면 모두의 머릿속을 맴도는 생각이 있다. 백신 거부의 문제다. 언젠가는 차단제 거부라는 문제가 불거질 수도 있다.

백신 거부에 대해 연구하는 연구자들이 얻은 몇 가지 식견이 있다. 그중 하나는 백신 기피에 단일한 이유가 있는 것이 아니란 점이다. 두려움과 의심이 여러 이유 중 하나인 것만은 확실하다. 또 정부 그리고 적절하고 정확한 정보를 전하는 정부의 능력을 사람들이 얼마나 신뢰하느냐도 중요한 요소다.

예를 들어, 의료에 관한 문제에 있어서는 아프리카계 미국인 중 많은 수가 정부가 좋은 의도를 갖고 있다는 데 회의적인 입장이며, 그런 생각을 갖는 게 당연한 상황이다. 미국 공중위생국은 40년에 걸쳐 그 악명 높은 터스키기 연구Tuskegee Study를 진행했다. 이 끔찍한 실험은 매독이 수백 명의 흑인들에게 미치는 영향을 살폈다. 대상자들에게 진짜 병명을 알려주지 않고 심지어는 연구 11년째부터 적용할 수 있었던 치료도 보류한 끔찍한 실험이었다.

두려움, 불신, 오정보와는 전혀 관련이 없는 사회경제학적 요인들도 있다. 몇 마일이나 떨어진 병원까지 갈 교통수단이 없는 사람들이 많다. 백신을 맞으러 가기 위해 일을 쉴 여유가 없거나 그동안 아이들을 돌봐줄 사람을 구할 수 없는 이들도 있다. 여성의 경우 예방접종을 위해 먼 거리를 이동하는 데 따르는 안전의 문제도 고려해야 한다.

하지만 나는 오랜 세월에 걸쳐 배운 것이 있다. 더 많은 사실을 제시하는 것만으로는 확신이 없는 사람을 설득할 수 없다는 것이다. 제대로 설득하려면 그들이 있는 곳으로 가서 그들을 만나야 한다(비유적으로는 물론이고 문자 그대로도).

그러기 위해서는 백신이 저렴하거나 무료여야 하고 그들이 접종을 받을 수 있는 시점에 근처에서 구할 수 있어야 한다. 정치인이나 유명인이 접종하는 모습을 보는 것이 도움이 될 수 있다. 무엇보다 이전부터 알고 있는 종교 지도자나 지역의 의료인처럼 신뢰하는 정보원에게서 진실을 듣는 것이 필요하다.

잠비아에서는 누구나 라디오로 FM 99.1에서 좋은 정보를 얻을 수 있다. 가톨릭 수녀이자 사회사업가인 아스트리다 반다Astridah Banda는 〈코로나19 인식 프로그램〉COVID-19 Awareness Program을 진행한다. 이 토크쇼에서는 그녀와 게스트가 코로나 예방에 초점을 맞춰 건강과 관련된 주제로 이야기를 나누고 전화로 청취자의 질문을 받는다.

아스트리다 수녀는 의사가 아니다. 하지만 그녀는 공중보건에 열정을 갖고 있다. 코로나가 잠비아에 이르렀을 때 그녀는 대부분의 공중보건 게시판이 영어로 되어 있음을 알아차렸다. 잠비아에서는 영어가 공

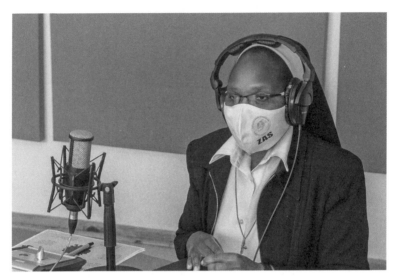

수녀이자 사회사업가인 아스트리다 반다는 잠비아 루사카의 야트사니 커뮤니티 라디오에서 코로나에 대한 정보를 전달하고 있다.[34]

용어긴 하지만 많은 사람들이 그 나라의 현지어 중 하나만을 사용하기 때문에 이런 안내들을 지나치고 있었다.

그녀는 야트사니 커뮤니티 라디오Yatsani Community Radio와 접촉해서 지침을 현지어로 통역하고 바이러스에 대한 여러 가지 정보를 공유하는 방송을 시작하자고 제안했다. 현재 150만 명 이상의 청취자가 그녀가 진행하는 프로그램을 듣고 있다.

아웃브레이크 때는 아스트리다 수녀와 같은 사람이 많이 필요하다. 접종률을 높이기 위해서는 수요와 공급 양쪽 모두가 필요하다. 충분한 백신이 있어야 하고 사람들이 백신접종을 원해야 한다. 이 장에서 내가 계속 주장하고 있듯이 혁신적인 정책과 기술이 있어야 백신을 충분히 만들어 모든 사람에게 전달할 수 있다. 하지만 수요를 확보하는 것도 그

못지않게 중요하다.

이 장의 핵심 내용은 두 가지로 요약할 수 있다. 첫째, 코로나가 끔찍한 일이기는 하지만 세계는 대단히 빨리 백신을 만드는 행운을 누렸다. 둘째, 백신의 발전 가능성에 있어서라면 우리는 아직 겉핥기를 하고 있을 뿐이다. 다음에도 이번만큼 행운이 따를지 확신할 수 없다. 팬데믹의 위협 이외에도 생명을 구할 경이로운 기회들이 많이 존재하기 때문에, 세계는 더 좋은 백신을 만드는 야심 찬 계획을 향해 나아가야만 한다.

나는 다음의 여섯 가지 영역이 자금 지원과 연구에서 가장 우선시돼야 한다고 생각한다.

- **범용 백신.** mRNA 백신의 등장에 힘입어 동일한 병원체의 여러 변종, 심지어는 여러 병원체를 표적으로 하는 주사도 가능해질 것이다. 코로나바이러스, 인플루엔자, RSV라고 알려진 호흡기바이러스로부터 우리를 보호할 수 있는 백신, 그리고 행운이 더해진다면 이 세 가지 계열의 바이러스 전체를 퇴치할 수 있는 백신을 갖게 될 것이다.
- **한 번으로 끝.** 코로나 예방접종에서의 큰 장애 중 하나는 접종이 여러 번 필요하다는 점이다. 병원이나 약국에 쉽게 갈 수 있는 사람들, 아이들을 돌보는 문제를 걱정하지 않아도 되는 사람들, 직장에 휴가를 낼 수 있는 사람들에게는 작은 불편이다. 하지만 그렇지 않은 사람들에게는 큰 장벽이다. 새로운 방식의 백신은 한

번의 접종만으로 현재 두 번의 접종에서 얻을 수 있는 것과 동일한 효과를 제공할 것이다. 이미 진행 중인 연구를 고려하면, 이것이 실현 가능한 중기 목표라는 것이 내 판단이다. 이상적인 백신은 매년 보호력을 증폭시켜야 할 필요 없이 평생 사람을 보호해줄 것이다. 면역체계에 대한 연구를 통해 보호력을 오래 지속시킬 수 있는 방법을 파악하게 될 것이다.

- **완벽한 예방.** 이 글을 쓰고 있는 현재 구할 수 있는 최고의 코로나 백신은 감염의 위험을 줄이지만 완전히 없애지는 못한다. 완벽한 예방이 가능한 백신을 만들 수 있다면 질병의 확산을 실질적으로 막을 수 있다. 돌파 감염은 옛날 얘기가 될 것이다. 우리는 입과 코를 비롯한 점막 조직을 보호할 수단도 강구해야 한다.

- **냉장 용기는 이제 그만.** 항상 차갑게 보관해야 할 필요가 없다면 백신을 전달하는 일, 특히 개발도상국에 전달하는 일이 훨씬 쉬워질 것이다. 연구자들은 2003년부터 이 문제를 연구해왔지만 우리는 아직도 완벽한 해법을 찾지 못했다. 그 해법을 찾아낸다면 가난한 국가에 백신을 전달하는 문제를 해결해줄 혁명이 될 것이다.

- **누구나 접종할 수 있는 백신.** 알약으로 먹거나 비강 분무로 흡입할 수 있는 백신과 감염 차단제라면 주사를 이용해야 하는 경우보다 투여하기가 훨씬 쉬울 것이다. 앞에서 언급한 미세바늘 패치가 있다면 주사와 바늘은 쓸모가 없어질 것이다. 의료인의 도움을 받아 팔에 주사를 놓을 필요 없이 식료품점에서 패치 하나를 구입해서 직접 붙일 수 있을 테고 냉장 보관할 필요도 없어지게 된다. 연

구진은 이미 홍역 백신을 전달하는 패치 원형을 실험 중이다. 이 연구가 빨리 진척되고 있기는 하지만, 시판할 준비를 갖추고 대량 생산을 하고 패치 기술을 다른 질병에 대한 플랫폼으로 이용하게 되기까지는 더 많은 시간과 노력이 필요하다.

- **제조 확대.** 이런 모든 발전이 영향력을 발휘하려면 개발과 승인만으로는 충분치 않다. 대량으로(전 세계가 사용할 수 있을 만큼), 그것도 6개월 내에 제조할 수 있어야 한다. 그렇게 하기 위해서는 질병 부담이 가장 큰 지역을 비롯한 전 세계의 생산 능력을 끌어올려야 한다. 팬데믹이 출현할 위험이 없는 시기에도 이런 모든 새로운 인프라가 사업을 지속할 수 있는 창의적인 방안을 생각해야 할 것이다.

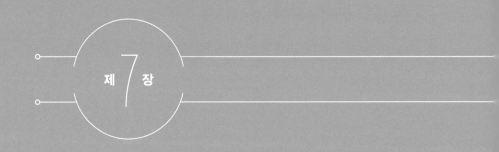

제 7 장

전 세계가 함께 대비하라

2015년 7월《뉴요커》The New Yorker에는 미국 서부 해안 사람들의 관심을 끄는 기사가 게재됐다.[1] 시애틀 근교에 사는 나는 친구가 보낸 이 기사가 메일함에 들어온 것을 보자마자 다른 친구들에게 전달했다. 그해 여름 이 기사는 저녁 식사 자리에서 단골로 등장하는 이야깃거리가 됐다.

기사의 제목은 '정말 큰 것이 온다. 지진이 북동 해안의 상당 부분을 강타할 것이다. 시기가 문제일 뿐'이었다. 작가이자 기자인 캐스린 슐츠Kathryn Schulz는 이 기사로 퓰리처상을 수상했다. 그녀는 캐나다에서 워싱턴, 오리건, 캘리포니아 북부에 걸친 긴 해안선이 캐스캐디아 침강 지대Cascadia Subduction Zone와 가깝다고 설명했다. 캐스캐디아는 태평양 아래 수백 마일에 이르는 단층으로 두 지각판이 만나 한 판이 다른 판 밑으로 미끄러져 들어가고 있는 형태다.

침강 지역은 본래 불안정하며 지진을 유발하는 특성이 있다. 지진학자들은 캐스캐디아 침강 지역을 따라 평균 243년마다 대지진이 발생하며 마지막 대지진은 1700년대에 발생했던 것으로 판단하고 있다. 평균 243년이라는 수치에 대해서는 논란이 있고 캐스캐디아의 지진 발생 주기는 평균보다 길어질 수도 있다. 다만 기사를 읽은 이 지역 사람들이 무시할 수 없는 사실은 315년 전에 캐스캐디아 지진이 일어났다는 점이다.

기사는 끔찍한 예측을 인용하고 있었다. 캐스캐디아 지진과 그에 따른 쓰나미로 1만 3,000명의 사망자와 2만 7,000명의 부상자가 나오고, 100만 명이 집을 잃게 될 것이라고 말이다. 관광객이 서부 해안으로 몰려드는 여름에 지진이 일어난다면 사상자 수는 훨씬 더 많아질 수 있다.

연방 정부는 태평양 북서부의 대지진 준비 상황을 점검하기 위해 캐스캐디아라이징Cascadia Rising이라는 일련의 정기적인 대규모 훈련을 실시하고 있다. 2016년의 훈련에는 수십 개의 정부기관, 비영리단체, 기업에 속한 수천 명의 인원이 참여했다.[2] 긴 사후 검토 보고서에는 그 결과와 실제 훈련을 하는 동안 배운 일련의 교훈들이 상세히 설명되어 있었다. 무엇보다 눈에 띄는 내용은 이런 것이다. "재난 대응에 필요한 것들은 우리가 이전에 보았던 다른 대응들과는 근본적으로 다르다. 대규모의 대응이 필요하다." 다음 캐스캐디아라이징 훈련은 2022년 여름에 예정되어 있다.

캐스캐디아라이징 훈련이 큰 변화를 이끌었고, 태평양 북서부가 재앙적 지진에 대처할 만반의 준비가 되어 있다고 말할 수 있다면 얼마나 좋을까. 불행히도 현실은 그렇지 못하다. 이 지역의 건물들 전부, 아니 대부분이라도 지진학적으로 안전하게 만드는 데만 천문학적인 돈이 들어간다. 그러나 이런 상황에서도 훈련은 가치가 있다. 적어도 사람들이 이 문제에 집중하도록 만들기 위해 정부가 노력하고 있지 않은가!

우리는 '연습'과 '훈련'이라는 단어를 혼용해서 쓰는 경향이 있다. 하지만 재난 대비 분야에서는 이 두 단어가 완전히 다른 의미를 갖는다.

'반복 연습'drill은 시스템의 일부에 대한 시험이다. 말하자면, 건물의 화재경보기가 제대로 작동하는지, 모든 사람이 신속한 대피 방법을 알고 있는지 확인하는 것이다.

여기에서 복잡성의 정도를 높여 문제를 확인하고 해결하기 위한 '도상 훈련'tabletop exercise을 할 수 있다. 그보다 복잡해진 것이 '합동 훈련'functional exercise('기능 훈련'이라고도 한다—편집자), 즉 전체 시스템이 얼마나 잘 작동하는지 시험하되 사람과 장비를 움직이지 않는 재난 시뮬레이션이다.

마지막으로 캐스케이디아라이징과 같은 '현장 종합 훈련'full-scale exercise 이 있다. 이때의 훈련은 가능한 한 실제와 가깝게 설계된다. 사람들은 부상을 당한 척하고, 차량이 사람과 장비를 이동시킨다.

팬데믹 대비와 예방에 대해 공부하던 나는 아웃브레이크를 감지하고 거기에 대응하는 능력을 시험하는 전면적이고 지속적인 일련의 훈련이 존재조차 하지 않는다는 사실에 충격을 받았다. WHO의 2018년 인플루엔자 대비 프로그램의 아웃브레이크 훈련 운영 지침에는 이렇게 적혀 있다. "전 세계 국가들이 국가적인 규모의 인플루엔자 팬데믹 대비 계획과 대응에 필요한 역량 개발에 상당한 자원과 노력을 투자해 왔다. 그러나 효과를 발휘하기 위해서는 모의 훈련을 통해 계획을 시험,

모의 훈련의 유형

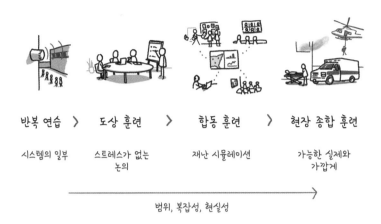

반복 연습 〉	도상 훈련 〉	합동 훈련 〉	현장 종합 훈련
시스템의 일부	스트레스가 없는 논의	재난 시뮬레이션	가능한 실제와 가깝게

범위, 복잡성, 현실성

검증, 업데이트해야 한다."[3]

　질병 아웃브레이크에 대한 도상 훈련과 합동 훈련은 많이 있었지만 인플루엔자나 코로나바이러스를 재난으로 취급해 시뮬레이션하도록 고안된 국가 차원의 훈련은 손에 꼽을 정도다.* 이런 훈련을 최초로 한 것은 인도네시아로 보인다. 2008년 발리에서 전면적인 아웃브레이크 훈련이 펼쳐졌다. 그러나 세계 전 지역을 아우르는 훈련은 실시한 적이 없다.

　정부가 일부 결과를 기밀로 취급하기 때문에(특히 현장 종합 훈련의 경우) 세부적인 사항들이 분명하지는 않지만 이런 훈련의 내력은 일관적이지 못한 것으로 보인다. 긍정적인 모습을 보여주는 것은 베트남이

---

*　동물매개질병과 연관된 훈련이라면 전례가 없지 않다. 예를 들어 2001년 심각한 구제역 아웃브레이크가 있고 4년 후, 영국과 다섯 개 북유럽 국가들은 준비 상황을 시험하는 재난 시뮬레이션을 실시했다.

다.[4] 베트남은 복잡성을 달리하는 잦은 모의 훈련을 실시하고, 거기서 드러난 문제를 해결하는 조치를 취했다. 그리고 코로나 대응에 대한 준비도 대단히 잘 갖췄다.

하지만 다른 나라는 이런 훈련들을 일련의 단순한 시나리오 설계 선에서 끝내버리고, 그렇게 기회를 놓치기 일쑤였다. 예를 들어 영국은 2007년에 윈터윌로Winter Willow, 2016년에 시그너스Cygnus 훈련을 실시했다. 모두가 인플루엔자 아웃브레이크에 초점을 맞춘 훈련이었다. 특히 시그너스는 정부의 준비 상태에 내재된 문제를 부각시켰고 일련의 기밀 권고를 내렸다.[5] 하지만 이들 권고는 무시되었고 〈가디언〉The Guardian은 코로나 팬데믹 첫해에 이 사실을 폭로했다.

미국도 2019년 비슷한 경험을 했다.[6] 정부는 크림슨컨테이전Crimson Contagion이라는 일련의 훈련을 실시했다. 이 훈련은 "미국은 새로운 인플루엔자바이러스 아웃브레이크에 대응할 준비가 되어 있는가?"라는 질문에 대한 답을 찾기 위해 고안되었다. 미국 보건복지부가 감독하는 크림슨컨테이전은 두 단계로 이루어졌다. 첫 단계로 1월부터 5월까지 일련의 세미나와 도상 훈련이 있었다. 각급 정부 관료와 민간 부문, 비정부 단체의 사람들이 모여 아웃브레이크 대응에 대한 기존의 계획을 주제로 토론했다.

2단계에서는 이 계획들을 합동 훈련으로 시험했다. 2019년 8월 참가자들은 나흘에 걸쳐 중국을 방문했던 여행객들이 바이러스에 의한 호흡기 질환에 감염된다는 시나리오를 검토했다. 이 가상의 여행객들은 라싸 공항을 출발해 중국의 다른 도시들을 여행하고 각자의 나라로 돌아간다.

가상의 바이러스는 1918년의 인플루엔자 변종만큼이나 전염성이 강하고 치사률은 약간 낮은 것으로 밝혀진다. 바이러스는 한 사람으로 부터 다른 사람에게로 빠르게 전파되어 시카고에서 처음 등장한 후 다른 도시로 빠르게 번져나간다.

훈련의 시작점은 미국에 첫 확진자가 발생하고 47일째 되는 날이다. 남서부, 중서부, 북동부에 담당 건수가 중·고 수준에 이른다. 모델은 미국 내 확진자가 1억 1,000만 명, 입원 환자가 700만 명 이상, 사망자가 58만 6,000명일 것으로 추정했다.

훈련 참가자들은 이후 나흘 동안 격리, 개인 보호 장비, 사회적 거리 두기 조치, 휴교, 홍보 활동, 백신의 구매와 유통 등의 결정에 대해 논의했다. 아웃브레이크 대응 작업에 경험치가 없는 사람들에게는 전혀 익숙지 않은 내용이었다. 물론 지금은 이런 용어들이 일상적으로 사용하는 말이 되었지만 말이다.

크림슨컨테이전 훈련의 범위는 대단히 넓었다. 19개 연방 부처, 12개 주, 15개 원주민 자치 구역, 74개 지역 보건 부서, 87개 병원, 민간 부문의 100개 이상 단체가 참여했다. 훈련이 끝난 뒤 참가자들은 모여서 진행 상황을 논의했다. 잘 진행된 것은 몇 가지인 데 반해 그렇지 못한 것은 많았다. 섬뜩할 정도로 친숙한 내용 몇 가지를 언급해보겠다.

훈련에 참여한 누구도 연방 정부와 그 외 조직의 책임 범위를 파악하지 못했다. 보건복지부에는 연방 정부의 대응을 이끌 명확한 권한이 없었다. 백신을 구입할 만한 충분한 자금도 없었다(이 시나리오에서는 해당 변종에 대해 사용 가능한 백신이 이미 존재했다. 단 접종은 이루어지지 않았다). 각 주의 지도자들은 정확한 정보를 어디에서 얻어야 할지 알지 못했다. 산소호흡기와 같은 희소 자원을 배치하는 주 단위 계획에는 서로 큰 차이가 있었고 계획 자체가 없는 주도 있었다.

여기에서 불거진 문제들 중 일부는 TV 드라마 〈비프〉Veep(백악관에서 벌어지는 해프닝을 그린 드라마—옮긴이)에서 늘 보던 것들이라 웃음이 나올 지경이었다. 연방기관들은 화상 회의의 명칭을 전혀 예상할 수 없는 것으로 바꿔서 참가자들을 혼란에 빠뜨렸다. 때로는 회의 명칭이 알아볼 수 없는 약자로 되어 있어서 참가하지 못하는 사람이 생기기도 했다. 그렇지 않아도 인력이 부족한 주 정부는 대응 조치를 취하면서 회의까지 불려 다니느라 진을 빼야 했다.

크림슨컨테이전 결과에 대한 공식 정부 보고서(일자는 2020년 1월, 코로나 확진자가 늘어나기 시작한 시점)에는 '진단기기'라는 단어가 단 세 번 등장한다. 59페이지에 이르는 보고서에 단 세 번이다. 진단기기는 팬데믹 때 구하기 힘든 많은 공급품 중 하나가 될 것이라고 언급되는 데 그쳤다. 불과 몇 주 후, 정부가 검사를 확대할 능력이 없다는 것이 명백해졌다. 미국의 검사량이 다른 국가들의 수준에 크게 못 미친 것은 팬데믹을 겪는 동안 어떤 나라가 저지른 실수보다 뼈아픈 실수였다.

크림슨컨테이전은 아웃브레이크에 대한 미국의 대응을 시험하기 위해 고안된 최초의 시뮬레이션이 아니었다. 최초의 대응 시뮬레이션은 이름만 들어도 으스스한 다크윈터Dark Winter라는 도상 훈련이다.

이 훈련은 2001년 6월 이틀간 워싱턴 D.C. 앤드류 공군기지에서 진행됐다. 놀랍게도 다크윈터는 연방 정부가 아닌 독립 조직에서 기획한 것이다. 미국을 대상으로 하는 생물학 테러의 가능성을 두고 이 조직 리더들의 우려가 깊어졌고, 결국 그들이 이 문제에 관심을 불러일으켜야

겠다는 판단을 한 것이다.

다크윈터는 일단의 테러리스트가 필라델피아, 오클라호마시티, 애틀랜타에 천연두바이러스를 유포해 3,000명이 감염되었다고 가정했다. 2개월도 되지 않아 병이 300만 명에게 퍼져 100만 명이 사망했고, 끝이 보이지 않는 상태가 되었다.[7] 내가 아는 한 참관인은 천연두 대 인류의 싸움 결과가 1대 0이었다고 표현했다.

2005년의 애틀랜틱스톰Atlantic Storm(또 다른 천연두 공격), 2018년의 클레이드엑스Clade X(새로운 인플루엔자바이러스 아웃브레이크), 2019년의 이벤트201Event 201(새로운 코로나바이러스 아웃브레이크), 2020년 뮌헨안보회의Munich Security Conference가 실시한 모의 훈련 등의 다른 훈련들이 이어졌다.

미국의 이런 훈련들은 각기 다른 시나리오를 바탕으로 다른 방식으로 진행하고 사용한 방법도 달랐지만, 세 가지 공통점을 갖고 있다. 하나는 그들의 결론이 근본적으로 동일하고(미국을 비롯한 세계 대부분이 아웃브레이크 억제 능력과 팬데믹 예방 능력에 큰 공백이 있다) 그런 공백을 메우는 여러 가지 방법을 제안했다는 점이다.

이런 훈련들의 두 번째 공통점은 아웃브레이크에 대한 미국의 대비를 강화하는 어떤 중요한 변화로도 이어지지 않았다는 점이다. 연방과 주 정부 차원에서 약간의 조정은 있었지만 2019년 12월부터 일어난 상황을 보기만 해도 그 변화가 충분치 않았다는 것을 알 수 있다.

● 게이츠 재단은 이벤트201 훈련의 자금 제공자 중 하나였다. 일부 음모론자들은 이것이 코로나를 예견한 행동이었다고 말했다. 주최 측에서 밝혔듯 그것은 예측이 아니었으며 당시 그들도 그렇게 이야기했다. centerforhealthsecurity.org에서 이에 대한 진술을 찾아볼 수 있다.

세 번째는 크림슨컨테이전만이 예외였을 뿐 미국의 모의 훈련들은 모두가 회의실 안에서만 이루어졌고, 실제로 사람이나 장비를 이동시키는 일은 일어나지 않았다는 점이다.

현장 종합 훈련을 도상 훈련이나 합동 훈련만큼 자주 진행할 수 없는 데는 분명한 이유가 있다. 비용과 시간이 많이 들며 생활에 불편을 끼치는 측면도 많다. 게다가 일부 공중보건 책임자들은 팬데믹에 대비하는 가장 좋은 방법이 소규모 아웃브레이크에 대한 모의 훈련이라고 주장했다. 이는 공급망이 무너지고, 경제 활동이 전면 중단되고, 정치적인 이유로 국가 지도자들이 개입하는 등 에피데믹이나 팬데믹 와중에만 일어나는 문제를 고려하지 않는다는 의미다. 2020년까지는 전 세계를 아우르는 전염병의 위협이 대다수의 사람에게 너무나 먼 얘기로 느껴졌다. 따라서 그에 대비한 종합적인 실제 훈련에는 비용과 수고를 쏟을 가치가 없는 것처럼 보였다.

코로나가 시작되고 2년이 흐르자, 훨씬 큰 규모의 현장 종합 훈련을 통해 다음에 찾아올 대규모 아웃브레이크 준비 상황을 점검해야 한다는 주장이 훨씬 설득력을 갖게 되었다. 대부분 국가의 경우 이런 훈련은 자문과 논평가의 역할을 맡은 GERM(제2장에서 설명했던)이 국가 공중보건기관, 비상운영센터, 군 지휘권자와 함께 진행하게 된다. 저소득 국가의 경우 세계의 자원 지원이 필요하다.

종합적인 아웃브레이크 훈련은 다음과 같이 진행되어야 한다. 주최 측이 국내외로 확산될 수 있는 심각한 아웃브레이크를 경험하는 도시를 지정한다. 그리고 다음과 같은 문제들을 점검한다. 병원체에 대한 진단 검사가 얼마나 빨리 개발되고 대량 생산되어 필요한 곳에 전달되는

가? 정부가 대중에게 얼마나 빠르고 효율적으로 정확한 정보를 전달하는가? 지역 보건 당국이 격리 문제를 어떻게 처리하는가? 공급망이 단절되고, 지역 보건기관이 형편없는 결정을 내리고, 정치 지도자들이 개입할 때(이제는 우리에게 대단히 익숙해진 상황들)는 어떻게 해야 할까?

그들은 병원체에 대한 확진자 보고 시스템을 마련하고 유전자 서열분석을 진행한다. 자원봉사자를 구해 비약학적 개입 조치들을 시도하고, 질병의 확산 상황을 근거로 조치를 수정하며, 실제 비상 상황에서 이런 조치들이 야기할 경제적 영향을 파악한다.

병원체가 동물과의 접촉을 통해 처음 퍼진 경우, 훈련에 동물을 처리하는 정부의 역량 평가도 포함돼야 한다.[*] 닭을 통해 확산된 조류 독감이라고 가정해보자. 생계를 닭에 의존하는 사람들이 대단히 많다 보니 인플루엔자를 퍼뜨릴 수 있다는 일말의 가능성 때문에 닭을 폐사시키는 일을 주저할 사람도 많을 것이다. 정부는 그들의 손실을 보상할 자금을 갖고 있는가? 그 일을 할 시스템을 갖고 있는가?[**]

훈련을 보다 현실적으로 만들기 위해서 관리 소프트웨어가 가끔씩 예상치 못한 사건을 일으킨다. 계획에 변수를 줘서 사람들이 어떻게 반응하는지 보는 것이다. 또 소프트웨어는 전체 시뮬레이션을 추적하고, 그동안 취해진 조치를 기록해 차후의 검토를 대비하는 데도 사용된다.

---

[*] 2020년 11월 덴마크 정부는 코로나 변종이 인간에게 전염될 것을 우려해 밍크 1,500만 마리의 폐사를 지시했다.

[**] 훈련에 포함될 수 있는 것들에 대해서 전문가로부터 더 자세한 내용을 듣고 싶다면 who.int에서 WHO의 문서 "팬데믹 인플루엔자 대비 계획의 시험과 검증을 위한 시뮬레이션 훈련 개발 및 실행 실무 지침"A Practical Guide for Developing and Conducting Simulation Exercises to Test and Validate Pandemic Influenza Preparedness Plans을 참조하라.

GERM은 각국에 모의 훈련 계획에 대한 조언을 하는 것 외에, 다른 방식으로도 준비 상황을 평가한다. 예를 들어 해당 국가의 보건 시스템이 팬데믹이 아닌 질병을 얼마나 잘 감지하고 대응하는지 살피는 것이다. 말라리아가 문제가 되는 지역이라면, 시스템이 대규모 아웃브레이크를 얼마나 빨리 감지하는지 살핀다. 결핵이나 성병이라면, 양성 반응을 보인 사람들의 최근 접촉자를 얼마나 효과적으로 추적하는지 살핀다. 이때 양성 반응자 역할을 하는 사람들은 연구자가 알아야 할 모든 것을 밝히지는 않되 더 관심을 두어야 할 시스템의 약점에 대한 단서를 제공해야 한다. 엔데믹 질병을 감시, 보고, 관리하는 일을 잘하는 국가는 팬데믹의 위협에 대응하는 측면에서도 유리한 위치에 서게 된다.

GERM의 가장 중요한 역할은 훈련을 비롯한 준비 상황 평가에서 발견한 사실들 가운데서 의미 있는 내용을 추려내고, 거기에 기반한 권고 사항(공급망을 강화할 방법, 더 나은 정부 간 조정 방법, 약을 비롯한 공급품 유통을 개선하기 위한 합의)을 기록한 뒤, 이 사항들을 행동으로 옮기도록 전 세계 지도자들에게 꾸준히 요청을 하는 것이다.

우리는 다크윈터, 크림슨컨테이전 및 기타 아웃브레이크 시뮬레이션에서 실제적인 변화를 일으키는 것이 얼마나 어려운지 이미 확인했다. 불행히도 사후 조치 보고서를 웹사이트에 저장한 뒤 잊어버리고 마는 상황을 타개할 혁신적인 방법은 아직 존재하지 않는다. 정치 지도자들과 정책 결정권자들이 이런 관행에 반드시 변화를 일으켜야 할 것이다.

현장 종합 훈련의 다양한 규모를 가늠하기 위해서 재난 대비 분야의 두 가지 사례를 살펴볼 것이다. 비교적 규모가 작고 덜 복잡한 것부터 시작해보자.

2013년 여름 플로리다 올랜도 국제공항은 끔찍한 항공 재난을 시뮬레이션했다.[8] 미국의 모든 공항이 3년에 한 번씩 전면적인 시뮬레이션을 실시해야 한다는 연방 정부의 요건을 충족시키기 위한 훈련이었다. 《에어포트임프루브먼트》Airport Improvement의 기사에 따르면, 훈련 시나리오는 98명의 승객과 승무원을 태운 가상의 제트 여객기가 유압 시스템의 문제로 공항에서 1마일 떨어진 호텔에 충돌한다는 것이었다.

피해자 역할을 맡은 600명의 지원자, 400명의 응급구조사, 16개 병원의 의료진이 참여한 훈련은 소방관들이 실제 진화 연습을 하도록 만들어진 4층 건물과 세 대의 비행기가 있는 훈련 시설에서 이루어졌다. 관리들은 지휘체계를 마련해야 했다. 응급구조사들은 부상자를 분류하고, 치료가 가능한 환자들을 치료하고, 나머지 환자를 병원으로 옮겨야 했다. 보안요원들은 구경하는 인파를 통제해야 했다. 피해자 가족과 친구들에게 통보를 해야 했다. 기자들에게는 최신 정보를 전달해야 했다. 훈련을 통해 개선이 필요한 부분을 확인했다. 여기에 필요한 비용은 약 10만 달러였다.

가장 복잡한 훈련으로는 2021년 8월 미군이 진행한 현장 종합 훈련이 있다.[9] 2주에 걸쳐 해군과 해병대의 인력이 당대 최대의 해군 훈련에 참여했다. 2021년 대규모훈련Large-Scale Exercise 2021, LSE 2021(이하 LSE 2021)의 규모는 '대규모'라는 말이 매우 절제된 표현으로 보일 정도였다. 두 강대국과의 동시전을 시뮬레이션한 LSE 2021에는 17개 표준시간대의 2만 5,000명 이상의 인력이 참여했다. 가상 현실 기술을 이용해 전 세계의 군부대를 연결하고 참가자들이 원격으로도 참여해 실시간으로 정보를 공유할 수 있도록 했다.

세균과의 싸움을 전쟁에 비유하지만 이는 완전히 들어맞지는 않는다. 무엇보다 아웃브레이크를 막는 것은 전쟁을 하는 것과는 다르기 때문이다. 전쟁에서는 국가들이 서로 맞서지만 세균 전쟁에서는 협력해야 한다. 그리고 군사 훈련과 달리 아웃브레이크 모의 훈련은 민간인이 관여하며 눈에 잘 띄기 때문에 그리 이례적인 일이 아니다(소방 훈련과 비슷하다).

세균과의 싸움이 전쟁과 다르더라도 군사 훈련 'LSE 2021'의 목표는 눈여겨볼 필요가 있다. LSE 2021은 전 세계에 퍼져 있는 조직들이 데이터를 공유하고 정보에 기반한 결정을 함께 내릴 기회를 만들고자 했다. 이 훈련을 본 후에는 이런 생각을 할 수밖에 없다. '팬데믹 예방을 위해서는 이런 훈련이 필요하다!'

모의 훈련의 좋은 본보기로 베트남에서 2018년 8월 개발한 현장 종합 훈련을 들 수 있다.[10] 우려가 되는 병원체를 시스템이 얼마나 잘 확인하는지 검토하기 위해 만들어진 훈련이다. 나는 이 훈련의 세심함에 깊은 인상을 받았다.

환자, 환자 가족, 접촉자 역할을 하는 네 명의 배우가 고용되었고, 그들에게는 의료진(훈련에 참여하고 있다는 것을 알고 있는)에게 주요 정보를 제공하는 대본이 주어졌다. 첫째 날 54세의 사업가 역할을 맡은 배우가 꽝닌 북동부에 있는 병원 응급실로 실려와 마른기침, 피로, 근육통, 밭은 호흡 등의 증세를 호소했다. 의사는 자세한 질문을 통해 최근 환자가 메르스바이러스 감염 가능성이 있는 중동을 여행했다는 것을 발견했다. 이 정보와 증상은 환자의 입원, 격리 조치로 이어지기에 충분했다.

의심 사례에 대한 소식이 몇 분 만에 지휘체계의 끝까지 올라갔고 곧 신속대응팀이 병원과 남자의 거주지에 도착했다. 면봉을 이용해 환자의 목에서 표본을 채취했고 이후 이 표본은 메르스 유발 바이러스가 있는 표본으로 대체됐다. 표본을 실제로 연구소로 가져간 것은 아니었지만 주최 측에서는 표본을 연구소로 가져가 연구진이 실제 검사를 하고 메르스 양성 확진을 하는 시간만큼을 기다렸다.

훈련이 아무런 결점 없이 진행된 것은 아니다. 주최 측은 이 과정에서 여러 개의 공백을 확인했다. 훈련에서 아무 결점이 없다면 그게 더 이상한 일일 것이다. 중요한 점은 공백을 확인했다는 것이고, 더 중요한 것은 그 부분을 고쳤다는 것이다.

이 현장 종합 훈련은 세계가 필요로 하는 국가적, 다국적 훈련보다는 규모가 작았지만 필요한 요소들을 많이 갖추고 있었다. 이런 훈련이 더 많은 나라, 더 많은 지역에서 실행된다면 우리는 더 이상 구태의연한 실수를 저지르지 않고 마지막 전쟁을 준비할 수 있게 될 것이다.

여기에서 주의할 점이 있다. 대개의 사람들은 다음에 만나게 될 병원체가 코로나 정도의 전염성과 치사율을 보이며 mRNA 백신과 같은 혁신에 취약할 것이라고 가정하고 싶은 유혹에 빠지기 쉽다. 그런데 그런 유혹에 넘어간 뒤 그와 다른 현실을 만난다면? 다음에 나타날 병원체가 코로나보다 훨씬 치명적일 것이라는 예측은 얼마든지 가능하다.

그렇지 않다는 어떤 생물학적 근거도 존재하지 않는다. 다음에 출현할 병원체는 증상을 느끼는 사람이 나타나기도 전에 수백만 명을 감염시킬 수도 있다. 중화항체neutralizing antibody(독성이나 감염력을 가진 병원체에 결합하여 그 활성을 저해하거나 영향을 제거하여 세포를 보호하는 항체—옮긴이)로는 병원체에 맞설 수 없을지도 모른다. 세균 전쟁 훈련을 통해 다음 아웃브레이크에서 나올 수 있는 다양한 병원체와 시나리오를 점검해야 한다.

팬데믹의 위험은 전면전의 위험보다도 훨씬 크다. 따라서 GERM의 주도하에 적어도 10년에 한 번은 LSE 규모의 세계적 훈련을 실시해야 한다. 그 10년 동안 대단위 지역별로 GERM의 조언에 따라 또 다른 대규모 훈련을 실시해야 하며, 국가들은 이웃 국가와 함께 그보다 작은 규모의 모의 훈련을 실시해야 한다.

미래의 훈련에서 나올 보고서가 이제는 무시 받지 않을 것이라고 기대하는 한 가지 이유는 바로 경험 때문이다. 코로나 초기 많은 전문가들은 2003년 사스 아웃브레이크를 거친 국가들이 이번 팬데믹을 대비해 보다 나은 준비를 해두었을 것이라고 생각했다. 그토록 힘든 경험을 했으니 필요한 일을 할 준비를 스스로 갖추었을 것(정치적, 사회적, 심리적으로)이라고 짐작한 것이다. 그런 추정이 옳았음이 증명됐다. 중국 본토, 홍콩, 타이완, 캐나다, 싱가포르, 베트남, 태국 등은 2003년에 큰 타격을 입었다. 덕분에 코로나가 출현했을 때 이들 지역 대부분은 빠르고 단호하게 대응해 1년 넘게 코로나 확진자 수를 제한했다.

크림슨컨테이전, 다크윈터 등은 그 시나리오가 당시에는 너무나 현실과 동떨어진 것으로 보였기 때문에(적어도 대부분의 시민과 대부분의 정치인에게는) 큰 영향을 미치지 못했던 것일 수 있다. 하지만 이제는 바이러스가 전 세계로 퍼져 수백만 명의 목숨을 앗아가고 수조 달러의 피해를 입힌다는 아이디어가 우리 모두에게 대단히 현실적으로 느껴지게 됐다. 우리는 질병의 아웃브레이크를 최소한 지진과 쓰나미에 준하는 정도로 심각하게 받아들여야 한다. 코로나와 같은 팬데믹이 다시 일어나지 않게 하려면 조기에 병원체를 차단하는 연습을 하고, 시스템의 어느 부분에 개선이 필요한지 파악해야 한다. 그리고 변화가 어려울 때도 기꺼이 변화에 나서야 한다.

지금까지는 자연적으로 발생하는 병원체에 대해서만 이야기했다. 하지만 질병 모의 훈련을 함에 있어 반드시 염두에 둬야 하는, 더 불안한 시나리오가 있다. 많은 사람을 죽이거나 불구로 만들 목적에서 의도적으로 병원체를 퍼뜨리는 생물학 테러다.

바이러스와 박테리아를 무기로 사용한 것은 이미 수세기 전부터다. 신성로마제국의 황제 프리드리히 1세는 1155년 토르토나(지금의 이탈리아)를 포위하고 시체로 지역의 우물을 오염시켰다고 전해진다. 보다 최근의 일도 있다. 18세기는 영국 군인들이 천연두 환자가 사용한 담요를 아메리카 원주민들에게 나눠줬다. 1990년대에는 옴진리교 교도들이 도쿄 지하철에 사린 가스를 살포해 13명을 죽였다. 그리고 인명 피해는 없었으나 보툴리눔 독소botulinum toxin(식중독을 일으키는 균 중에 하나—옮긴이)와 탄저균Bacillus anthracis도 네 차례나 살포했던 것으로 전해진다. 2001년에는 미국 우편서비스를 통해 보내진 일련의 탄저균 공격으로 다섯 명이 사망했다.

오늘날 가장 무시무시한 무기가 될 수 있는 천연 병원체는 천연두다. 야생에서 완전히 퇴치된 유일한 인간 질병이지만 미국과 러시아의 정부 연구소에는(아마 다른 나라에도) 아직 표본이 보관되어 있다.

천연두가 특별히 무서운 것은 공기 중으로 빠르게 확산되고, 사망률이 극히 높아서 감염된 사람 세 명 중 한 명은 사망하기 때문이다. 더구나 1980년, 천연두가 퇴치된 후 대부분의 백신 프로그램이 중단되었기 때문에 더 이상 천연두에 면역을 가진 사람이 없다. 미국은 전 국민을 보호할 수 있을 만큼 충분한 천연두 백신을 비축하고 있지만, 백신을 유통시키는 것은 간단한 문제가 아니다. 사람들이 공격 앞에서 공황 상태에 빠진 상황에서라면 말할 것도 없다. 미국 이외의 다른 나라를 보호할 수 있을지는 확실치 않다.

이런 위험에는 소비에트 연방의 몰락이 한몫했다. 내 친구 네이선 미어볼드가 그의 논문 〈전략적 테러〉에서 말했듯, 1975년 국제 조약이 생물 무기를 금지했지만 소비에트 연방은 1990년대에도 '무기화된 탄저균, 천연두, 유전 공학을 통한 바이러스 등 훨씬 새로운 생물 무기 수천 톤을 생산하는' 생물 무기 프로그램을 계속 진행했다.[11]

병원체 조작을 뒷받침하는 과학이 더 이상 정부 비밀 프로그램에 소속된 학식 높은 과학자들의 전유물이 아니다 보니 테러리스트들이 이런 기존의 무기를 손에 넣을 가능성이 한층 높아졌다. 테러리스트들은 과학 저널이 발표하는 정보를 이용해 새로운 병원체를 만들 수도 있다. 이런 상황 때문에 위험을 가중시키지 않고 연구 지식을 공유할 방법에 대한 열띤 논쟁이 이어지는 중이다.

아직은 조작된 생물 무기를 이용한 대규모 공격을 본 적이 없지만, 가능성이 없다고 단정 지을 수 없다. 실제로 냉전 기간에 소련과 미국의 연구실은 생명공학을 이용해 항생제에 내성이 있으며 모든 백신을 회

피하는 탄저균을 만들었다. 한 국가 또는 소규모 테러 집단이 치료제와 백신에 내성이 있는 천연두를 개발해서 10억 명이 넘는 사람을 죽이는 것도 가능하다.

전염성이 강하고 치명적이지만 바로 증상이 나타나지 않는 새로운 병원체를 고안하는 것 역시 가능하다. 그런 병원체는 의심을 받기 전에 수년에 걸쳐 전 세계로 조용히 퍼질 것이다. 자연적으로 진화한 HIV가 이렇게 작용했다. 일단 감염되면 바로 다른 사람을 감염시킬 수 있지만 거의 10년 동안 건강상의 문제가 나타나지 않기 때문에 바이러스가 감지되지 않은 채 몇 년에 걸쳐 다른 사람에게 전파될 수 있다. 이런 식으로 작동하되 HIV처럼 밀접 접촉이 필요하지 않은 병원체라면 에이즈 팬데믹보다 훨씬 심각한 상황을 초래할 것이다.

네이선은 논문에서 이렇게 말하고 있다. "단 한 번의 공격으로 10만 명의 사상자를 낸다면 역사 내내 모든 테러 조직이 저지른 테러 행위로 사망한 사람을 다 합친 것보다 많은 사람을 죽이게 되는 셈이다. 전형적인 자살 폭탄 테러로 이 정도의 사상자를 내려면 1,000번에서 1만 번의 시도가 있어야 할 것이다."

수십만, 수백만, 심지어는 수십억 명의 사람들을 죽일 수 있는 종류의 사건이라면 지금보다 훨씬 더 많은 관심을 받아야 마땅하지 않을까? 나는 보통 해법에 집중하는 낙천적인 성격을 타고났다. 그런 나조차도 생물학 테러의 위협에 대한 적절한 대응 목록을 만드는 것은 힘겨운 일이다. 의도적으로 만들어진 질병은 천연의 병원체와 달리 우리의 예방 도구를 우회하도록 설계되었을 가능성이 높다.

고의적인 공격에 대비하려면 천연 병원체에 의한 공격에 대비하기 위해 해야 할 일들을 한층 더 강화하고 확대해야 한다. 의도적인 공격 시나리오에 초점을 맞춘 아웃브레이크 훈련으로 준비 상황을 점검해봐야 한다. 병원체가 어디에서 비롯된 것인지에 관계없이 더 나은 치료제와 백신을 만드는 것이 중요하다. 결과를 30초 안에 내놓을 수 있는 더 나은 진단 도구가 있다면 조작된 병원체를 유포할 가능성이 높은 공항이나 공공장소에서 사람들을 검진하는 데 더 실용적일 것이다. 당연히 일반적인 검사에도 극히 유용할 것이다. 병원체의 대규모 유전체 서열 분석 역시 보통의 인플루엔자 아웃브레이크는 물론 고의적인 공격이 발생했을 때도 도움을 줄 게 분명하다. 의도적인 공격이 없더라도 이런 도구들은 큰 환영을 받을 것이다.

고의적인 공격에 맞서기 위해 특별히 고안된 접근법도 필요하다. 나는 공항이나 사람이 많이 모이는 장소에서 공기나 하수 속 병원체를 탐지할 수 있는 장치가 나오기를 기대하고 있다. 하지만 아직은 몇 년 더 필요해 보인다. 미국 정부는 2003년 이런 접근법을 훨씬 큰 규모로 시도했다. 미국 전역의 도시에 기기를 설치해 공기 중의 탄저균, 천연두 기타 병원체를 감지하는 바이오워치BioWatch 프로그램을 실행한 것이다.

바이오워치는 22개 주에서 아직도 작동하고 있지만 대체로 실패작으로 간주되고 있다. 무엇보다 바람에만 의존하며 병원체를 확인하는 데 36시간이 걸린다는 단점이 있기 때문이다. 때때로 가장 기본적인 이유로 탐지기가 작동하지 않을 때도 있다. 플러그가 뽑혀 있는 것이다.

공기 탐지기가 유망하든 아니든 생물학 테러 공격의 가능성은 전 세계로 퍼질 수 있는 질병 탐지, 치료, 예방에 대한 연구에 훨씬 더 많은 돈과 노력을 투자해야 하는 또 다른 이유가 된다. 공격이 국가의 안보에 미치는 영향과 사상자 수가 수백만 명에 이를 수 있다는 가능성을 고려한다면, 이 연구 자금의 더 많은 부분은 방위비에서 나와야 한다. 국방부 예산은 연 7,000억 달러인 반면 NIH의 예산은 한 해 약 430억 달러다. 자원에 관한 한 국방부는 완전히 다른 차원에서 운영되고 있다.

나는 어디에서 어떻게 비롯된 것이든 결국은 과학이 아웃브레이크를 막는 더 나은 도구를 만들어낼 것임을 낙관하고 있다. 하지만 정부는 저차원적인 방어 방법도 고려해야 한다. 바로 포상이다. 정부는 어떤 사람이 제공한 정보로 범죄자나 테러리스트를 체포했을 경우 포상금을 지급한다. 생물학 공격으로 발생할 수 있는 피해의 규모를 고려하면, 정부는 생물 무기 공격을 좌절시키도록 정보를 제공한 사람에게 훨씬 많은 포상금을 지급해야 마땅하다.

생물학 테러에 대비하는 최종적인 계획이 어떤 모습이든 정치적 물결에 휩쓸려서는 안 된다. 1980년대 초 CDC를 책임지고 있던 빌 페기는 FBI와 힘을 합쳐 생물학 테러를 탐지하고 대응하는 프로그램을 진행했다.[12] 이 프로그램에는 질병에 대한 방어계획뿐 아니라, 여러 질병을 이용한 공격 시뮬레이션을 통해 그런 공격이 어떻게 이루어지는지 살피는 일까지 포함되어 있었다.

페기의 후임은 그런 공격이 절대 일어나지 않을 것이라 확신하고 그 프로그램을 폐기했다. 미국을 비롯한 전 세계가 세균 전쟁에 막대한 투자를 하고 대중의 관심까지 그 문제에 집중되어 있다면, 정치적으로 임명된 리더 한 명이 사람들을 보호하는 일을 방해하는 게 훨씬 더 어려워질 것이다.

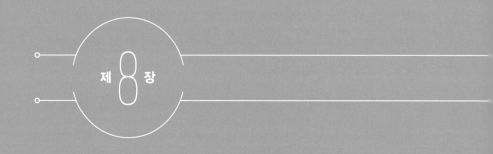

제8장

보건 격차 :
부유한 나라와 가난한 나라의 갭

코로나에 대한 세계의 전반적인 대응은 가히 예외적이었다. 2019년 12월에는 이 병에 대해서 아는 사람이 아무도 없었다. 하지만 18개월 만에 여러 가지 백신을 개발해 안전성과 유효성을 입증하고 30억 명, 지구 인구의 약 40퍼센트에게 전달했다. 세계적인 질병에 인간이 이보다 더 빠르고 효과적으로 대응한 적은 없었다. 우리는 보통이라면 5년 이상 걸릴 일을 1년 반 만에 해냈다.

하지만 이런 경이로운 수치 안에는 놀라운 격차가 숨어 있다.

우선 팬데믹은 모두에게 똑같이 영향을 미치지 않았다. 제4장에서 언급했듯이 미국의 흑인과 라틴계 초등학교 3학년 학생들은 백인과 아시아계 학생들에 비해 학업이 두 배나 뒤처졌다. 미국 흑인과 라틴계, 아메리카 원주민은 모든 연령대에서 백인보다 코로나로 인해 사망할 가능성이 두 배 높다.[1]

팬데믹의 전반적인 영향이 가장 심각했던 곳은 중·저소득 국가였다. 팬데믹은 2020년 전 세계 1억 명에 가까운 사람들을 극빈 상태로 몰아넣었다. 극빈 인구의 비율은 약 15퍼센트 증가했다. 이 수치가 증가한 것은 수십 년 만에 처음 있는 일이었다.[2] 2022년 팬데믹 이전의 소득수준으로 돌아갈 것으로 예측되는 중·저소득 국가는 전체의 3분의 1에 불과하다. 반면 사실상 모든 선진 경제국은 팬데믹 이전의 소득수준을 회복할 것으로 예상된다.

종종 그렇듯 가장 고통을 받는 사람들이 가장 적은 도움을 받았다. 가난한 국가의 국민들은 부유한 국가의 국민들보다 코로나 검사나 치료를 받을 수 있는 가능성이 훨씬 낮았다. 백신에 있어서는 차이가 더 극적이었다.

코로나 백신이 출시된 2021년 1월, WHO의 사무총장 테드로스 아드하놈 게브레예수스Tedros Adhanom Ghebreyesus는 "3,900만 도즈가 넘는 백신이 49개 고소득 국가에서 접종되었습니다. 그러나 저임금 국가에 주어진 백신은 25도즈였습니다. 2,500만이 아닌, 2만 5,000이 아닌, 단 25도즈 말입니다."라는 암울한 평가로 이사회를 시작했다.[3]

그해 5월, 테드로스가 언급한 격차가 신문 1면을 장식했다. 〈뉴욕타임스〉는 "팬데믹은 둘로 나뉘었다."라는 헤드라인을 뽑았다. "사망자가 단 한 명도 없는 도시가 있는가 하면 수천 명인 도시가 있다. 백신이 부유한 국가로만 흘러가면서 팬데믹의 단층선은 계속 넓어지고 있다."[4] WHO의 한 관리는 이런 불평등을 '도덕적 잔학 행위'라고 맹렬히 비난했다.[5]

사례는 끝이 없다. 2021년 3월 말, 미국인의 18퍼센트가 예방접종을 마친 반면 인도의 경우 예방접종을 마친 인구 비율이 0.67퍼센트, 남아프리카공화국은 0.44퍼센트였다.[6] 7월 말, 미국의 경우 예방접종을 마친 인구 비율은 50퍼센트로 치솟았지만 인도는 단 7퍼센트, 남아프리카공화국은 6퍼센트에 그쳤다. 중증으로 발전할 가능성이 낮은 부유한 국가 사람들이 위험이 훨씬 높은 가난한 나라의 사람들보다 먼저 접종을 받고 있었다.

많은 사람들이 이런 사실에 충격을 받았고 격분했다. 생명을 구하는 수십억 도즈의 백신을 갖고 있는 상태에서 분배가 그토록 불평등하게 이루어질 수 있다니! 시위자들의 행진이 있었고 정치인들은 진심 어린 연설을 하면서 백신 기부를 약속했다.

하지만 세계 보건 분야에 몸을 담고 있는 사람들의 반응은 달랐다. 물론 코로나 팬데믹 와중에 빚어진 불평등에 대해서는 그들도 분노했다. 하지만 그들은 코로나가 갑작스럽게 일어난 전례 없는 사건이 아니라는 것을 알고 있었다. 코로나는 세계 보건 분야에서 일어난 유일한 불평등이 아니며 최악의 불평등도 아니었다.

2021년 말까지 코로나가 유발한 초과 사망자 수는 1,700만 명이었다.[7] 너무도 끔찍한 숫자다. 이 수치를 지난 10년간 개발도상국의 사망자 수와 비교해보자.[*8] 출산 도중과 전후에 2,400만 명의 여성과 아기가 사망했다. 위장 질환으로 1,900만 명이 사망했다. HIV로 약 1,100만 명, 말라리아로 700만 명 이상이 사망했다. 대부분이 어린이와 임신한 여성이었다. 이것이 지난 10년간의 일이다. 이들 질병은 그보다 훨씬

---

* 2010년부터 2019년까지. 이 책이 인쇄되는 시점에서 얻을 수 있는 가장 최근의 데이터.

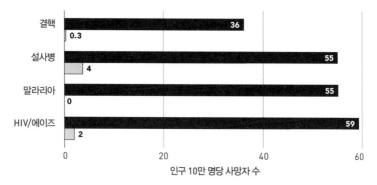

결핵 36
0.3

설사병 55
4

말라리아 55
0

HIV/에이즈 59
2

0　　　　　20　　　　　40　　　　　60

인구 10만 명당 사망자 수

보건 격차. 사하라 이남 아프리카의 많은 사람들이 북아메리카의 사람들이라면 좀처럼 죽지 않을 질병 때문에 죽어가고 있다. (IHME)[9]

오래전부터 사람들의 목숨을 빼앗았고 팬데믹이 사라지더라도 이 질병들은 사라지지 않을 것이다. 그들의 공격은 해가 바뀌어도 계속될 것이다. 그리고 이 질병들은 코로나와 달리 세계가 가장 우선시하는 문제도 아니다.

이런 질병으로 죽는 대다수의 사람들은 중·저소득 국가에 산다. 당신이 어디에서 사는가, 얼마나 많은 돈을 갖고 있는가가 어릴 때 죽을지 혹은 건강하게 자라서 성인이 될 수 있을지에 큰 영향을 미치는 것이다.

이런 질병의 일부는 주로 열대의 저소득 국가에 존재하며, 세계의 대부분으로부터 관심을 받지 못하는 것도 그 때문이다. 지난 10년 동안 말라리아는 사하라 이남 아프리카에서 400만 명의 어린이를 죽였지만 미국의 경우 말라리아로 죽은 어린이는 100명도 되지 않는다. 나이지리아에서 태어난 어린이는 다섯 살 생일을 맞이하기 전 사망할 가능성이 미국에서 태어난 어린이에 비해 약 28배 높다.[10] 현재 미국에서 태어나는 어린이는 일흔아홉 살까지 살 것으로 기대되지만 시에라리온에서 태어난 어린이라면 기대 수명은 예순 살에 불과하다.

달리 말해, 보건의 불평등은 흔한 문제라는 뜻이다. 부유한 나라의 많은 사람들이 코로나 대응에서 나타난 불평등에 충격을 받은 것은 그것이 보통에서 벗어난 일이었기 때문이 아니다. 보건의 불평등이 다른 때는 눈에 띄지 않았기 때문이다. 코로나(전 세계가 경험하고 있는 질병)를 통해서 자원이 얼마나 불평등하게 분배되고 있는지가 모두의 눈에 띄게 됐다.

당신을 우울하게 만들려는 것도, 세계 보건에 평생을 바치지 않는 사람들을 손가락질하려는 것도 아니다. 중요한 것은 이 모두가 더 많은 관심을 받을 가치가 있는 일이라는 점이다. 이들 질병으로 고통받는 대부분의 사람들이 중·저소득 국가에 살고 있다는 사실 때문에 그런 질병이 덜 끔찍해질까? 절대 아니다.

내 아버지는 이런 현상을 도덕적으로 보다 높은 차원에서 보게 하는 멋진 방법을 알고 있었다. 몇년 전 감리교 연합 콘퍼런스United Methodist Conference 연설에서 아버지는 이렇게 말씀했다. "말라리아로 고통받는 사람들은 인간입니다. 그들은 국가 안보 자산이 아닙니다. 그들은 우리 수출품 시장이 아닙니다. 그들은 테러와의 전쟁에서 우리의 동맹이 아닙니다. 하지만 그들은 달리 아무런 이유가 없어도 무한한 가치를 지니

• 보건 측면에서의 격차는 국가 간에서뿐 아니라 국가 내에도 마찬가지다. 미국의 경우, 흑인 여성은 백인 여성보다 출산 시에 사망할 가능성이 세 배 높다.

는 인간입니다. 그들에게는 그들을 사랑하는 어머니가, 그들을 필요로 하는 아이가, 그들을 소중히 여기는 친구들이 있습니다. 우리는 그들을 도와야만 합니다."

동의하지 않을 수 없는 말이다. 멀린다와 나는 20년 전 게이츠 재단을 시작하면서 이런 불평등을 줄여나가고, 결국에는 없애기 위해 자원을 제공하는 일을 우리의 가장 큰 목표로 삼기로 마음먹었다.

당장 자국민을 죽이지 않는 질병을 퇴치하는 것에 부유한 나라가 충분한 돈을 쓰게 하려면 도덕을 들먹이는 것으로는 부족하다. 다행히 더 나은 보건 환경이 세상을 더 안정적으로 만들고 국제 관계를 개선한다는 등의 생각을 뒷받침하는 실용적인 논거들이 있다. 내가 오랫동안 주장해온 보건 불평등 해소로 인한 혜택도 코로나 시대에 와서 차츰 부각되고 있다. 신약과 보건 시스템에 대한 투자 덕분에 팬데믹이 세상을 다 집어삼키기 전에 그 진행을 멈출 수 있을 것이다.

크게 보면 말라리아와 같은 전염병과 싸우기 위해 해야 할 거의 모든 일이 미래의 팬데믹에도 유용하다. 그 반대도 마찬가지다. 이것은 팬데믹 예방과 전염병 프로그램 중 어디에 돈을 써야 할지 결정해야 하는 양자택일의 문제가 아니다. 오히려 그 반대다. 우리는 둘 모두를 '할 수 있으며', 둘 모두를 '해야만 한다'.

세계가 보건에서 이룬 진전에는 어떤 것이 있는지, 무엇이 그런 진전을 가능하게 했는지 살펴보자. 위에서 언급했듯이 보건의 측면에는 큰 격차가 있지만, 지금은 역사상 그 어느 때보다 그 격차가 작은 시점이기도 하다. 보건의 기본적인 척도에 관해서라면 우리는 올바른 방향으로 가고 있다. 이 진전이 어떻게 이루어졌는지는 매우 흥미진진한 이야기며, 팬데믹을 예방하는 세계의 역량과도 직접적으로 관련된 이야기다.

보건 격차가 어느 정도 해소되었는지를 보여주기 위해 제시할 수 있는 통계 자료는 수도 없이 많다. 하지만 나는 이야기의 범위를 단 하나, 아동 사망률로 좁힐 생각이다.

임상적인 관점에서 세계 보건 환경을 가늠하는 잣대로 아동 사망률을 사용하는 데는 그만한 이유가 있다. 아동 생존율을 높이기 위해서는 그들의 어머니를 위한 모성 보호, 소아 백신, 여성에 대한 더 나은 교육, 더 나은 식이 등이 필요하다. 어린이의 생존율이 더 높아지는 것은 그 나라가 이런 일들을 더 잘하고 있다는 의미다.

하지만 내가 이 통계를 사용하는 데는 또 다른 이유가 있다. 아동 사망률이라는 렌즈로 보건의 문제를 살피게 되면 그 위험이 얼마나 큰지를 절감하게 된다. 아이의 죽음은 생각만으로도 고통스러운 일이다. 부모의 입장에서 그보다 고통스러운 일은 상상할 수 없다. 내 아이를 보호하기 위해서라면 나는 얼마든지 내 목숨을 내놓을 것이다. 아이 한 명을 구할 때마다 한 가족이 상상할 수 있는 최악의 고통을 겪는 일도 사라진다.

자, 이제 세계가 인간 환경에 대한 이 기본적인 척도를 두고 어떤 일을 하고 있는지 살펴보자.

1960년에는 어린이의 약 19퍼센트가 다섯 살 이전에 사망했다. 잠깐 생각해보라. '지구상의 모든 어린이 다섯 명 중에 한 명은 다섯 살 생일을 맞이하지 못했다.' 격차는 엄청났다. 북아메리카의 경우 아동 사망

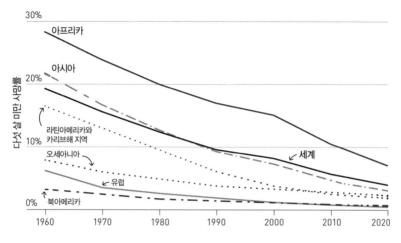

현재 아동 생존율은 사상 최고다. 1960년 출생한 아이의 약 20퍼센트가 다섯 살 생일을 맞이하지 못했다. 현재 그 수치는 5퍼센트 미만으로 감소했다. (UN)[11]

률은 3퍼센트였던 반면 아시아는 21퍼센트, 아프리카는 27퍼센트였다. 아프리카에 살고 있고 네 명의 아이가 있다면 그중 한 명을 당신 손으로 묻어야 한다는 이야기다.

30년 후인 1990년, 세계의 아동 사망률은 절반으로 줄어 10퍼센트 미만이 되었다. 아시아의 경우 9퍼센트 이하였다. 아프리카의 상황도 개선되었지만 그만큼 극적이지는 않았다.

30년을 더 건너뛰어서 이용할 수 있는 가장 최신 데이터가 있는 2019년으로 가보자. 그해에 전 세계에서 다섯 살 이전에 사망한 어린이의 비율은 4퍼센트 미만이었다. 하지만 아프리카의 경우 그 두 배에 가까운 어린이가 목숨을 잃었다.

대단한 수치라는 것을 나도 알고 있다. 간단히 표현하자면 '20-10-5'다. 1960년에는 세계 어린이의 20퍼센트가 죽었고, 1990년에는 어린이의 10퍼센트가 죽었다. 현재는 그 비율이 5퍼센트를 넘지 않는다. 세계는 30년마다 아동 사망률을 절반으로 줄이고 있다. 2050년까지 그런 일을 다시 해내기 위한 사업이 진행되는 중이다.

이것은 인간 역사에서 가장 위대한 이야기 중 하나다. 모든 학생들에게 분명히 가르쳐야 할 이야기이기도 하다. 지난 반세기 동안 인간의 보건 환경이 지나온 궤적 중 단 하나만을 기억해야 한다면 그것은 '20-10-5'다.

하지만 5퍼센트도 견디기 힘들 정도로 높은 비율이다. 한 해에 500만 명의 어린이가 죽는다는 의미다. 따로 떼어놓고 생각하면 500만 명의 죽음을 막는다는 것은 불가능한 과제처럼 보인다. 하지만 맥락 안에서 생각하면, 즉 세계가 얼마나 먼 길을 걸어왔는지 이해하면, 훨씬 더 잘해야 한다는 도전 의식을 불러일으키는 숫자다. 그리고 훨씬 더 잘할 수 있다는 영감을 주는 숫자가 된다. 내가 게이츠 재단으로 일터를 완전히 옮긴 이후 이 일은 내 주된 업무가 되었다.

나는 오랫동안 '20-10-5'에 관한 연설을 해오면서 그 반응을 확인했고 트위터와 페이스북의 댓글도 보았기에 뒤따라 나올 질문이 무엇인지 잘 알고 있다. "아이들을 모두 구한다면 인구 과잉에 이르게 되지 않을까?" 그런 걱정이 생기는 것이 당연하다. 어린이의 생존율이 높아지면 세계 인구가 더 빠르게 증가하리라는 것은 상식처럼 보인다. 나 자신도 이 문제를 걱정했었다.

하지만 내가 틀렸었다. 의심의 여지없이, 단호하게, 그 답은 "노no."다. 아동 사망률의 감소는 인구 과잉으로 이어지지 않는다.

이 이야기가 진실임을 가장 잘 설명한 사람은 한스 로슬링이다. 나는 2006년의 '역대 최고의 통계'The Best Stats You've Ever Seen라는 잊을 수 없는 TED 강연을 통해서 한스를 처음 알게 되었다.[*] 한스는 수십 년간 가난한 나라에 초점을 맞추고 공중보건에 대한 연구를 해왔으며, 강연을 통해서 전 세계의 보건 환경 개선에 관한 놀라운 사실들을 공유했다.

나는 한스를 만난 이후 그와 많은 시간을 함께 보냈다. 그가 아동 사망률이 가장 높은 나라(소말리아, 차드, 중앙아프리카공화국, 시에라리온, 나이지리아, 말리와 같은)가 여성들이 가장 많은 아이를 낳는 나라라는 것을 알리는, 영리하고 창의적인 방법에 감탄할 수밖에 없었다.[12]

아동 사망률이 감소하면 평균적인 가족의 크기도 감소한다. 이런 현상이 1700년대 프랑스에서, 1800년대 후반 독일에서, 20세기 중후반 동남아시아와 라틴아메리카에서 일어났다.[13] 이것이 사실임을 설명하는 여러 가지 근거가 있다. 한 가지 요인은(특히 연금 제도나 노인을 지원하는 다른 제도가 없는 곳에서) 많은 부모들이, 자녀가 많아야 누군가는 나이 든 자신을 돌봐주리라고 생각하는 데 있다. 아이들이 성인이 될 때까지 생존할 확률이 낮다면, 더 많은 아이를 낳는 것은 완벽하게 합리적인 결정이다.

가족 규모의 감소는 눈에 띄는 현상으로 이어졌다. 최근 세계는 한스가 '아동 정점'peak child(최고조에 달한 연간 출생아의 수—옮긴이)이라고 부르는 지점을 지나쳤다. 다섯 살 이하 어린이의 숫자가 최고점에 이르렀다가 감소하고 있는 것이다.^{**}

---

* www.ted.com에서 찾을 수 있다. 본다면 절대 후회하지 않을 강연이다.

** 세계 인구는 한동안 증가할 것이다. '아동 정점'에 태어난 여성들이 자라서 가임기에 들어서기 때문이다.

거기에 따르는 장점이 있다면 무엇일까? 유엔인구기금United Nations Population Fund이 웹사이트에서 설명하고 있는 것처럼 "가구당 아동 수가 감소하면 보통 아이 한 명에 대한 투자가 늘어나며, 여성이 정규 노동 인구에 진입할 수 있는 더 큰 자유를 얻고, 노년을 위한 가구 저축이 증가한다. 이런 일이 일어나면 해당 국가의 국민에 대한 경제적 지원이 상당히 커질 수 있다."[14]

건강이 인간의 복지에 큰 이익을 가져다주면서 삶의 거의 모든 측면을 개선하는 것이다. 세계의 보건 격차는 여전히 크지만 좁혀지고 있는 중이다. 이것은 꽤 극적인 이야기이긴 하지만 그것도 지금 우리가 알아야 하는 것들, 즉 무엇이 이런 변화를 야기했으며 그런 변화의 가속이 어째서 팬데믹의 예방으로까지 이어지는지 등의 주제와 비교한다면 그저 배경에 불과하다.

수십억 명의 사람들이 관련된 수십 년에 걸친 세계적 현상을 설명하려는 것은 위험한 시도다. 아동 사망률의 감소나 세계 건강 평등을 향한 진전이라는 하나의 측면만 다루려고 해도 책 한 권 분량이 나온다. 그런데 나는 이 주제를 단 하나의 장에 담으려 하고 있다. 따라서 농업 생산량, 세계 무역, 경제 성장, 인권과 민주주의의 확산을 비롯한 다른 많은 문제들이 있다는 것을 분명히 알지만 여기에서는 팬데믹 예방의 문제와 가장 직접적으로 연관된 요소들에만 초점을 맞출 생각이다.

코로나에 대항하는 데 사용되는 많은 도구들이 세계 보건에 뿌리를 두고 있는 것은 우연이 아니다. 사실 코로나 대응의 거의 모든 단계에 존재했던 필수적인 도구, 시스템, 팀은 세계가 가난한 사람들의 건강을 개선하기 위해 투자했기 때문에 그 자리에 있을 수 있었다. 코로나 대응의 모든 부분에 세계 보건 사업의 자취가 있다.

이 두 문제가 중첩되는 방식을 다음과 같이 나열할 수 있다(이것들도 일부에 불과하다).

바이러스에 대한
연구를 활성화시킨다

팬데믹 초기에 과학자들은 자신이 다루고 있는 것이 무엇인지를 알아내야 했다. 그리고 이를 알아내기 위해서는 유전체 서열 분석에 의존해야 했다. 이 기술은 백신 개발의 속도를 높였고(코로나바이러스의 유전 코드를 빨리 밝혀냄으로써) 전 세계에 퍼지는 변종들을 감지하고 모니터할 수 있게 했다.

최초의 코로나 변종이 미국이 아닌 다른 곳에서 발견된 것은 그리 놀랄 일이 아니다. 미국은 바이러스 표본을 모으고 유전자 분석을 하는 부분에서 빠르게 움직이지 못했다. 이런 일을 하는 데 필요한 연구 능력은 있었지만 그것이 사용되지 않았다. 팬데믹 첫해에 미국은 다른 많은 나라들에 비해 크게 뒤처졌다.

다행히 아프리카의 몇몇 국가(특히 남아프리카공화국과 나이지리아)들이 몇 년에 걸쳐 유전체 염기 서열 분석 연구 네트워크를 탄탄하게 구축해 더 나은 준비 상황을 갖추고 있었다. 원래의 표적은 아프리카 대륙에 불균형하게 큰 피해를 주는 질병들에 있었지만 다른 병원체가 등장했을 때 방향을 전환할 준비도 되어 있었다. 이들은 수년에 걸쳐 육성

한 역량으로 미국의 연구기관보다 더 많은 결과를 더 빠르게 내놓을 수 있었다. 남아프리카공화국의 연구기관들은 코로나 베타 변종을 최초로 발견했을 뿐 아니라 이후 오미크론 변종도 처음으로 발견했다.

제3장에서 이야기했듯, 컴퓨터 모델링도 우리가 이번 팬데믹에 대해 많은 것을 파악하는 데 도움을 줬다. 모델링은 팬데믹 예방을 위한 노력에서 더 큰 부분을 차지해야 할 중요한 요소다. 컴퓨터 모델링을 사용해 전염병에 대해 파악한다는 개념은 코로나 때문에 갑자기 등장한 것이 아니다.

IHME(백악관과 기자들은 팬데믹 동안 이 조직의 컴퓨터 모델을 자주 인용했다.)는 가난한 나라에 사는 이들의 사망 원인에 대한 식견을 얻기 위해 2007년에 만들어졌다. 임페리얼칼리지런던은 아웃브레이크의 위험과 다른 대응법의 효과를 분석할 목적으로 2008년 모델링센터를 설립했다.

같은 해 나는 IHME에 자금을 지원하고 인력을 모집했다. 연구자들이 말라리아에 대해서 더 잘 파악하고 소아마비 퇴치에 가장 효과적인 방법을 조언하기 위해 만들어진 이 조직은 현재 정부가 다양한 코로나 정책의 영향을 파악하는 데 도움을 주고 있다. 코로나 사태에서 이들 조직(그리고 이들과 비슷한 다른 많은 조직)의 유용성이 드러났다는 사실은 세계 보건에 투자하는 것이 팬데믹에도 도움이 된다는 사실을 입증한다.

생명을 구하는
필수품을 더 많이 공급한다

백신을 사용할 수 있게 되기 전까지 또 다른 중요한 초기 단계는 예방 장비(마스크와 같은), 산소, 기타 구명 용품을 필요한 사람들에게 전달하는 것이다. 누구에게도 쉽지 않은 일이었지만(미국조차 초기에 이런 물품을 확보하고 유통시키는 데 애를 먹었다.) 가난한 나라의 사정은 훨씬 더 나빴다. 그들이 지원을 받기 위해 의지할 수 있는 조직 중 하나가 글로벌 펀드였다.

2002년 중·저소득 국가에서 벌어지는 HIV, 결핵, 말라리아와의 싸움에 도움을 주기 위해 만들어진 글로벌 펀드는 그동안 큰 성과를 거뒀고, 현재 글로벌 펀드는 이 사업을 하는 가장 큰 비정부 기금이다. 현재 글로벌 펀드는 약 2,200만 명의 HIV/에이즈 환자들에게 생존에 필요한 약을 제공하고 있다. 또한 매년 약 1억 9,000만 개의 모기장을 배포한다. 20년 동안 글로벌 펀드는 4,400만 명의 목숨을 구했다. 몇 년 전 나는 글로벌 펀드를 인간이 서로에게 한 일 중 가장 인도적인 일이라고 말한 바 있다. 지금도 그 생각에는 변함이 없다.

이 모든 사업을 진행하기 위해 글로벌 펀드가 해야 할 일은 필요로 하는 사람에게 도움이 닿을 방법을 마련하는 것이었다. 따라서 글로벌 펀드는 자금을 조달하고 그렇게 모은 자금을 빠르게 내보낼 수 있는 자금 조달 기제를 만들었다. 지구에서 가장 외진 몇몇 지역에 약을 배송하는 시스템도 구축했다. 연구 네트워크를 만들고 공급망도 마련했다.

글로벌 펀드가 이 모든 자산을 코로나 쪽으로 돌리자 인상적인 결과가 나왔다. 이 조직은 단 한 해 동안 코로나 대응 자금으로 약 40억 달러를 조달했고, 100개 이상의 정부 및 여러 나라를 지원하는 10여 개 이상의 프로그램과 협력 사업을 진행했다.[15] 이 펀드 덕분에 여러 나라들이 코로나 진단기기, 산소, 의료용품을 구입할 수 있었다. 일선의 의료진을 위한 보호 장비를 구입했고 접촉자 추적을 강화했다.

안타깝게도 좋은 소식만 있는 것은 아니었다. 글로벌 펀드가 조달한 추가 자금의 약 6분의 1이 HIV, 결핵, 말라리아 사업에 더 지원되었음에도 불구하고 큰 차질이 빚어졌다.[16] 예를 들어 2020년 결핵 사망률은 지난 10년 만에 처음으로 증가했다.

새로운 백신을 만들고
실험할 수 있는 인프라를 구축한다

코로나 백신을 개발하기 위한 사업은 다른 질병을 위해 이미 진행돼왔던 연구에 크게 의존했다. 예를 들어, mRNA 기술은 암 치료제로서의 잠재력을 탐색하기 위한 민간 자금 그리고 전염병과 생물학 테러에 대응하기 위한 정부 자금을 통해 이미 수십 년 전부터 개발 중이었다.

인간을 대상으로 실험해야 할 때가 오자(제6장에서 이야기했듯 보통은 상당히 긴 시간과 많은 비용이 필요한 과정) 연구자들은 HIV 백신실험네트워크HIV Vaccine Trials Network의 도움을 받았다. 그 이름에서 알 수 있듯이 이 단체는 HIV 백신 실험의 속도를 높이기 위한 인프라를 구축하기 위해 설립됐다. 이런 인프라가 코로나 백신에서 없어서는 안 될 시스템이라는 것이 입증됐다. 아프리카에서는 코로나 백신 실험이 거의 이뤄지지 않았지만, 진행된 실험의 대부분은 HIV 백신에 대한 연구 자금으로 만들어진 남아프리카의 탄탄한 임상시험 인프라가 있었기에 가능했다. 코로나 백신이 변종에 대해서 얼마나 효과적인지에 대한 첫 번째 증거는 남아프리카공화국에서 진행된 실험에서 나왔다.

백신을 구입하고 전달하는 시스템을 개선한다

몇 년 전부터 내가 길에 떨어진 100달러 지폐를 줍지 않고 지나간다는 밈이 시작됐다. 돈을 줍는 데 시간을 투자할 가치가 없다는 이유에서였다. 안타깝게도 이 이론을 실험해볼 기회는 주어지지 않았다. 하지만 그것이 틀린 이야기라는 것만은 확실하다. 나라면 100달러 지폐를 절대 지나치지 않을 것이다! 우선 돈을 떨어뜨린 사람이 있는지 주위를 둘러봐야 한다. 100달러를 잃어버리고 슬퍼하는 사람이 있을 수도 있으니 말이다. 그런 사람이 없다면 나는 그 돈을 주워서 가장 도움이 될 수 있는 곳에 보낼 것이다. 제6장에서 내가 언급했던 백신 단체인 Gavi에 말이다.

　Gavi의 목표 중 하나는 가난한 나라들이 백신을 구입하는 데 도움을 주는 것이지만 Gavi가 하는 일은 거기에 그치지 않는다.[17] Gavi는 여러 나라의 데이터를 모아 사업의 효과를 측정하고 개선하는 데 도움을 준다. 또한 공급망을 구축해서 백신, 주사기, 기타 물품을 필요로 하는 병원에 도달할 수 있게 돕는다. 보건 부분 지도자들을 교육해서 자국의 백신 프로그램을 보다 효과적으로 관리하고 대중의 백신 수요를 높이도록 하는 일도 맡는다.

게이츠 재단이 2001년 전 세계의 어린이들이 백신을 맞을 수 있게 한다는 목표로 Gavi의 창립을 도왔을 때만 해도, 우리는 코로나와 같은 팬데믹과 싸우는 데 Gavi가 얼마나 큰 활약을 하게 될지 짐작하지 못했다. 하지만 돌이켜보면 어린이들의 생명을 구하기 위한 너무나 좋은 투자인 동시에 코로나에 대응하기 위해서도 좋은 투자였다. 20년 동안 가난한 나라의 백신 전달 시스템을 개선하는 일을 해온 Gavi는 세계적인 재앙이 찾아왔을 때 큰 도움이 될 기술과 경험을 갖추고 있었다.

Gavi는 코백스를 운영하는 세 파트너 중 하나로 대단히 큰 기여를 했다. 코백스가 목표를 달성하기까지는 누구의 예상보다 긴 시간이 걸렸지만(제6장에서 설명했던 이유들 때문에), 그럼에도 이 프로그램은 두 가지 중요한 공을 세웠다. 1년 전까지만 해도 구할 수 없었던 코로나 백신을 10억 도즈나 전달했고 이런 업적을 이전의 어떤 조직이 한 것보다 빨리 달성했다(생각보다 훨씬 복잡한 일이다. Gavi와 유니세프는 백신 전달을 위한 많은 인프라를 구축해두긴 했지만 그들의 사업은 어린이, 경우에 따라 10대들에게 예방접종을 하는 것이다. 코로나 기간 동안에는 성인들에게 접종을 하기 위해 시스템을 개편해야 했다).

코로나 팬데믹에서 성과를 내고 있는 것은 백신 프로그램만이 아니다. 자국의 면역 프로그램을 개선하기 위해 애를 썼던 국가들은 코로나 대응에서도 좋은 위치에 있게 되었다. 사례 하나를 살펴보자.

인도는 1947년 영국으로부터 독립한 후 천연두를 퇴치하기 위한 대규모 캠페인을 진행했다.[18] 이는 국내의 보건 시스템을 개선하고, 예방 접종 실시자를 교육하고, 콜드체인 장비를 구입하고, 오지에까지 백신을 공급하고, 백신으로 예방할 수 있는 질병에 대한 감시망을 만들기 위한 프로젝트였다. 수십 년이 걸렸지만 이 캠페인은 결국 성공을 거뒀다. 인도에서 마지막으로 천연두 환자가 보고된 것은 1975년이었다.

1980년대 초 인도는 또 다른 문제로 눈을 돌렸다. 낮은 소아 기본 접종률의 문제였다. 당시 인도에서 태어난 어린이의 기본 백신접종률은 한 자릿수였다. 천연두 퇴치를 위해 구축한 시스템을 보유한 정부는 접종률을 높이기 위한 사업을 시작했다. 이 사업은 큰 성공을 거뒀다. 접종률이 치솟았고 환자 수는 급감했다. 예를 들어 2000년 인도의 홍역 환자는 3만 8,000명이었으나 20년 후 환자 수는 6,000명에도 못 미쳤다.[19]

인도의 면역 프로그램은 매년 2,700만 명이 넘는 신생아에게 우선적으로 백신을 공급하고 1~5세 아동들에게 1억 도즈가 넘는 백신을 추가 접종한다.

코로나가 찾아오기 훨씬 전부터 강력한 면역 프로그램을 구축해둔 것은 인도로서는 더할 수 없이 좋은 투자였다. 코로나바이러스가 등장하자 이 투자가 또 한번 효과를 발휘했다. 이미 시스템이 갖추어져 있었기 때문에 코로나 백신접종을 위한 약 34만 8,000개의 공공센터와 2만 8,000개가 넘는 민간센터를 만들 수 있었다. 인도 북부와 북동부의 험준한 산악 지역에도 많은 접종센터가 만들어졌다. 2021년 10월 중순 인도는 10억 도즈의 코로나 백신접종을 마쳤다. 정부는 기존 시스템을 기반으로 빠르게 컴퓨터 프로그램을 구축해 백신 공급을 추적하고, 접

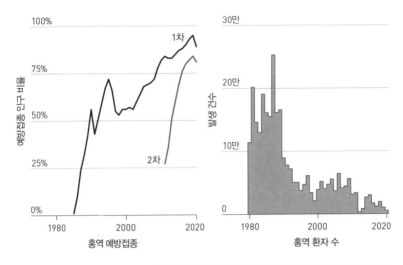

인도의 홍역 근절. 예방접종률이 급등하면서 홍역 환자 수는 급감했다. 인도에 처음으로 백신이 도입된 것은 1980년대 중반이었고, 몇 년 후 2차 접종이 추가되는 것으로 투약 요법이 변경되었다. (WHO)[20]

종자를 기록하고, 사람들에게 백신접종을 증명하는 디지털 증명서를 발급했다.

접종을 시작하고 1년이 지난 2022년 1월 중순까지 16억 도즈 이상의 접종이 완료되었고 성인의 70퍼센트 이상이 2차 접종을 받았다. 그럼에도 인도 정부는 여전히 해야 할 일이 있다. 특히 18세 미만 인구에 더 많은 접종이 이뤄져야 한다. 하지만 뛰어난 성과를 냈다는 것은 부정할 수 없는 사실이다. 이미 잘 운영되고 있는 면역 프로그램이 없었다면 인도는 절대 이렇게 빠르게 이토록 좋은 성과를 거두지 못했을 것이다.

모두 실행 계획에
동참한다

파키스탄이나 인도처럼 최근 대규모 소아마비 퇴치 캠페인을 벌였던 나라들에게는 또 한 가지 유리한 점이 있었다. 국가와 지역 단위의 긴급 상황실(제2장에서 이야기한 공중보건 캠페인의 중추)이 그것이다. 코로나의 공격이 시작되자 자연스럽게 이 긴급상황실이 코로나 관련 활동을 조정하는 롤모델이 되었다.

예를 들어, 파키스탄의 보건 관리들은 2020년 초 소아마비 예방접종 캠페인을 일시적으로 중단했다. 예방접종 실시자들이 마을을 옮겨 다니며 바이러스를 전염시킬 위험이 있기 때문이다. 하지만 3월이 되자 그들은 거기에서 오히려 가능성을 발견했다. 소아마비 긴급상황실을 모범 사례로 하는 코로나 긴급상황실을 마련할 수 있겠다고 생각한 것이다.

소아마비 징후를 살피도록 훈련을 받았던 6,000여 명의 의료진을 대상으로 코로나 증상에 대한 교육이 이루어졌다. 필요한 시간은 몇 주에 불과했다.[21] 소아마비 의심 사례를 보고받기 위해 만들었던 콜센터가 코로나를 대상으로 바뀌었다. 파키스탄에 있는 사람이라면 누구나 이 번호로 무료 전화를 걸어 숙련된 전문가에게서 믿을 만한 정보를 얻을 수 있었다. 소아마비 긴급상황실의 인력이 코로나 긴급상황실로 자리를 옮겨 확진자 수를 기록하고, 접촉자를 추적해 동선을 파악한 뒤 이 정보를 정부와 공유했다.[22] 지도, 표, 통계는 코로나 확진자 수를 보여주는 것들로 바뀌었다.

파키스탄 정부는 보건 시스템에 대규모 투자를 한 덕분에 코로나 백신이 출시되자마자 접종 준비를 할 수 있었다. 2021년 늦여름 파키스탄의 접종 역량은 하루 약 100만 명에 달했다.[23] 이것도 다른 대부분의 중·저소득 국가와 비교하면 훨씬 높은 비율이었지만 2021년 말에는 하루 200만 명으로 두 배 증가했다.

현장 사람들은 질병 퇴치를 위한 사업을 수직적 접근법이라고 부른다. 하나의 질병에 깊이 파고드는 것이다. 반면에 수평적 접근법은 여러 다른 문제에서 한 번에 진전을 이끌어내는 것이다. 여기에서 이야기하고 있는 것처럼 보건 시스템을 강화한다면 말라리아, 아동 사망률, 모성 보건에서의 개선을 기대할 수 있다.

이는 내가 수년 동안 들어온 비판을 생각나게 한다. 수평적 접근법이 그 성격상 제한된 돈과 노력으로 사람들의 목숨을 구하고 삶을 개선할 수 있는 더 효과적인 방법인데도, 수직적 접근법을 추구하느라 수평적 접근법을 희생시키고 있다는 비판이다.

이런 비판에는 동의할 수가 없다. 소아마비 퇴치 캠페인을 코로나에 대한 캠페인으로 전환한 것은 수평적 역량과 수직적 역량이 제로섬게임zero-sum game이 아니라는 것을 보여준다. 코로나만 예외가 아니냐고? 그렇지 않다. 2014년 서아프리카의 에볼라 아웃브레이크를 겪는 동안, 나이지리아에서 소아마비 퇴치 사업을 하던 사람들이 에볼라 대응에 힘을 보탰다. 그들이 아니었다면 1억 8,000만 명에 이르는 나이지리아 국민들은 훨씬 더 큰 위험에 처했을 것이다. 실제로 소아마비 퇴치 인프라가 없었던 나라들은 훨씬 심한 아웃브레이크를 겪어야 했다.

한쪽의 역량을 강화하기 위해서 꼭 다른 역량을 약화시켜야 하는 것은 아니다. 아웃브레이크(가장 위험한 것은 호흡기 질환이 될 것이다)를 감지하고 대응하는 역량을 키우기 위한 투자는 전체 보건 시스템에 이익을 가져다줄 것이다. 순서를 바꿔봐도 역시 옳다. 의료 인력에 대한 철저한 교육이 이루어지고 그들에게 필요한 도구를 잘 공급한다면, 그리고 모두가 적절한 보살핌을 받는다면, 보건 시스템은 아웃브레이크가 더 광범위하게 퍼지는 것을 차단할 수 있다.

재단 사업을 하는 과정에서 나는 종종 개발도상국에 대한 의료 지원을 늘려야 한다는 주장을 편다. 대부분의 사람들은 이 문제에 대해 잘 알지 못하며, 지원 자금이 얼마나 적은지 알게 되면 충격을 받곤 한다. 중·저소득 국가 국민의 건강 증진을 돕기 위해 정부, 재단, 기타 기부자들이 내놓는 돈을 모두 합친다면 얼마나 될까? 코로나, 말라리아, HIV/에이즈, 모성 보건, 정신 건강, 비만, 암, 금연 등에 지원되는 모든 돈 말이다.

그 답을 제시하면 2019년에는 연간 400억 달러였다.[24] 한 해 동안 보건 개발 지원금이라는 이름으로 지원된 돈을 모두 합친 것이다. 부유한 국가의 정부들이 코로나 대응을 위해 지원금을 늘린 2020년에는 550억 달러였다(이 글을 쓰고 있는 현재는 아직 2021년 자료를 구할 수 없다. 하지만 비슷한 정도일 것이라고 예상한다).

세계 보건을 위해 쓰이는 550억 달러가 얼마나 큰돈으로 느껴지는지는 맥락에 따라 다르다. 550억 달러는 연간 세계 경제 총생산의 0.005퍼센트다. 그리고 사람들은 매년 향수를 사는 데 비슷한 금액을 사용한다.[25] 550억 달러 중 미국의 기여분은 한 해 79억 달러다. 다른 어떤 나라보다 많다. 하지만 연방 정부 예산의 0.2퍼센트에도 미치지

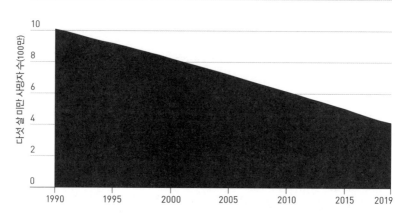

아동 사망자의 수가 절반으로 줄었다. 세계가 이룬 가장 위대한 업적 중 하나는 아동 사망률에서의 놀라운 진전이다. 전염병, 영양성 질환, 신생아 질환으로 인한 사망자가 눈에 띄게 감소한 것을 알 수 있다. (IHME)[26]

못하는 금액이다.

이런 지출은 기부국의 시민이라면 뿌듯함을 느낄 만한 엄청난 효과를 발휘한다. 바로 앞서 이야기했던 '20-10-5'를 기억하는가? 바로 당신의 돈이 해낸 일이다. 위의 표는 1990년 이후 다섯 살 미만 아동 사망률의 극적인 감소세를 보여준다.

다음의 표는 지난 30년간 아동 사망률의 주요 원인들에 있어 세계가 이룬 진보를 보여준다.

설사와 폐렴에 의한 사망자 수의 큰 감소가 보이는가? Gavi는 이런 진보에 큰 기여를 했다. 말라리아 사망자 수도 크게 감소한 것이 보이는가? 글로벌 펀드가 '미국 대통령 말라리아 이니셔티브'와 같은 정부 프로그램과 함께 사업을 펼친 덕분이다.

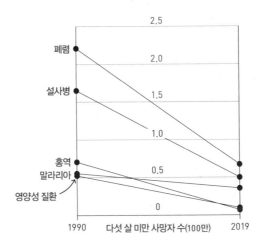

질병 예방 사업. Gavi, 글로벌 펀드, 미국 대통령 말라리아 이니셔티브U.S. Presient's Malaria Initiative 는 아동 사망자의 대폭 감소에 큰 역할을 했다. (IHME)[27]

이런 세계적인 규모의 역사적 진보 덕분에 수백만 부모들이 아이를 제 손으로 묻는 슬픈 경험을 피하게 됐다. 지금은 우리도 알고 있는 것처럼 이런 노력은 또 다른 혜택을 줄 것이다. 팬데믹 예방에 말이다.

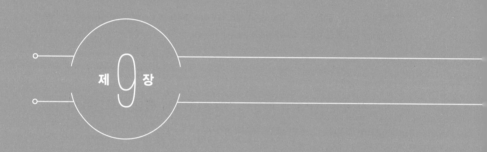

제 9 장

Make and fund a plan for preventing pandemics

코로나19를 마지막 팬데믹으로 만드는 액션 플랜

코로나로부터 얻은 많은 교훈 중 하나는 우리 모두가 질병의 진행을 예측하는 데 신중해야 한다는 점이다. 이 바이러스는 많은 예상을 깨고 과학계를 놀라게 했다. 앞을 내다보고자 하는 사람이라면 이 사실을 반드시 유념해야 할 것이다. 내가 이 장을 쓰고 있는 2022년 1월 말에 하고 있듯이 말이다.

많은 과학자들은 이 질병과 그 변종들에 대해서 기존에 알고 있는 것을 기반으로, 2022년 여름이면 세계가 팬데믹의 심각한 국면에서 벗어나리라 예상하고 있다. 백신에 의한 예방과 바이러스에 감염된 후 얻은 자연면역 덕분에 세계적으로 사망자 수가 감소할 것이다. 또한 코로나 발생률이 낮고 말라리아나 HIV와 같은 다른 감염성 질환의 발병률이 높은 국가는 다시 그들에게 지속적인 위협 요인으로 주의를 돌리게 될 것이다.

하지만 이런 예상이 실현된다고 해도(그러기를 간절히 바란다.) 코로나는 십중팔구 엔데믹이 될 것이다. 중·저소득 국가는 여전히 진단기기와 치료제를 더 쉽게 접할 수 있어야 한다. 과학자들은 세계가 코로나와 함께 살아가는 방법에 영향을 줄 두 가지 핵심 질문에 대해 연구해야 한다. 첫째, 면역이 얼마나 형성되는가에 영향을 주는 요인은 무엇인가? 이런 면역 결정 요인에 대한 이해가 넓어질수록 치사율을 낮게 유지할 수 있는 가능성은 높아진다. 둘째, 코로나의 장기적인 영향은 어떤 것인가? 일련의 증상에 대해 많이 알수록(제5장에서 간단히 언급했듯이) 의사들이 감염된 환자를 치료하는 데 도움이 될 테고, 공중보건 관리들은 해당 질병이 전 세계에 걸쳐서 어떤 부담을 유발하는지 알게 될 것이다.

유감스럽지만 당신이 이 장을 읽고 있는 시점이 언제든 문제를 완전히 떨쳐낸 상태는 아닐 것이다. 더 위험한 변종(더 쉽게 전파되거나, 더 심각한 증상을 유발하거나, 이전의 변종들보다 면역을 더 잘 피하는)이 출현하는 것도 얼마든지 가능하다. 백신과 자연면역으로 그런 변종에 의한 사망률이 높아지는 것을 막지 못한다면 세계는 큰 문제에 직면할 것이다.

바로 이것이, 위협이 진화할 경우에 대비해 각국 정부, 학계, 민간 부문이 코로나로 인한 최악의 영향으로부터 우리를 보호해줄 새로운 도구 혹은 개선된 도구를 만드는 노력을 멈추지 말아야 하는 이유다.

정부는 코로나의 특성이 장소마다 다르다는 사실을 감안한 전략을 사용해 자국민을 보호해야 한다. 코로나의 새로운 물결이 얼마나 넓은 범위에 영향을 줄 수 있느냐는 얼마나 많은 사람이 예방접종을 했는지 혹은 감염됐는지에 좌우된다. 보건 관리들은 데이터에 따라 해당 영역에서 가장 효과적일 만한 전략을 적용해야 할 것이다.

정보를 기반으로 사업을 추진하기 위해서는 각국 정부가 코로나의 영향 범위에 대한 더 나은 정보를 얻으려 노력해야 한다. 특히 개발도상국의 경우, 코로나 데이터가 한정된 수의 임상시험과 특정 인구(의료진이나 헌혈자와 같은)에 대해 실시한, 얼마 안 되는 설문조사에서 나오는 경우가 많다. 지속적인 질병 감시가 진행돼야 각국 정부가 경제 회복을 앞당기면서도 비약학적 개입을 사용하는 가장 효과적인 방법 등 여러 주제에 대한 중요한 식견을 얻을 수 있다.

행운이 따라준다면 우리는 코로나를 계절 독감을 다루듯 엔데믹 질병으로 다루는 단계로 넘어갈 수 있을 것이다. 하지만 코로나 사태가 가라앉든 다시 악화되든 우리는 그에 관계없이 별도의 장기적 목표, 즉 코로나 이후의 팬데믹 예방 사업에 착수해야 한다.

수십 년 동안 팬데믹에 대비해야 한다는 이야기가 있었지만 그것을 최우선 과제로 삼은 사람은 극히 적었다. 이후 코로나가 출현하자 코로나를 막는 것이 세계가 가장 중요하게 다뤄야 할 문제로 부상했다. 지금 내가 걱정하는 것은 코로나가 진정된 후 세계의 관심이 다른 문제로 이동하고 팬데믹 예방의 우선순위가 떨어지는, 아니 완전히 뒷전으로 밀려나는 것이다. 지금 당장 조치를 취해야 한다. 우리 모두가 팬데믹이 얼마나 끔찍했는지 기억하고 있는 지금, 또다시 이런 일이 일어나게 해서는 안 된다는 절박함을 느끼고 있는 바로 지금 말이다.

동시에 경험이 오해를 불러일으킬 수 있다는 점을 유념해야 한다. 다음 팬데믹의 위협이 코로나와 똑같을 것이라고 가정하는 우를 범해서는 안 된다. 다음에 등장할 바이러스는 노인들보다 젊은이들에게 큰 피해를 줄 수도 있고, 물건의 표면에 오래 남아 있거나 인분을 통해서 전파될 수도 있다. 전염성이 강해서 한 사람에게서 다른 사람으로 보다 쉽게 옮겨갈 수도 있다. 더 치명적일 수도 있다. 최악의 경우 더 치명적이면서 동시에 전염성이 더 강할 수도 있다.

인간의 손에서 만들어질 수도 있다. 세계가 준비하고 실천하는 계획의 초점은 주로 천연 병원체로부터의 보호에 맞춰져야 하겠지만, 각국 정부는 생물 무기 공격에 대비하는 협력 관계 모색에도 진지하게 임해야 한다. 제7장에서 이야기했듯 이런 사업의 대부분에는 질병 감시 부문의 개선, 치료제 및 백신 개발·생산·전달을 위한 준비 등 어떤 상황에서나 서둘러야만 하는 단계들이 포함된다. 또한 국방을 책임지는 사람들은 수백만, 수십억 명의 사람들을 죽이는 데 목표를 둔 가상의 병원체에 대한 정책을 설계하고, 연구 의제를 만들고, 모의 훈련을 실시하는 데 보건 전문가들을 참여시켜야 한다.

다음에 얼마나 큰 아웃브레이크가 발생하든 중요한 것은 지금보다 더 나은 계획과 더 빨리 채택할 수 있는 도구를 갖추는 것이다. 다행히도 우리는 이런 도구들을 개발할 수 있는 좋은 시스템을 갖추고 있다. 미국, 유럽, 중국의 정부는 초기 단계의 실험 연구에 자금을 지원하고 제품 개발을 뒷받침하고 있다. 인도, 인도네시아, 기타 신흥국들도 그런 방향의 조치를 취하고 있다. 생명공학회사와 제약회사들은 연구실에서 얻은 아이디어를 시장에 내놓는 일에 큰 예산을 투자하고 있다.

대부분의 나라에는 견실한 계획(최고의 과학 아이디어에 자금을 조달하는 국가적인 연구 접근법)이 부족하다. 누가 팬데믹 관련 의제를 주도하는지, 그 의제의 진전을 누가 감시하는지, 누가 아이디어를 시험하는지, 가장 성공적인 아이디어를 누가 실행하는지, 빨리 대량으로 제조할 수 있는 제품으로 전환시키는 것은 누구인지를 명확히 해야 한다. 계획이 마련되어 있지 않으면 다음 아웃브레이크가 발생했을 때 정부의 조치는 너무 늦은, 반응적 조치에 그치게 된다. 팬데믹이 이미 퍼지고 난 후에나 계획을 파악하려 시도할 수도 있다. 그런 상황에서는 사람들을 보호할 방법이 없다.

이런 상황을 정부가 국가 방어에 접근하는 방식과 비교해보자. 국방의 측면에서라면 정부는 위협을 분석하고, 새로운 역량을 개발하고, 병력의 배치를 실행할 사람이 누구인지 정확히 알고 있다. 아웃브레이크 전략에서도 세계 최고의 군사 전력만큼 명확하고, 엄밀하고, 철저한 전략이 필요하다. 이 모든 것에는 팬데믹 예방 외에도 큰 이점이 따른다는 것을 잊지 말아야 한다. 코로나바이러스와 인플루엔자를 비롯해 엄청난 고통과 곤란을 유발하는 모든 계열의 호흡기바이러스까지 퇴치할 수 있다. 이것이 가능해진다면 전 세계 인간의 삶과 경제에 미치는 영향은 경이적일 것이다.

호흡기 질환을 퇴치하고 팬데믹을 예방하는 세계적 계획에는 네 가지 우선 사항이 있다. 각각에 대해 설명한 후에 필요한 자금 조달의 문제를 살펴보기로 하자.

1. 더 나은 도구를 만들고 전달한다

기술과 자선 분야에서 내가 벌이고 있는 사업은 '혁신은 삶을 개선하고 중요한 문제를 해결한다'라는 아주 간단한 아이디어에서 출발했다. 혁신이 교육에 대한 접근을 쉽게 만드는 것이든 아동 사망률을 줄이는 것이든 마찬가지다. 생물학과 의학의 발전이 단 몇 십 년 만에 질병 치료와 예방의 새로운 길을 연 것을 보라.

하지만 혁신은 저절로 생기는 것이 아니다. mRNA 백신의 이야기가 보여주듯 아이디어를 키우고 연구를 해나가야 한다. 실제적인 가치가 있는 것을 생산할 수 있기까지 때로는 수십 년이 걸린다. 따라서 모든 팬데믹 예방 계획의 1단계는 더 나은 백신, 치료제, 진단법에 대한 투자를 계속하는 것이어야 한다.

mRNA 백신이 대단히 유망하긴 하지만, 공공과 민간의 연구자들 모두가 다른 접근법(제6장에서 설명한 아단위단백질백신과 같은)에 대한 연구도 계속해야 한다. 다른 접근법들이 사람들을 더 오래 보호하고, 돌파 감염을 줄이고, 이후 나올 변종바이러스에도 대응할 수 있는 가능성이 있기 때문이다. 궁극적으로 우리의 목표는 모든 계열의 바이러스, 특히 코로나바이러스와 인플루엔자바이러스 퇴치의 열쇠를 찾는 것, 즉 호흡기바이러스로부터 사람을 완벽하게 보호하는 새로운 백신을 개발하는 것이어야 한다. 정부, 자선가, 학계, 생명공학회사, 약품 개발자와 제조자 등 백신 연구와 개발에 관련된 모든 사람들이 초기 단계에 있는 최고의 아이디어들을 찾아내고 제품으로까지 발전시키는 데 노력을 기울여야 한다.

백신 이외에 사람들이 자가 사용함으로써 호흡기 병원체로부터 즉각적인 보호가 가능한 감염 차단제도 개발해야 한다. 정부는 사람들이 이런 접근법을 개발하고 사용하게끔 하는 유인도 만들어야 한다. 여기에는 다른 약이나 백신에서처럼 환자에게 차단제를 처방하는 의사를 대상으로 하는 연방 정부 상환 제도도 포함된다.

새로운 제품을 시험하고 승인하는 역량도 발전시켜야 한다(제5장, 제6장에서 보았듯이 이것은 시간이 많이 소요되는 과정이다). 영국의 리커버리 실험과 같은 몇몇 프로그램 덕분에 사전에 프로토콜을 마련하고 인프라를 구축해 코로나의 공격이 시작됐을 때 훨씬 더 쉽고 빠르게 실험을 시작할 수 있었다. 이런 모델을 구축해서 전 세계에 걸친 실험 역량을 키움으로써 새로운 질병이 몇 안 되는 국가에서 시작된 경우에도 효과가 있는 것이 무엇인지를 빠르게 파악할 수 있어야 한다. 규제기관은 사람들을 등록시킬 방법에 대해 그리고 질병이 발생하자마자 전 세계의 사람들이 신청할 수 있는 소프트웨어 도구들에 대해 미리 합의를 해둬야 한다. 진단 보고서를 실험 시스템에 연결해 의사들에게 환자의 대규모 실험 참여가 필요하다고 자동으로 알릴 수 있어야 한다.

많은 양의 백신을 빠르게 만들 준비도 갖춰야 한다. 전 세계로 번질 수 있는 병원체를 확인한 후 6개월 내에 지구상의 모든 사람에게 필요한 양의 새로운 백신을 공급할 수 있는 대규모 제조 역량이 필요하다. 코로나 팬데믹을 겪는 동안에는 대규모 백신 제조 역량을 가진 나라들조차도 큰 타격을 입었다. 그들은 자국민을 위한 충분한 물량을 확보하기 위해 백신의 수출을 제한했다. 하지만 세계적인 관점에서는 모든 사람에 대한 예방접종이 필요하다. 따라서 기술 이전과 2차 공급 계약을 보다 쉽게 만드는 혁신적인 방법을 개발하고 제조 역량 확대에 더 많은 투자를 함으로써 이런 복잡한 문제 요소들을 처리해야 한다.

중국과 인도의 제조업체들은 새로운 도구를 대량 생산하는 데 전문가이므로 다른 국가들이 필요로 하는 제조 역량을 제공하는 데 효과적인 해법이 될 수 있다. 중국, 인도, 미국, 유럽연합 각각이 수용 능력의 4분의 1씩을 외국에 제공하는 데 합의하고, 라틴아메리카와 아프리카의 국가들이 계속해서 시설을 개발해나간다면 세계적인 해법이 될 수 있을 것이다.

또 다른 중요한 연구 분야는 백신 '전달'이다. 예를 들어 콜드체인 문제를 해결해서 백신 전달을 더 쉽게 만드는 것이다. 미세바늘 패치는 전달을 쉽게 만들 뿐 아니라 사람들의 자가 사용까지 가능하게 할 것이다. 미세바늘 패치를 사용하는 홍역 백신이 개발되는 중이지만 대량으로 사용할 수 있을 정도로 가격을 낮추기 위해서는 아직 많은 연구가 필요하다.

전망이 좋은 또 다른 아이디어로는 비강 분무로 접종하는 백신, 접종받은 사람을 수십 년 동안 바이러스로부터 보호해주는 백신, 후속 접종 없이 1차 접종만 하는 백신, 여러 병원체에 효과가 있는 통합 백신(예를 들어, 인플루엔자와 코로나 예방접종의 결합)이 있다.

1년 내에 백신을 만드는 것이 코로나의 놀라운 성공 사례였던 반면 효과적인 치료제 개발에 그렇게 긴 시간이 필요했던 것은 의외의 실망스러운 결과였다. 나를 비롯한 많은 사람들이 초기에 기대했던 것과 달리, 코로나에 효과적인 항바이러스제를 찾는 데 거의 2년이 걸렸다. 팬데믹을 겪는 중에 2년이라는 시간은 영원과 다름없다. 지금 가지고 있는 치료제를 출시하면서 한편으로 미래에는 훨씬 빨리 치료제를 개발하고 전달할 수 있는 시스템을 구축해야 한다.

한 가지 필수적인 단계는 일반적인 호흡기바이러스를 공격하도록 고안된 수백만의 항바이러스 화합물의 데이터 자료실을 마련하는 것이다. 이런 화합물이 세 개 이상 있다면 그들을 결합시켜 약물에 내성이 있는 변종이 나타날 가능성을 낮출 수 있다(현재 HIV 치료제에 이 방법이 적용되고 있다. 세 가지 항바이러스제를 결합시켜 내성바이러스의 확산을 제한하는 것이다). 모든 연구자들이 이 자료실에 접근할 수 있다면 어떤 화합물이 이미 존재하는지 확인하고 어떤 영역의 연구가 가장 생산적일지 알아볼 수 있다. 코로나에 대한 장기적인 연구도 지속해서 무엇이 코로나를 유발하는지, 병을 앓는 사람을 어떻게 도울 수 있는지, 미래의 병원체가 비슷한 지속적 증상을 보일지 파악해야 한다.

또 다른 중요한 단계는 인공지능과 기타 소프트웨어의 발전을 활용해 항바이러스제와 항체를 더 빨리 개발하는 것이다. 이 분야에서 몇몇 회사가 좋은 성과를 보이고 있다. 표적화 하려는 병원체(이전에 우리가 보지 못했던 것일 수도 있다)의 3D 모델은 물론, 이에 맞설 수 있다고 생각되는 다양한 약물의 모델을 구축할 수 있다. 컴퓨터가 이들 모델을 서로 빠르게 비교해서 어떤 약이 전망이 있어 보이는지, 어떻게 개선할 수 있는지 말해주고, 필요하다면 완전히 새로운 약을 설계할 수도 있다.

복제약 제조업체들이 항바이러스 치료제를 코로나 때보다 더 빨리 만들 수 있도록 유인을 확대해야 하는 일도 빼놓을 수 없다. 중·저소득 국가를 대신한 사전 주문은, 복제약 제조업체들이 규제 승인을 거치는 동안 미리 신약 제조를 시작할 수 있는 인센티브 역할을 할 것이다(이런 사전 주문은 승인이 나지 않았을 때 복제약 제조업체들이 손해를 볼 위험을 없앤다).

생의학 연구에 대해서 마지막으로 언급할 것이 있다. 코로나가 어디에서 어떻게 시작되었는지에 대해 많은 이야기가 있다. 나는 동물로부터 인간에게 전해졌으며, 일부의 주장과는 달리 연구소에서 유출된 것은 아니라는 증거가 매우 강력하다고 본다(일부 식견 있는 사람들이 이런 견해에 대한 증거가 내가 생각하는 만큼 건전하다고 보지 않는다는 것도 알고 있다). 하지만 코로나가 어떻게 시작되었든 실험실 유출의 가능성이 얼마나 낮든, 정부와 과학자들에게 실험실 안전에 대한 노력을 배가하고 전염병 시설의 세계적 기준과 검사를 마련하도록 의욕을 불어넣는 것은 필수적인 일이다. 1978년 천연두로 사망한 마지막 환자는 버밍엄대학의 의학 사진작가였다.[1] 그녀는 일하던 건물의 누수 때문에 병에 걸렸다. 그 건물에는 천연두를 연구하는 실험실이 있었다.

더 나은 백신과 치료제를 연구하는 것 외에 진단에 대한 혁신도 필요하다. 질병을 검사하는 데는 두 가지 목적이 있다. 첫째, 빨리 감염 여부를 확인해 조치(자가 격리를 비롯한)를 취하도록 하는 것이다. 둘째, 공중보건 관리들에게 알려서 해당 지역에서 무슨 일이 일어나고 있는지 파악하게 하는 것이다. 양성 사례를 수집하고 유전자 분석을 거쳐서 새로운 변종을 빠르게 탐지하고 파악해야 한다.

오스트레일리아와 같은 일부 국가에서 다른 나라보다 감염과 초과 사망이 극히 적었던 이유는 빠른 PCR 테스트와 격리 정책의 실시에 있었다. 정부는 이런 사례에서 교훈을 얻고 그들이 검사를 빠르게 확대할 수 있었던 방법을 알아내야 한다. 또 양성으로 확진되고 중증으로 발전할 위험이 큰 사람에게 치료를 제공함으로써 검사가 자발적으로 이루어지게끔 해야 한다.

학계는 일반적인 PCR 테스트의 모든 장점은 갖고 있으면서도 속도가 훨씬 빠른 고속대량 PCR 테스트에 대한 연구를 계속해야 한다. 그리고 자금 조달자들은 그에 대한 지원을 이어가야 한다. 매우 저렴하고, 코로나 팬데믹 기간 동안 진단 역량을 제한했던 시약의 공급도 필요치 않으며, 새로운 병원체도 게놈 서열을 분석하기만 하면 쉽게 적용할 수 있는 검사법을 개발해야 한다.

표본을 더 쉽게 채취하고 결과를 빠르게 도출할 수 있는 새로운 유형의 검사도 지원해야 한다. 임신 테스트기와 비슷한 측면흐름면역분석 방식의 저렴한 진단기라면 대규모 지역 전체의 검사까지도 가능해질 것이다. 제3장에서 언급한 루미라디엑스 같은 기계를 배치하는 것도 가능하다. 이 기계는 이미 존재하는 광범위한 검사에 사용될 수 있으며 새로운 검사에도 빠르게 적응시킬 수 있다. 미래의 아웃브레이크에서도 코로나 검사에서 했던 것처럼 면봉을 이용한 자가 채취를 통해 효과적으로 표본을 얻을 수 있다면, 이 기법을 이용해 저소득 국가에서도 검사를 빠르게 확대할 수 있다.

2. GERM을 구축한다

제2장에서 이야기한 GERM을 구축하는 데는 수년이 필요하다. 때문에 바로 지금부터 작업을 시작해야 한다. GERM이 실현되려면 정부가 자원을 제공하고 충분한 인력이 공급되도록 해야 한다. GERM을 구성하는 데 많은 조직이 조언을 해줄 수 있겠지만, 연간 예산만큼은 거의 전적으로 부유한 국가의 정부들이 내놓아야 한다. 또한 GERM은 세계가

공유하는 자원으로 WHO의 관리를 받아야 한다.

세계는 GERM에 들어가는 돈과 노력을 최대한 활용하기 위해서 보완적인 영역, 즉 공중보건 인프라에도 더 많은 투자를 해야 한다. 이것은 의사, 간호사, 병원에 대한 이야기가 아니다(이에 대해서는 이후에 다룰 것이다). 이것은 질병을 감시하고, 아웃브레이크에 대한 대응을 관리하고, 정치 지도자들이 위기 상황에서 정보에 입각한 결정을 할 수 있게 돕는 전염병학자 등의 전문가들에 대한 이야기다.

공중보건기관들은 마땅히 받아야 할 만큼의 대중적 관심이나 정부 지원을 받지 못하고 있다. 지역 수준이나 국가 수준에서는 물론 WHO와 같은 세계적인 수준에서도 마찬가지다. 너무나 당연하다. 그들이 하는 일은 주로 질병을 예방하는 데 초점을 맞추고 있으며, 공중보건 전문가들이 종종 이야기하듯 걸리지 않은 병을 놓고 그들에게 감사의 마음을 가질 사람은 없기 때문이다. 이런 무관심 때문에 인력을 충원하고 좋은 인재를 유지하는 방법을 비롯해 소프트웨어까지 공중보건 부서는 노후화되어 현대화가 시급하다(2021년 마이크로소프트는 미국 한 주의 보건 부서와 협업을 진행한 적이 있다. 그때 그들의 소프트웨어가 20년이나 된 것을 알았다). 이런 요소들은 아웃브레이크 기간 동안 신속하고 효과적인 대응의 기반이 되므로 반드시 강화와 개선이 필요하다.

3. 질병 감시 시스템을 개선한다

탄생한 이후 내내 대중으로부터 외면을 당해왔던 질병 감시 분야가 마침내 때를 만났다. 이전의 무관심을 만회하려면 갈 길이 멀다.

가장 시급하고 중요한 단계는 개발도상국의 신고와 통계체계를 개선하는 것이다. 중·저소득 국가가 제3장에서 설명한 모잠비크처럼 국가적인 질병 감시 사업을 벌이려면 시스템에 입력할 다량의 출생, 사망신고 데이터가 필요하다. 그것을 기반으로 해 유전체 염기 서열 분석, 최소침습 조직 채취 방법을 이용한 검시, 하수 감시 등으로까지 사업을 확대해나가야 한다. 거의 모든 국가의 궁극적인 목표는 국경 내에서 아웃브레이크(그 질병이 결핵이든 말라리아든 우리가 이전에 보지 못한 새로운 것이든)를 감지, 대응할 수 있는 역량을 갖추는 것이다.

또한 세계의 다양한 질병감시체계를 통합해 공중보건 관리들이 모든 곳에서 발생하는 호흡기바이러스의 출현과 유행을 빠르게 감지할 수 있어야 한다. 이런 체계가 수동적 접근법과 능동적 접근법을 동시에 사용해서 데이터를 실시간으로 이용할 수 있도록 해야 한다. 최신 데이터가 아니라면 유용하지 않을뿐더러 오해까지 낳을 수 있기 때문이다.

이 책 전체에 걸쳐 강조했듯이 검사 결과를 공중보건 시스템과 결합시켜 보건 담당자들이 아웃브레이크를 감시하고 엔데믹 질병에 대해 더 잘 파악할 수 있도록 하는 것도 중요하다. 시애틀플루연구는 그 기반이 되는 좋은 본보기다. 검사 비용이 매우 비싼 미국과 같은 나라에서는 저렴하고 누구나 쉽게 진단받을 수 있는 정부 장려책도 필요하다.

마지막으로, 병원체의 게놈 분석 역량을 확대해야 한다. 이를 위한 노력은 아프리카에서 큰 성과를 냈다. 아프리카에서 진행된 유전자 분석을 통해 두 개의 코로나 변종이 세계에 알려졌다. 지금은 아프리카 병원체 유전체학 이니셔티브 African Pathogen Genomics Initiative (유전체학 데이터를 서로 공유할 수 있는, 아프리카 전역에 걸친 실험실 네트워크)와 같은 프로젝트를 지원함으로써 이런 투자를 두 배로 늘리기에 더없이 좋은 시기다. 인도에도 비슷한 네트워크가 있고 그 모델이 남아시아와 동남아시아로 확장되고 있긴 하지만 아직 갈 길이 멀다. 염기 서열 분석 연구에는 또 다른 팬데믹을 막는 것 이외에도 많은 혜택이 따른다. 예를 들어 정부에 모기와 말라리아 유전학 그리고 결핵이나 HIV 전염에 대한 새로운 식견을 제공할 수 있다.

유전체학은 제3장에서 언급했던 옥스퍼드나노포어 유전자 분석기 (더 많은 곳에서 게놈 서열 분석을 가능하게 하는)와 스마트폰 앱처럼 미리 많은 투자를 해둬야 혜택을 볼 수 있는 분야다. 병원체의 유전적 구성에 나타난 변화가 인간의 몸에서 작용하는 방식에 어떤 영향을 미치는지에 대해서도 더 많은 연구가 진행돼야 한다. 현재 우리는 다른 버전 병원체의 돌연변이를 매핑할 수 있는 역량을 갖고 있지만 해당 돌연변이가 변종의 전염성을 높이는지, 더 심각한 증상으로 이어지는지와 같은 문제들에 대해서는 아직 모르는 것이 많다. 때문에 이 분야에 대한 더 많은 과학적 연구가 필요하다.

4. 보건체계를 강화시킨다

처음 세계 보건 분야에 손을 댔을 때만 해도 나는 지금까지 설명했던 것과 같은 종류의 새로운 도구들에만 집중하고 다른 곳에는 눈을 돌리지 않았다. 새로운 로타바이러스 백신을 만들면 로타바이러스로 어린이가 죽는 일이 사라지리라고 단순하게 생각했다. 하지만 시간이 지나면서 의료전달체계, 특히 1차 보건 의료라고 불리는 기본적 수준의 의료전달체계의 한계 때문에 백신을 비롯한 새로운 도구들이 그것을 필요로 하는 모든 환자에게 도달하지 못한다는 것을 알게 됐다.

게이츠 재단 사업의 가장 큰 부분은 이런 의료전달체계를 개선시켜 새로운 백신을 모든 아이들에게 전달하도록 돕는 것이다. 다시 말해 생명을 살림과 동시에 경제 성장의 토대를 마련하는 데 투자하는 것이다. 한 나라가 가난에서 벗어나 소득수준을 높이면, 그 정부는 자연스럽게 의료 부문의 니즈를 충족시키게 될 것이다. 지난 몇 십 년에 걸쳐 많은 나라가 이런 전환에 성공한 결과 현재는 기본적인 의료에까지 자금 지원이 필요한 저소득 국가 국민이 세계 인구의 14퍼센트에 불과하다.

팬데믹은 전 세계의 의료체계에 큰 충격을 주었다. WHO는 2021년 5월까지 11만 5,000명 이상의 의료 종사자가 코로나로 사망한 것으로 추산한다. 하지만 저소득 국가의 상황은 훨씬 더 심각하다. 그들에게는 대규모 아웃브레이크를 막기는커녕 기본적인 의료 서비스를 제공할 수 있는 자금도, 전문가도, 기관도 없다. 팬데믹을 겪는 동안 많은 부유한 국가의 정부가 해외 지원을 끊고, 다른 질병 사업에 사용할 돈을 코로나 쪽으로 돌리면서 문제는 더 악화됐다.

이런 추세를 역전시켜야 한다. 여전히 중·저소득 국가의 지원에 국내총생산의 0.7퍼센트를 쓰고 그 돈의 대부분을 특히 의료 부문의 개선

---

* 새로운 약, 백신, 도구 등 돌파구를 찾는 과학자들이 저렴하고 실용적인 제품을 만들어 고소득 국가만이 아니라 어디에서든 혜택을 보게 하는 것을 우선시하는 것도 중요하다. 전달의 문제가 처음부터 고려되어야 하는 것이다.

에 사용하고 있는 스웨덴과 노르웨이를 본보기로 삼아야 한다.

중·저소득 국가는 전 세계의 좋은 사례들로부터 교훈을 얻어야 한다. 예를 들어 스리랑카는 수년간 강력한 1차 의료체계를 구축하여 여전히 국가의 소득은 낮은 상황에서도 영아 사망률과 모성 사망률(태어난 아이 10만 명당 임산부의 사망 수)을 크게 낮출 수 있었다.

의료체계를 재건하는 과정에서 정부는 여러 가지를 한번에 달성할 수 있는 의료 지출에 집중해야 한다. 예를 들어 의료 인력을 더 고용하면 말라리아 환자를 관리하고, HIV 검사와 치료를 제공하고, 결핵 환자의 접촉자를 추적할 수 있는 사람이 더 많아진다. 디지털로 연결되는 새로운 진단 도구(태아의 건강을 평가하고, 바이러스성 폐렴, 결핵, 유방암을 감지하는 데 도움을 주는, 손에 쥘 수 있는 크기의 초음파 도구 같은)로 무장한 의료 인력은 역동적인 의료체계의 중추 역할을 한다. 그들은 정부 관리들에게 해당 국가에서 질병과 사망을 유발하는 요인이 무엇인지에 대한 깊이 있는 식견을 제공할 것이다.

코로나로 인해 분명해졌다시피 의료체계를 강화해야 하는 것은 중·저소득 국가들만이 아니다. 코로나 초기 조치의 본보기가 될 만한 곳이 더러 있기는 하지만, 어떤 나라의 대응도 완벽하다고 할 수는 없었다. 따라서 소득수준에 관계없이 모든 국가가 고려해야 할 몇 가지 단계들이 있다.

첫 단계는 1차 의료에 더 집중하는 것이다. 많은 저소득 국가의 경우(그리고 미국도), 대부분의 국가 의료 지출이 진행성 질환을 가진 사람들의 값비싼 병원 치료에 할당되고, 1차 의료는 자금 부족의 문제를 겪는다.[2] 하지만 여러 연구가 보여주듯 1차 의료에 더 많은 지원을 한다면 전체적인 의료비를 상당히 낮출 수 있다. 고혈압이 1차 의료체계를 통해 조기에 발견된다면, 환자는 그리 비싸지 않은 병원 약물 치료와 상담을 통해 목숨을 위협하는 값비싼 결과(심장마비, 신부전, 뇌졸중)를 피할 수 있다. 추정에 따르면, 강력한 1차 의료체계는 문제의 80퍼센트를 효과적으로 처리할 수 있다고 한다.

또 다른 중요한 단계는 위기 전에 누구에게 어떤 일을 할 책임이 있는지 결정하는 것이다. 크림슨컨테이전과 같은 아웃브레이크 모의 훈련은 혼란의 가능성을 드러내주었다(화상 회의의 제목에 대한 일화를 기억하는가?). 하지만 실천으로 이어진 것은 거의 없었다. 이제 우리는 그런 무위의 결과가 어떤지 잘 알고 있다.

코로나를 겪는 동안, 특히 초기에 미국에서는 주 정부가 할 수 있고 해야 하는 일이 무엇이며, 연방 정부가 어떤 역할을 맡아야 하는지에 관해 많은 혼란이 있었다. 마찬가지로 유럽에서도 백신 구매의 책임을 개별 국가가 져야 하는지 유럽연합이 져야 하는지에 관해 혼란이 있었다. 모든 것이 명확하게 규정되어 있어야만 비상시에도 자신의 책임 소재를 확실히 파악할 수 있다.

각국에는 아웃브레이크 억제 계획을 수립한 뒤 그것을 실행하는 권한을 가진 총책임자가 필요하다. 그 사람의 권한에는 필수 공급품의 입수와 분배는 물론 데이터와 모델링에 대한 접근법과 관련해 규칙을 세우는 것까지 포함된다. 국제적인 차원에서는 GERM이 이런 역할을 맡아야 한다.

정부와 기부자들에게는 서로 그리고 가난한 국가들을 대신해 행동을 조율할 수 있는 글로벌 포럼이 필요하다. 예를 들어 백신, 진단기기,

기타 제품의 구매를 위한 자금 조달을 어떻게 할 것인지 미리 합의해둬야 한다. 그렇게 함으로써 위기가 닥친 후에야 급히 자금 마련에 나서는 일을 피할 수 있다. 미리 원칙에 대한 합의를 끝내두고 사후 원칙에 따라 제품이 분배되도록 해야만 새로운 도구들이 그것을 필요로 하는 사람들에게 더 빨리 이르게 될 것이다.

미국의 경우, 연방 정부는 백신, 치료법, 개인 보호 장비의 대규모 개발과 생산을 추진할 수 있는 가장 좋은 위치에 있다. 하지만 검사와 의료 자원의 관리는 본질적으로 지역적인 성격이 강하다. 백신 배포와 같은 문제는 어떨까? 국가적, 세계적 공급망이 존재하긴 하지만 배포의 마지막은 그 성질상 지역적일 수밖에 없다. 각 단계별로 책임의 내용과 범위를 명확히 해둔 일본은 다른 나라가 참고할 만한 좋은 본보기다.

각 정부의 계획은 마스크, 진단기기, 치료제, 백신 등 모든 필요한 도구의 배포를 감안해야 한다. 이것은 중·저소득 국가만의 문제가 아니다. 코로나 팬데믹 기간 동안 모든 정부가 백신 전달에 애를 먹었다. 더 나은 데이터 시스템을 구축한다면 어디에 공급이 필요한지 훨씬 쉽게 확인하고 누가 접종했는지 입증할 수 있다. 이스라엘과 같은 일부 국가는 코로나 팬데믹 기간 동안 이런 입증 과정을 잘 처리했지만 나머지 국가의 상황은 완전히 엉망이었다.

의료전달체계는 하루아침에 개선시킬 수 있는 문제가 아니다. 따라서 일이 터졌을 때 혜택을 볼 수 있으려면 팬데믹이 아닌 때에 노력을 기울여야 한다. 에볼라나 홍역 백신 전달 교육을 받은 인력과 공급망을 갖추고 있다면 출발점이 될 각본과 그것을 읽을 팀을 가진 셈이다. 빌 페기는 내게 이렇게 말했다. "최고의 결정은 최고의 과학을 기반으로 한다. 하지만 최고의 결과는 최고의 경영을 바탕으로 한다."

세계의 부국들은 혁신을 이끈 자랑스러운 역사를 갖고 있다. 예를 들어 미국 정부는 마이크로칩의 창조로 이어진 연구를 지원해 디지털 혁명을 촉발했다. 이런 투자가 없었다면, 폴 앨런과 나는 마이크로소프트 같은 회사를 현실로 만들기는커녕 꿈도 꾸지 못했을 것이다. 보다 최근의 예를 들어보자. 미국 전역의 국립 연구소에서 무공해 에너지원에 대한 획기적인 연구가 진행되고 있다. 세계가 2050년까지 온실가스 배출을 완전히 없앨 수 있다면(나는 가능하다고 생각한다), 거기에는 미국을 비롯한 나라들이 지원한 에너지 연구가 큰 몫을 할 것이다.

코로나의 공격이 시작됐을 때, 영국과 독일의 학계와 기업은 백신의 발전을 이끌었다. 고소득 국가들, 특히 세계의 자금 지원을 이끈 나라 중 한 곳인 미국의 지원은 이 질병과의 싸움에 필수적이었던 혁신을 가속시켰다. 미국 정부에서는 mRNA에 대한 학계의 연구를 지원했고, 기본적 연구를 시장성이 있는 제품으로 바꾸기 위한 노력을 지원했으며, mRNA 등의 백신 기술을 사용하는 백신회사들에 자금을 지원했다.

각국 정부는 팬데믹을 예방하기 위해 세계가 필요로 하는 시스템, 도구, 팀에 대한 새로운 자금 조달을 계속 주도해야 한다. 제2장에서 이야기했듯 나는 GERM에 연간 약 10억 달러의 예산이 필요할 것이라고 생각한다. 그리고 그 자금은 부유한 국가와 일부 중소득 국가의 정부에 의해 조달되어야 한다고 믿는다.

가장 유망한 새로운 도구를 확인하는 데 도움을 주는 것은 GERM이 해야 할 중요한 일 중 하나다. 나는 다음 10년 동안 모든 정부가 필요한 백신, 감염 차단제, 치료제, 진단기기를 개발하는 데 써야 할 돈이

150~200억 달러가 될 것으로 추산하고 있다. 이는 미국이 의료 지출을 25퍼센트(약 100억 달러) 늘리고 나머지 국가들이 그 정도 비율로 지출을 늘린다면 달성할 수 있는 수준이다. 물론 절대적으로 보았을 때 100억 달러는 대단히 큰돈이다. 하지만 미국 국방 예산의 1퍼센트가 조금 넘는 금액이며, 코로나 팬데믹을 겪는 동안 피해를 입은 수조 달러에 비교하면 새 발의 피라고 할 만한 금액이다.

이런 새로운 도구들과 GERM을 최대한 활용하기 위해서는 의료체계(의원, 병원, 환자를 돌보는 의료진)는 물론 공중보건기관(아웃브레이크를 감시하고 거기에 대응하는 전염병학자들과 보건 관리들)을 강화하는 근본적인 작업이 필요하다. 이 두 부분에 대한 세계의 투자가 오랫동안 줄곧 부족했기 때문에 따라잡으려면 할 일이 많다.[3] 중·고소득 국가들이 팬데믹 예방을 위한 준비를 갖추는 데는 연간 300억 달러(모든 국가에 필요한 총액) 이상이 필요할 것이다.

물론 이런 사업들은 저소득 국가에도 필요하다. 그렇기 때문에 모든 부유한 나라들이 국내총생산의 0.7퍼센트 이상을 개발 지원금으로 내놓는 노르웨이, 스웨덴 등의 선례를 뒤따르는 일이 중요한 것이다. 모든 국가가 이 수준에 도달한다면, 의료 시스템을 강화하는 데 쓰일 수 100억 달러의 돈이 생길 것이다. 내가 제8장에서 주장했듯이 아이들의 생명을 구하고 팬데믹이 시작되지 않도록 하는 데 쓰일 수 있는 돈 말이다.

부유한 국가가 국내총생산의 0.7퍼센트 이상을 지원금으로 내놓아야 한다는 아이디어는 1960년대로 거슬러 올라가야 할 만큼 긴 역사를 갖고 있다(공적 개발 원조에 관한 논의는 1958년에 처음 제안되었는데,

당시에는 1퍼센트를 목표로 했었다. 1960년대에 회원국들이 이에 동의했고, 이후 1970년에 0.7퍼센트로 합의되었다 — 옮긴이).[4] 2005년 유럽연합은 2015년까지 이 목표를 달성하겠다고 약속했다. 많은 정부들이 관대한 태도를 보이기는 했지만 약속을 지킨 나라는 몇 개국에 불과하다. 코로나로 인해 세계 한 부분의 보건 문제가 세계 다른 모든 부분의 보건 문제에 영향을 끼친다는 사실을 부정할 수 없게 된 지금 시점은, 부유한 국가의 정부들이 이 목표에 다시 전념하게 만드는 데 더없이 좋은 때다. 저소득 국가의 보건과 개발에 대한 투자는 사실 전 세계를 위한 일이다. 모든 사람을 더 안전하게 만드는 일이며, 사람들을 가난에서 벗어나게 하는 성장의 토대이자 옳은 일이다.

더 많은 자금 조달이 필요하지만, 자금만으로는 충분하지 않다. 또 다른 핵심적인 요소는 안전성을 희생시키지 않고 제품 승인 절차를 완화하는 일이 될 것이다. 시애틀플루연구와 SCNA의 과학자들이 직접 경험했듯 혁신적인 아이디어를 실현하는 것은 대단히 어렵고 시간이 많이 걸리는 일이다.

한편 중·저소득 국가의 지도자들은 아웃브레이크를 감지하고 차단하는 일을 우선 과제로 삼고 필요한 경우 외부의 기술과 자금 지원을 모색해야 한다. 의료 데이터를 공유하기 위한 세계 시스템 등의 프로젝트에 참여한다면 국내외 모든 지역에서 일어나는 일에 대한 정보를 공유할 수 있다.

WHO는 GERM의 조정을 책임진 조직으로서 아웃브레이크를 감지하고 경보를 발하는 GERM의 1차적 사명을 우선시해야 한다. 하지만 GERM에게는 말라리아, 홍역 등 감염 질환의 부담을 감소시키는 2차적 사명도 있다. 그리고 이는 수백 명의 목숨을 구하고 팀원들이 아웃브레이크와 싸우고 있지 않을 때도 기술을 유지하도록 하는 데 도움을 줄 것이다.

WHO는 영토 내의 아웃브레이크 가능성에 대해서 보다 개방적인 태도를 유지하도록 강제할 수 있는 유일한 조직이다. WHO의 회원국들은 서로에게 그에 대한 책임을 물을 수 있다. 이런 강제적 요소가 필요한 것은 그 반대로 행동하게 할 유인이 존재하기 때문이다. 아웃브레이크의 가능성이 있다는 소식을 공유한다는 것은 해당 국가가 여행 제한국으로 지목된다는 의미고, 이는 국가 경제에 피해를 입힐 수 있다. 바로 이것이 개방적인 태도를 취하지 않으려는 강력한 이유가 되는 것이다.

하지만 세계 공동체에게는 이런 정보가 꼭 필요하기 때문에 전 세계 정부들은 국제보건규정International Health Regulations의 일환으로 정보의 공유를 약속하고 있다. WHO는 회원국들과 협력해서 이런 규정과 그 실행을 강화해야 한다. 코로나를 통해 경험했듯 정보를 공유하고 신속한 조치를 취했던 국가들은 단기적인 대가를 치렀다. 봉쇄와 여행 금지는 그 조치가 적절했던 때조차 대단히 고통스러웠다. 하지만 그런 조치들은 자국민은 물론 다른 세계인들이 받을 피해를 줄이는 큰일을 해냈다.

중요한 역할을 맡는 다른 주체들도 있다. 제약회사와 생명공학 회사들은 차등 가격제와 2차 공급 거래를 늘려나가는 데 관심을 쏟아서 개발도상국의 국민들도 그들의 가장 발전된 제품을 사용할 수 있도록 만들어야 한다. 기술 기업들은 진단을 위한 표본 수집을 더 쉽고 저렴하게 만드는 방법이나 인터넷에서 아웃브레이크의 징후를 모니터하는 소프트웨어 등 새로운 디지털 도구를 개발하는 일에 나서야 한다.

범위를 더 넓혀서, 각종 재단과 비영리단체는 각국 정부가 공중보건 체계와 1차 의료체계를 강화하도록 지원해야 한다. 자금 지원과 실행에서 큰 부분은 공공 부문이 맡아야 하지만, 새로운 아이디어를 시험하고 가장 효과가 좋은 것을 찾아내는 일은 비영리조직이 할 수 있다. 재단들은 지금의 감염 질환은 물론 미래의 팬데믹 위협에도 사용할 수 있는 더 나은 도구에 대한 연구를 지원해야 한다. 팬데믹이 진행되는 동안 다른 세계적인 문제들이 멈춰 있지 않다는 점도 고려해야 한다. 따라서 자선가들은 세계적 규모에서 기후재앙을 피할 방법을 찾고, 저소득 농부들이 더 많은 수확을 할 수 있게 돕고, 교육을 개선하는 사업을 계속 지원해야 한다.

내가 팬데믹에 대한 책을 쓰고 있다는 게 알려지자 친구들은 적잖이 당황하는 반응을 보였다. 여러 친구들이 2021년 출간된 기후변화에 대한 내 책을 읽어주는 호의를 베풀었다. 아마 대놓고 이야기할 수는 없었겠지만 그들은 이렇게 생각했을 것이다. "큰 문제가 있고 그걸 해결할 계획이 있다는 식의 책을 몇 권이나 더 쓸 생각이지? 기후 문제를 해결해야 한다더니 이젠 팬데믹과 보건 문제라고? 또 뭐가 더 있는데?"

이것들은 내가 더 많은 자원을 투자해야 한다고 생각하는 두 가지 주요한 문제다. 기후변화와 팬데믹(생물학 테러 공격의 가능성을 포함한)은 인류에 대한 실존적 위협 중에서 가장 가능성이 높은 것들이다. 다행히 이 두 가지 모두에 10년 안에 큰 진전을 이룰 기회가 있다.

기후변화의 경우, 다음 10년 동안 그린테크를 개발하고 적절한 금전적 유인책을 마련하고 적절한 공공정책을 만든다면, 우리는 2050년까지 온실가스 배출 0으로 가는 궤도에 오를 것이다. 팬데믹에 있어서는 전망이 더 밝다. 다음 10년 동안 각국 정부가 연구에 대한 투자를 확대하고 증거 기반의 정책을 채택한다면, 우리는 아웃브레이크가 재앙으로 변하는 것을 막는 데 필요한 대부분의 도구를 개발할 수 있을 것이다. 팬데믹 대비에 필요한 돈은 기후재앙을 피하는 데 필요한 돈보다 훨씬 적다.

이런 것이 너무 먼 일처럼 보이는가? 팬데믹의 진행에 영향을 줄 능력이 전혀 없다고 느껴지는가? 불가사의한 새로운 질병의 가능성에 공포감은 물론 좌절감까지 드는가? 이런 생각이 드는 것은 우리가 할 수 있는 일이 없는 것처럼 보이기 때문이다.

하지만 우리 각자가 할 수 있는 일들이 분명히 있다. 팬데믹의 문제를 진지하게 받아들이고 필요한 경우 과학을 기반으로 한 현명한 결정을 내릴 리더를 뽑아야 한다. 마스크 착용, 외출 자제, 거리두기 등 그들의 조언을 따라야 한다. 가능하다면 예방접종을 해야 한다. 소셜 미디어에 넘쳐나는 오정보와 역정보disinformation(고의로 유포한 허위 정보—옮긴이)를 걸러내야 한다. 공중보건에 대한 정보는 WHO나 미국의 CDC, 그에 대응하는 각국의 기관처럼 신뢰할 수 있는 출처에서 얻어야 한다.

무엇보다 코로나가 얼마나 끔찍했는지 세상이 잊게 놔두지 말아야 한다. 팬데믹이 우선순위(지역, 국가, 세계의 차원에서)에서 밀려나지 않게 할 수 있는 일이라면 무엇이든 해야 한다. 그래야만 공황 상태와 도외시하는 상태를 계속 반복하는, 한동안은 세상에서 가장 중요한 일로 취급했다가 이내 잊어버리고 일상으로 돌아가는 악순환의 고리를 끊을 수 있다. 우리 모두가 코로나 이전으로 돌아가기를 열망하고 있다. 하지만 절대 되돌아가서는 안 되는 것이 있다. 팬데믹에 대한 안일한 태도로는 절대 돌아가지 말아야 한다.

또 다른 세계적 재난에 대한 두려움에 굴복해서 계속 그 공포를 안고 살아갈 필요는 없다. 하지만 세계적 재난의 가능성을 항상 인식하고 기꺼이 그에 대한 행동에 나서야 한다. 위협에 대한 인식이 그 어느 때보다 강하다는 사실을 동기로 삼아 실제적인 조치를 취해야 한다. 지금 수십억 달러를 투자하지 않는다면 미래에 수백만 명이 목숨을 잃고, 수조 달러를 잃게 될 것이다.

코로나는 실수에서 배움을 얻고 이런 재난을 다시 겪지 않도록 하기 위한 일을 시작할 기회다. 거기에 그치지 않고 더 큰 꿈을 꿀 수도 있다. 우리 모두가 건강하고 생산적인 삶의 기회를 누리는 세상을 향해 나아가는 꿈을 말이다. 안주complacency의 반대는 두려움이 아니다. 행동이다.

코로나가 바꾼 디지털 미래

이 글을 쓰는 동안 나는 코로나 팬데믹이 감염 질환 분야에서 혁신을 어떻게 가속시켰는지에 대해 생각하며 많은 시간을 보냈다. 코로나 덕분에 의료 혁신을 넘어서는 급속한 변화를 맞으며 새로운 시대가 시작되었다.

2020년 3월, 세계의 대부분이 강력한 봉쇄 조치를 채택하자 많은 사람이 안전하게 가정에서 직접적인 만남을 대체할 방법을 찾아야 했다. 미국과 같은 곳에서는˙ 화상 회의나 온라인 식료품 쇼핑처럼 디지털 도구를 새롭고 창의적인 방식으로 사용해 간극을 메웠다(팬데믹 초기에는 비대면 생일 파티가 정말 이상하게 느껴졌던 것이 기억난다).

˙ 팬데믹은 세계 전역에서 다양한 방식으로 디지털화를 가속시켰지만 나는 변화의 속도가 가장 극적이었던 고소득 국가에 초점을 맞출 것이다.

우리는 2020년 3월을 디지털화의 가속이 급격하게 빨라지기 시작한 변곡점으로 기억하게 될 것이다. 수십 년 동안 세계의 디지털화가 계속되었지만 그 진전은 비교적 점진적이었다. 예를 들어 미국의 경우, 하룻밤 새에 스마트폰을 어디에서나 볼 수 있게 된 것처럼 느껴지지만 사실 미국인의 스마트폰 보유 비율이 35퍼센트에서 지금의 85퍼센트 수준까지 이르는 데는 10년이라는 시간이 필요했다.[1]

반면 2020년 3월은 많은 영역에서 디지털 채택이 커다란 도약을 한 전례 없는 순간이었다. 변화는 특정 인구집단이나 특정 기술에 제한되지 않았다. 교사와 학생들은 온라인 플랫폼으로 옮겨가 수업을 계속했다. 사무직에 종사하는 이들은 줌Zoom이나 팀스Teams로 회의를 진행하기 시작했다. 저녁이 되면 친구들과 가상으로 파티를 열었다. 조부모들은 손주들의 결혼식을 보기 위해 트위치Twitch(인터넷 방송 플랫폼—옮긴이)에 계정을 만들었다. 거의 모든 사람이 온라인 쇼핑을 훨씬 많이 하기 시작하면서 2020년 미국의 전자상거래 매출은 전년 대비 32퍼센트 증가했다.[2]

팬데믹은 많은 활동 영역에서 우리가 받아들일 수 있는 부분이 어디까지인지를 다시 생각하게 했다. 이전에는 열등하다고 생각했던 디지털 대안이 갑자기 더 나은 것으로 보였다. 2020년 3월 이전에는 영업사원이 화상 회의를 통해 구매 권유를 할 경우 대부분의 고객들은 그가 정말로 물건을 팔 생각이 없다는 뜻으로 받아들였다.

팬데믹 이전이라면 나는 정치 지도자들에게 30분간 화상 회의로 1차 의료체계 개선 방안을 논의하자고 요청하는 것을 꿈도 꾸지 않았을 것이다. 직접 만남을 갖는 것에 비하면 정중해 보이지 않을 테니 말이다. 지금은 화상 회의를 제안하면 그들은 그것이 얼마나 효과적인지 이해하고 비대면으로 만남을 가질 시간을 비워둔다. 디지털 접근법에 대해 배운 사람들은 그것을 계속 고수하게 마련이다.

팬데믹 초기에는 많은 기술이 그저 '괜찮은' 수준이었다. 우리는 정확히 의도된 방식대로 기술을 사용하지 않았고, 그 결과는 들쭉날쭉한 경우가 많았다. 지난 몇 년 동안(이런 디지털 도구에 대한 니즈가 지속되리라는 것이 명확해지면서) 기술의 질과 기능이 크게 향상됐다. 이런 진전은 하드웨어와 소프트웨어 모두의 발전을 이끄는 것은 물론 수년 동안 계속 이어질 것이다.

우리는 이런 디지털화의 새 시대를 맞아 아직 시작점에 있을 뿐이다. 디지털 도구를 많이 사용할수록 어떻게 하면 그들을 더 낫게 발전시킬 수 있는지에 대한 피드백이 많아질 것이다. 그리고 그들을 이용해 우리 삶을 발전시킬 방안에 대해서 창의성을 더 많이 발휘하게 될 것이다.

내 첫 책,《빌 게이츠의 미래로 가는 길》에는 개인용 컴퓨터와 인터넷이 미래를 어떻게 만들어갈 것인가에 대한 내 생각이 담겨 있다. 이 책은 1995년 출간되었다. 모든 예측이 맞았던 것은 아니지만(나는 지금쯤이면 디지털 비서가 인간 비서만큼 일을 잘할 것이라고 생각했었다.), 몇 가지 중요한 예측은 정확했다(지금의 우리에게는 주문형 비디오와 주머니에 넣을 수 있는 컴퓨터가 있다).

이번 책은 그 책과 매우 다르다. 하지만 이 책 역시《빌 게이츠의 미래로 가는 길》과 마찬가지로 혁신이 큰 문제를 어떻게 해결할 수 있을까에 대해 다루고 있다. 나는 팬데믹을 겪는 동안 우리의 접근법을 재고할 수 있었다. 그리고 기술이 우리 삶을 얼마나 빠르게 변화시킬지에 대한 내 생각을 공유하고 싶었다.

내가 무척이나 좋아하는 작가 바츨라프 스밀 Vaclav Smil은 여러 책에서 이런 설정을 즐겨 사용한다. 젊은 여성이 있다. 그녀는 일어나서 인스턴트커피를 한 잔 마신 뒤 지하철을 타고 출근한다. 사무실에 도착하면 엘리베이터를 타고 10층으로 가 자판기에서 코카콜라를 하나 뽑아 들고 책상으로 간다. 이 줄거리의 반전은 그가 묘사한 이 상황이 현재가 아닌 1880년대에 벌어진다는 것이다.

몇 년 전 이 설정을 보고는 스밀이 묘사한 장면이 너무 익숙해서 깜짝 놀랐던 것이 기억난다. 하지만 팬데믹 기간 동안 다시 읽어보니 처음으로 그가 묘사하는 것이 과거라는 생각이 들었다(업무를 보던 중에 콜라를 마시는 부분만은 제외하고!).

팬데믹으로 인해 변화를 겪은 많은 영역 중 가장 극적인 변화를 경험한 것은 사무실이 아닐까 싶다. 팬데믹은 거의 모든 업계에서 일에 차질을 빚게 했지만, 사무직은 디지털 도구의 혜택을 가장 많이 보는 위치에 있었다. 스밀이 묘사하는 상황, 즉 매일 어딘가로 출근해서 사무실 책상에서 업무를 보는 상황은 한 세기 이상 평범하고 정상적인 것으로 받아들여졌으나 이제는 점차 과거의 유물처럼 보이게 되었다.

이 글을 쓰고 있는 2022년 초, 많은 기업과 근로자들은 여전히 '뉴노멀'(시대 변화에 따라 새롭게 떠오르는 기준 또는 표준—옮긴이)이 어떤 모습일지 파악하고 있다. 일부는 이미 현장으로 완전히 복귀했다. 일부는 완벽한 원격근무로 자리를 잡았다. 대부분은 그 사이 어딘가에서 어떤 것이 가장 효과적인지를 모색하고 있다.

나는 이 실험의 가능성에 흥분하고 있다. 일에 대한 전형적인 기대가 뒤집혔다. 나는 상황을 다시 생각하고 무엇이 효과적인지, 그렇지 않은 것은 무엇인지 찾아낼 수 있는 다양한 가능성을 보고 있다. 대부분의 기업은 직원들이 주중에 며칠만 사무실에 나오는 하이브리드 근무를 채택할 가능성이 높다. 정확히 어떤 식일지 규정하기 어려울 정도로 상당히 유연하게 운영될 것이다. 모두가 사무실에 와서 회의에 참석했으면 하는 날이 있는가? 월요일과 금요일에는 재택근무를 하게 할 것인가? 아니면 화요일부터 목요일까지 재택근무를 하게 할 것인가? 출퇴근 시간의 교통 정체를 피하려면 한 지역의 회사들이 각기 출근하는 날을 달리하는 것이 좋을 것이다.

《빌 게이츠의 미래로 가는 길》을 통해 내놓은 예측 중 하나는 디지털화로 인해 사는 곳에 대한 선택의 폭이 넓어질 것이고, 많은 사람들이 도심에서 멀리 떨어진 곳으로 집을 옮기리란 것이었다. 팬데믹이 찾아올 때까지는 일이 이런 식으로 진행되지 않은 것 같다. 이제 나는 그 예측의 범위를 한층 더 넓히려 한다. 일부 기업은 출근하는 날을 한 달에 5일 정도로 정할 것이다. 이로써 직원들은 거주지를 더 먼 곳으로 옮길 수 있게 될 것이다. 매일 출근하는 것이 아니라면 긴 통근도 참을 만할 테니 말이다. 이런 변화의 초기 징후가 이미 포착되고 있지만, 고용주가 원격근무 정책을 공식화하면서 앞으로 10년 동안 더 큰 변화가 있을 것이다.

직원들이 사무실에 출근해야 하는 시간을 50퍼센트 이상 낮추기로 결정하면 사무 공간을 다른 회사와 공유할 수도 있다. 사무 공간은 사업 비용에서 상당히 큰 부분을 차지한다. 그것을 절반으로 줄일 수 있게 된다. 여러 회사들이 이런 식으로 운영된다면 값비싼 사무 공간에 대한 수요도 감소할 것이다.

기업들이 당장 확고한 결정을 내려야 할 이유는 없다. 지금은 A/B 테스트식 접근법을 취하기에 적합한 때다. 한 팀은 하나의 형태를, 다른 팀은 다른 형태를 시도해보고 결과를 비교한 뒤 모두에게 적절한 균형을 찾을 수 있다. 새로운 접근법에 대해 보수적인 경향이 있는 관리자와 더 많은 유연성을 원하는 직원들 사이에 긴장이 형성될 수도 있다. 미래의 이력서에는 원격근무에 대한 선호 여부가 포함될지도 모르겠다.

팬데믹으로 인해 기업들은 사무실에서의 생산성에 대해 다시 생각하게 됐다. 브레인스토밍, 부서 회의, 복도에서의 대화 등 한때 별개의 영역들 사이에 존재했던 경계가 무너지고 있다. 우리가 사무실 문화에서 필수적이라고 생각했던 구조가 진화를 시작했고, 기업과 직원들이 새로운 작업 방식에 정착함에 따라 그 변화들은 앞으로 수년간 계속 강화될 것이다.

소프트웨어업계가 원격근무 시나리오에 집중함에 따라 대부분의 사람들은 다음 10년간 벌어지는 혁신의 속도에 놀라게 될 것이다. 물리적으로 같은 공간에서 일하는 데서 오는 혜택(자판기 앞에서 사람들을 만나는 것과 같은)은 적절한 사용자 인터페이스를 통해 재현될 수 있다.

팀스 같은 플랫폼을 사용하는 사람들은 이미 2020년 3월보다 훨씬 정교해진 제품을 사용할 수 있게 됐다. 방 나누기, 실시간 문자 변환, 여러 가지 보기 옵션들은 대부분의 화상 회의 서비스에서 이제 표준이 됐다. 사용자는 다양한 기능을 막 활용하기 시작했다. 예를 들어, 나는 가상 회의에서 종종 채팅 기능을 사용해 의견을 첨부하거나 질문을 한다. 그러다 보니 대면 회의를 할 때면 전체적인 회의의 흐름을 끊지 않고 이런 식의 고대역high-bandwidth 상호작용을 할 수 있는 기능이 아쉽게 느껴진다.

결국 화상 회의는 대면 회의를 모사하는 수준을 넘어 진화할 것이다. 실시간 문자 변환을 통해 회사에서 벌어지는 모든 회의의 주제를 검색할 수 있게 될 것이다. 회의에서 언급된 조치가 필요한 항목들을 자동으로 개인 할 일 목록에 추가하고, 회의의 동영상 녹화를 분석해서 시간을 더 생산적으로 사용하는 방법을 배우게 될 것이다.

온라인 회의의 가장 큰 단점은 동영상을 통해서는 누가 어디를 보고 있는지 알 수 없다는 점이다. 인간적인 요소가 빠지면서 비언어적 교류의 대부분이 사라진다. 정사각형과 직사각형에서 다른 '좌석' 배치로 이동하면서 좀 더 자연스러워지기는 했지만 눈 맞춤이 불가능하다는 문제는 해결하지 못했다. 이런 상황은 참가자를 3D 공간으로 이동시키면서 바뀔 것이다. 여러 기업(메타Meta와 마이크로소프트를 비롯한)이 최근 '메타버스'metaverse에 대한 비전을 공개했다(이 용어는 1992년 내가 좋아하는 공상과학소설 작가 닐 스티븐슨Neal Stephenson이 만들었다).

3D 아바타를 사용해 실제로 함께 있는 것과 같은 느낌을 주는 가상 공간에서 사람들을 만난다는 아이디어다. 이런 느낌을 '실재감' presence이라고 하며 많은 기술 기업들이 팬데믹 이전부터 이를 포착하기 위한 연구를 계속하고 있다. 성공한다면 실재감은 대면 만남의 경험을 복제하는 데 그치지 않고 그것을 향상시킬 수 있다. 세 개의 다른 대륙에 있는 자동차회사 엔지니어들이 신차 엔진의 3D 모델을 분해해 개선 사항에 대해 논의하는 회의를 상상해보라.

이런 유형의 회의는 증강 현실(물리적 환경 위에 디지털 층을 덧입히는 것)이나 가상 현실(완전한 몰입형 세계에 들어가는 것)을 통해 이루어진다. 이런 변화가 당장 일어나지는 않을 것이다. 실제 회의에서 화상 회의로의 전환은 많은 사람이 카메라가 장착된 개인용 컴퓨터와 휴대 전화를 가지고 있었기에 가능했다.

반면 현재 대부분의 사람은 아직 증강 현실이나 가상 현실 경험이 가능한 도구를 소유하고 있지 않다. 현재도 가상 현실 고글이나 장갑을 이용하면 아바타를 통제할 수 있지만, 더 정교하고 눈에 덜 띄는 도구(경량 안경이나 콘택트렌즈 같은)는 몇 년 후에나 나올 것이다. 컴퓨터 시각 장치, 디스플레이 기술, 오디오와 센서의 성능 향상으로 얼굴 표정, 시선, 몸짓을 거의 지연 없이 포착하게 될 것이다.

화상 회의에서 의견을 발표하는 동안 듣고 있는 사람들의 몸짓을 볼 수 없어서 힘들었던 적이 있지 않은가? 메타버스의 핵심 기능 중에는 입체 음향spatial audio이라는 것이 있다. 말소리가 실제로 그 사람이 말하는 방향에서 나오는 것처럼 들리게 만드는 기능이다. 진정한 실재감은 누군가와 방에 있는 것처럼 '보이게' 만드는 데에 그치지 않고 누군가와 방에 있는 것처럼 '느껴지게' 만드는 기술을 의미한다.

2021년 가을 나는 헤드셋을 착용하고 메타버스 회의에 참여했다. 사람의 목소리가 그 사람의 움직임에 따라 이동하는 것처럼 들리는 놀라운 경험을 할 수 있었다. 회의 소리가 컴퓨터 스피커를 통해서 나오는 상황에서는 색다르다는 느낌을 받기 힘들 것이다. 그러나 다른 일을 시도할 수 있다. 메타버스에서는 동료에게 몸을 기울이고 조용히 이야기를 나눌 수도 있다!

특히 나를 들뜨게 한 것은 메타버스 기술이 원격근무에 즉흥적인 요소를 더할 수 있다는 점이었다. 직접 사무실에 나가지 않은 상황에서 가장 많이 놓치게 되는 것이 바로 이런 요소다. 거실에서 일할 때는 지난 회의에 대해 상사와 예정에 없던 논의를 한다거나 새로 들어온 직원과 지난밤의 야구 경기에 대해서 가볍게 대화를 나누는 것이 사무실에 있을 때만큼 쉽지 않다. 하지만 메타버스에서 모두가 원격으로 업무를 보고 있는 경우라면 누가 한가한지 보고 그 사람에게 다가가서 이야기를 나누는 것이 가능하다.

우리는 사무실에서 하는 경험을 기술이 온전히 복제하기 시작하는 문턱에 가까워지고 있다. 우리가 사무 공간에서 목격한 변화는 다른 많은 영역에서 보게 될 변화의 전조다. 우리 모두가 디지털 공간 내에서 그리고 그 주변에서 더 많은 시간을 보내는 미래를 향해 가고 있다. 아직은 메타버스가 익숙지 않은 새로운 개념으로 느껴지겠지만 기술이 발전함에 따라 메타버스는 물리적 세계의 연장선처럼 느껴지는 방향으로 진화할 것이다.

물론 업무 현장이 크게 변화하지 않거나 여기서 내가 묘사하는 것과 다른 방식으로 변화할 경제의 큰 영역들도 있다. 항공사 승무원이라면 당신이 하는 일은 최근 들어 많은 발전을 했겠지만 디지털화의 증가 때문은 아닐 것이다. 당신이 레스토랑에서 서버로 일하고 있다면 고객들은 이제 주문을 하기 전에 휴대 전화로 QR 코드 메뉴를 보고 먹을 음식을 정할 것이다. 공장에서 일하고 있다면 팬데믹 훨씬 이전부터 업무에 변화가 있었을 것이다.

• 자동화의 부상 외에도, 증강 현실의 발전으로 근로자가 복잡한 작업을 익히고 한눈에 장비의 상태를 빨리 확인할 수 있게 되었다.

어쨌든 디지털화는 결국 어떤 식으로든 우리 모두의 삶을 바꾸어놓을 것이다. 2020년 이후 당신이 건강을 돌보는 방법이 어떻게 바뀌었는지 생각해보라. 이전에 가상으로 의사와 만나는 것이 가능했던 적이 있었던가? 코로나 이전에 가상 진료를 예약한 적이 있었던가? 팬데믹 동안 원격의료 서비스를 이용하는 사람들의 숫자는 38배 증가했다.[3]

원격진료의 장점은 질병 아웃브레이크 기간 동안 명확하게 드러난다. 이전에는 가상 진료에 대해서 회의적이던 사람들이 갑자기 실재하는 긍정적인 면을 보게 된다. 몸이 좋지 않으면 집에서 보는 원격진료를 예약하는 것이 훨씬 안전하다. 다른 사람에게 바이러스를 전염시키거나 다른 사람으로부터 전염되는 일을 걱정하지 않아도 되기 때문이다.

원격진료를 시도해보면 아픈 사람들에게 노출되지 않는 것을 훨씬 넘어서는 장점이 있다는 것이 분명해진다. 병원에 가는 것은 시간이 걸리는 일이다. 회사에 양해를 구하거나 아이를 돌봐줄 사람을 구하고, 병원까지 가서 대기실에 앉아 있다가, 진료 후에 계산하고 집이나 직장으로 다시 돌아가야 한다. 물론 직접 의사와 대면하는 것이 그만한 가치가 있는 경우도 있다. 하지만 그렇지 않은 경우, 특히 정신 건강의 문제일 때라면 직접 병원에 가는 것이 점점 불필요한 일로 느껴질 수도 있다.

의사를 만나기 위해서 해야 하는 일이 노트북을 켜는 것뿐이라면 진료는 시간이 훨씬 덜 걸리고, 일과에 쉽게 끼워 넣을 수 있는 일정이 될 것이다. 진료 시간은 필요에 따라 조정할 수 있다. 병원에 가야 한다면 15분간의 진료가 충분치 않다고 느껴지겠지만 집에서라면 수용할 수 있다. 또한 많은 사람이 병원보다는 자신의 공간을 편안하게 느낄 것이 분명하다.

새로운 도구들이 등장하면서 진료 형태가 더 유연해질 것이다. 지금은 정기 검진을 받을 때가 되면 병원에 가서 호흡, 체온, 심장박동 등 바이털사인을 확인하고 피를 뽑아야 한다. 만일 집에 의사가 원격으로 조절해서 혈압을 잴 수 있는 안전한 개인용 장비가 있다면 어떨까?

조만간 의사가 당신의 스마트워치가 모은 데이터를 통해(당신의 허락을 받아) 당신의 수면 상태가 어떤지, 활성 심박수와 안정 시 심박수에 어떤 차이가 있는지 확인할 수 있는 날이 올 것이다. 피를 뽑으러 병원까지 가는 대신 집 근처의 편리한 장소에서(아마도 가까운 약국에서) 혈액 검사를 받고 그 결과를 바로 의사에게 보낼 수 있게 될 것이다. 다른 도시로 이사할 경우에도 오랫동안 믿어온 의사에게 계속 진료를 받을 수 있다.

모두가 가까운 미래에 실현될 가능성이 있는 일들이다. 물론 병원 방문이 꼭 필요한 분야도 있다. 로봇이 거실에서 맹장 수술을 하는 미래는 상상이 되지 않는다. 하지만 대부분의 일상적인 치료는 결국 집에서 편안히 받을 수 있게 될 것이다.

기존 공교육 환경은 가상 현실을 통해 사무 환경이나 의료 환경이 대체된 것과 같은 방식으로 대체되지는 못할 것으로 보인다. 물론 교육에도 변화는 일어나고 있다. 코로나 팬데믹을 통해 어린 학생들의 경우 교사와 직접 대면하는 환경에서 학습 효과가 가장 높아진다는 것이 명확하게 드러나기는 했지만, 디지털화로 교실에서 이루어지는 학습을 보완하는 새로운 도구들이 등장할 것이다.

팬데믹을 겪는 동안 학교에 다니는 자녀가 있었다면 동기 학습 synchronous learning과 비동기 학습 asynchronous learning이라는 개념들과 대단히 친숙해졌을 테다. 동기 학습은 학교에 가는 정상적인 경험을 모방하려 한다. 교사가 화상 회의 서비스를 이용해서 실시간으로 수업을 진행하고 학생들은 진짜 교실에서처럼 도중에 질문을 한다. 고등학생, 특히 유연성이 많이 필요한 학생들에게는 계속 좋은 옵션이 될 것이다. 하지만 팬데믹 이후에도 동기 학습이 공교육의 많은 부분에 남아 있게 될 것 같지는 않다. 날씨 때문에 학교에 가지 못하는 경우나 고등학생을 대상으로 하는 수업은 예외가 될 수도 있지만 말이다. 어린 학생들에게는 동기 학습이 좋은 효과를 발휘하지 못한다.

반면 비동기 학습은 수용될 것이다(코로나가 기승을 부릴 때 우리가 본 것과는 다른 형태겠지만). 이런 유형의 학습 지도에서는 학생들이 자신의 일정에 맞춰 미리 녹화된 강의를 보고 과제를 한다. 교사는 문제나 토론거리를 게시판에 올리고, 학생들이 그에 대한 답을 제시하거나 의견을 올려서 점수를 높일 기회를 준다.

두 형태의 원격 학습 모두에 많은 교사, 부모, 학생들이 불만을 느끼고 있으며, 둘 중 어느 쪽도 계속하고 싶을 만큼 매력적이지 않다는 것을 나도 알고 있다. 하지만 비동기 학습에서 사용되는 일부 도구들은 학생과 교사가 이미 교실에서 함께 하고 있는 일을 보충할 수 있는, 눈에 띄는 잠재력을 갖고 있다.

디지털 교육 과정이 숙제를 얼마나 풍성하게 만들고 학생들이 적극적으로 참여하게 만들 수 있을지 생각해보자. 숙제를 온라인으로 하면 실시간으로 피드백을 받을 수 있다. 숙제를 제출하고 며칠씩 기다려야 제대로 해냈는지 확인할 수 있던 것은 지난 시대의 얘기가 될 것이다. 내용이 대화식으로 구성되고 학생에 맞춰 조정돼서 도움이 더 많이 필요한 부분에 집중할 수 있게 돕는 한편, 학생이 쉽게 풀 수 있는 문제를 출제해서 자신감을 북돋을 수도 있다.

교사는 학생의 학습 속도가 어느 정도인지, 힌트가 필요했던 경우가 얼마나 많은지 확인해서 학습 상황을 더 심도 있게 파악할 수 있다. 버튼을 한 번만 클릭하면 노아가 어떤 유형의 문제에 도움이 필요한지, 올리비아는 더 수준 높은 과제를 할 준비가 되어 있는지를 알 수 있다.

디지털 도구들은 교실에서도 보다 개인화된 학습을 용이하게 해준다. 내게 친숙한 예로 서밋러닝플랫폼 Summit Learning Platform이 있다. 학생들은 교사와 함께 목표를 정하고(특정한 대학에 진학하고자 할 수도 있고 특정 진로를 준비하고 싶을 수도 있다.) 디지털 학습 계획을 세운다. 교실에서 기존의 수업을 듣는 것 외에 이 플랫폼을 이용해서 자신의 지식을 테스트하고 성과를 평가한다. 이런 식으로 학생이 직접 학습 계획을 관리함으로써 자신감, 호기심, 인내심을 키울 수 있다.

이런 기술은 꽤 오래전부터 연구 중이었지만 팬데믹 기간 동안 수요가 급증하면서 진전이 가속됐다. 게이츠 재단은 앞으로 몇 년간 이런 도구들에 집중적인 투자를 하고 어느 것이 효과가 있는지 가려낼 것이다.

가장 큰 성과가 있었던 부분은 수학, 특히 대수 과정이었다. 대수 I은 졸업을 향한 여정에서 가장 중요한 이정표지만 어느 과목보다 낙제율이 높다.[4] 대수 I 과정을 마치지 못한 학생은 고등학교 졸업장을 받을 수 있는 가능성이 5분의 1로 떨어진다. 이 문제는 흑인계, 라틴아메리카계 학생이나 영어가 모국어가 아닌 학생들, 가난한 가정의 학생들에게 특히 큰 영향을 미친다. 미래에 커리어를 추구하는 데 지장을 주며 소득수준도 낮춘다. 대수에서 어려움을 겪는 학생들은 수학을 못하는 자아상을 만들게 되는 경우가 많으며 이는 학교생활을 하는 내내 이들을 괴롭힌다. 현재의 수준에 맞지 않는 어려운 문제들에 좌절하고, 수업의 수준이 점점 높아지면서 학업을 따라잡지 못하게 된다.

디지털을 사용한 혁신을 연구하고 있는 전Zearn이라는 회사가 있다. 이 회사의 새로운 수학 과정은 학생들이 분수나 혼합 연산 등 더 수준 높은 수학의 열쇠가 되는 개념들을 익히게 도와준다. 그들은 교사들에게 수업 계획을 만드는 데 도움을 주는 교재를 제공하며, 숙제를 더 재미있게 만드는 디지털 수업과 과제를 만든다.

이런 도구들이 더 많은 학생이 학교에서 좋은 성과를 올리고 교사들의 부담을 더는 데 도움이 되기를 바란다. 팬데믹이 한창일 때의 상황(원격학습을 한다는 게 교사들이 평소보다 많은 일을 해야 함을 의미했던)과 달리 소프트웨어는 결국 교사들에게 더 많은 자유 시간을 주면서 그들이 가장 가치를 많이 부가할 수 있는 일에 집중하도록 만들어줄 것이다.

물론 학습을 변화시키는 새로운 디지털 교육 도구의 역량은 아이들이 집에서 기술에 접근할 수 있는가 여부에 달려 있다. 팬데믹이 시작된 이래 그 부분에서의 격차가 좁혀지고 있고 앞으로도 계속 좁혀지겠지만, 적절한 컴퓨터가 없거나 빠르고 안정적인 인터넷 접속이 불가능한 학생들이 여전히 많다.[5] (유색 인종 학생들이나 저소득 가정의 학생들이 특히 문제가 된다. 교육 결과의 격차를 좁히는 데 도움을 주는 디지털 도구들의 혜택을 가장 많이 볼 수 있는 대상은 이런 학생들이다.)[6] 인터넷 접근권을 확대할 방법을 찾는 것도 새로운 혁신을 개발하는 것만큼 중요하다. 결국 디지털화의 범위(교육에서든 다른 영역에서든)는 얼마나 광범위하게 채택되느냐에 달려 있으니까 말이다.

화상 회의는 1964년 벨텔레폰의 픽처폰 초기 모델 이후 큰 진전을 이뤘다.[7]

1964년 벨텔레폰Bell Telephone이 세계무역박람회에서 세계 최초의 화상 전화를 선보였다. 미래적인 분위기의 타원형 기기에 실시간 영상이 작게 떠 있는 픽처폰Picturephone은 〈젯슨 가족〉The Jetsons(우주의 자동화된 주택에 사는 젯슨 가족을 중심으로 벌어지는 일상 이야기를 담아낸 애니메이션—옮긴이)에 나올 법한 모습이었다. 당시 여덟 살이던 나는 신문에서 그 전화기 사진을 봤다. 내가 보고 있는 것이 실제로 가능하다는 게 믿어지지 않았다. 수십 년 후 하루 몇 시간씩 화상 회의를 하게 된다는 것은 상상 밖의 일이었다.

생활의 일부가 된 기술은 평범한 것으로 보이게 마련이다. 하지만 시간을 두고 생각해보면 오늘날의 디지털 역량은 그야말로 경이롭다. 지금의 우리는 한때 완전한 환상으로 여겨졌던 방식으로 서로와 그리고 세상과 소통할 수 있다.

많은 사람들(특히 양로원에 있는 노인들)에게 화상 통화는 세상과 연결되는 생명선이 되었다. 가상으로 생일 파티를 하고 친구들을 만나는 데 지쳤다고는 하지만 기술이 제공한 연결이 팬데믹의 가장 암울한 시기를 헤쳐나오는 데 도움을 주었다는 것은 부정할 수 없다.

이 끔찍한 코로나 팬데믹이 10년 전에 찾아왔다면 고립의 문제가 얼마나 더 심각했을지 상상해보라. 10년 전에 화상 전화는 존재했지만, 많은 사람이 집에서 화상 회의를 할 수 있을 만큼 광대역 인터넷의 속도가 빠르지 않았다. 광대역 인프라가 지난 10년 동안 그렇게 급속하게 개선된 것은 사람들이 밤에 넷플릭스를 볼 수 있길 원했기 때문이다. 덕분에 팬데믹이 시작되었을 때 광대역은 낮 동안 사람들이 원격근무를 할 수 있을 정도로 향상되어 있었다.

사실 혁신이 미래를 어떻게 만들어갈지를 정확히 예측하는 것은 불가능하다. 새로운 기술이 세상을 바꾸는 방법을 두고 갖가지 시나리오를 만들어두지만, 갑자기 코로나 같은 일이 발생해서 모두가 제 마음대로, 새로운 방식으로 이 도구들을 사용하게 한다. 카탈린 카리코는 뛰어난 통찰력을 가졌지만 그렇다 해도 mRNA 백신이 언젠가 팬데믹을 종식시키는 데 극히 중요한 역할을 할 것이라고는 상상하지 못했을 것이다.

디지털 혁신이 앞으로 어떻게 진화할지 몹시 기대된다. 우리가 지난 몇십 년간 목격한 기술 발전은 인간의 삶을 개선할 수 있는 많은 유연성과 선택권을 만들어냈다. 기술은 다음 팬데믹을 막는 데 더 유리한 위치로 우리를 데려갈 것이다. 역사 속의 이 시기는 끔찍한 황폐화와 손실의 시기로 보이겠지만, 더 나은 미래를 향한 엄청난 변화를 촉발한 시기로도 평가받을 것이다.

- **항체**antibody: 면역체계에 의해 만들어진 단백질. 병원체의 표면에 달라붙어 중화를 시도한다.

- **항원 검사**antigen test: 병원체 표면의 특정 단백질을 찾는 질병 진단. 항원 검사는 PCR 테스트보다 정확도가 약간 떨어지지만 결과가 빠르게 나오고 실험실이 필요하지 않다. 감염된 사람이 전염성이 있는지 여부를 확인하는 데 유용하다. 측면흐름면역분석(가정에서 하는 임신 테스트와 비슷한 종류)가 항원 검사에 속한다.

- **돌파 감염**breakthrough infection: 질병에 대한 예방접종을 한 사람에게 일어나는 감염.

- **CEPI**Coalition for Epidemic Preparedness Innovations (전염병대비혁신연합): 새로운 감염 질환에 대한 백신 연구를 가속하고 이들 백신이 가난한 나라의 사람들에게 전달되도록 돕기 위해 2017년 설립된 비영리조직.

- **콜드체인**cold chain: 제조된 공장에서 접종이 이루어지는 장소까지 백신을 옮기는 동안 적절한 온도에 보관하는 과정.
- **접촉자 추적**contact tracing: 특정 질환에 감염된 사람과 접촉했던 사람들을 확인하는 과정.
- **코백스**COVID-19 Vaccines Global Access, COVAX: 코로나 백신을 중·저소득 국가에 전달하기 위한 세계적인 사업. CEPI, Gavi, WHO가 주도한다.
- **효과, 효능**effectiveness, efficacy: 백신이나 약물의 효과가 얼마나 좋은지를 나타내는 척도. 의학계에서는 '효능'을 임상시험의 성과를 나타내는 데 사용하고, '효과'는 실제에서의 성과를 나타내는 데 사용한다.
- **백신 연합 Gavi**Gavi, the Vaccine Alliance: 백신 제조업체들이 최빈국의 예측 가능한 장기적 대량 수요를 대가로 백신 가격을 낮추도록 하기 위해 2000년 만들어진 비영리조직. 이전에는 세계백신면역연합 Global Alliance for Vaccines and Immunization으로 알려졌었다.
- **게놈, 게놈 염기 서열 분석**genome, genomic sequencing: 게놈은 유기체의 유전 암호다. 모든 생물은 게놈을 갖고 있으며 모든 게놈은 유일무이하다. 병원체의 게놈 염기 서열 분석은 유전 정보가 나타나는 순서를 밝히는 과정이다.
- **GERM**Global Epidemic Response and Mobilization: 글로벌 전염병 대응·동원 팀. 아웃브레이크를 감지하고, 대응하며, 팬데믹이 되지 않도록 하는 책임을 맡는 세계적 조직. 실제 조직이 아닌 제안 사항이다.
- **글로벌 펀드**Global Fund: 공식 명칭은 에이즈·결핵·말라리아와 싸우는 세계 기금Global Fund to Fight AIDS, TB, and Malaria. 이 세 가지 질병의 에피데믹을 종식시키기 위해 만들어진 비영리 협력단체다.

- **보건지표평가연구소**Institute for Health Metrics and Evaluation, IHME: 워싱턴대학에 기반을 둔 연구기관으로 공중보건에 대한 결정을 인도할 증거를 찾는다.

- **단클론항체**monoclonal antibodies, mAbs: 일부 질환의 치료제 형태. 환자의 혈액에서 추출하거나 실험실에서 만든 뒤 수십억 회의 복제를 통해 감염된 사람을 위한 치료제를 만든다.

- **메신저 RNA**messenger RNA, mRNA: 단백질을 조립하는 세포 내 공장에 특정 단백질을 만들라는 지시를 전달하는 유전 물질. mRNA를 사용하는 백신은 세포로 하여금 해당 바이러스의 특정 형태와 꼭 맞는 형태를 만들도록 지시하는 유전 암호를 전달함으로써 면역체계가 바이러스에 대항하는 항체를 생성하게 하는 식으로 작용한다.

- **비약학적 개입**nonpharmaceutical intervention, NPI: 백신이나 약물을 사용하지 않고 감염성 질환의 확산을 막는 정책과 도구. 일반적인 비약학적 개입에는 마스크, 사회적 거리두기, 격리, 영업 중단 및 휴교, 여행 제한, 접촉자 추적이 있다.

- **PCR 테스트**PCR Test: 중합효소 연쇄 반응, 기존 질병 진단 중 최고의 방법.

- **SCAN**: 시애틀코로나바이러스평가네트워크Seattle Coronavirus Assessment Network. 시애틀플루연구Seattle Flue Study와 함께 호흡기 질환이 지역사회에 어떻게 퍼지는지 더 자세히 파악하기 위해 만들어졌다.

- **세계보건기구**World Health Organization, WHO: 세계보건기구는 국제 공중보건을 책임지는 국제연합United Nations, UN의 전문기구다.

코로나 팬데믹을 겪는 동안 도움이 되기 위해 지칠 줄 모르고 일했던 빌&멀린다 게이츠 재단의 모든 직원, 신탁 이사, 수령자, 협력단체들에게 감사드리고 싶다. 나는 그들의 열정과 헌신에 큰 감동을 받았다. 이렇게 재능 있는 사람들과 일할 수 있다는 것은 멀린다와 내게 큰 행운이다.

이 책을 쓰는 것은 움직이는 표적을 맞추려는 것과 같았다. 거의 매일 새로운 정보가 생겨났으니 말이다. 따라서 최신의 데이터와 분석을 파악하기 위한 팀의 노력이 필요했다.《빌 게이츠, 넥스트 팬데믹을 대비하는 법》을 완성할 수 있게 도와준 모든 사람들에게 감사를 표한다.

나의 모든 책은 한 명 이상의 저술 및 연구 파트너와의 공동 작업으로 완성되었다. 이전 책에서 그랬듯 이 책에서도 조시 대니얼이 자신의 능력을 아낌없이 쏟아 내가 복잡한 주제를 간단하고 명료하게 설명할 수 있게 도와줬다. 조시와 그의 동료 폴 네빈, 케이시 셸윈, 이들 삼총사는 깊이 있는 조사를 수행하고, 여러 방면에 걸친 전문 지식으로 다양한 아이디어를 조합해내며, 내 생각을 명확히 하는 데 도움을 주었다. 그들의 조언에 감사하고 그들의 노고에 존경을 표한다.

이 책은 마크 수즈먼, 트레버 먼델, 크리스 엘리아스, 가르기 고쉬, 애니타 자이디, 스콧 다월, 댄 와튼도프, 린다 스튜어트, 오린 러빈, 데이비드 블레이즈, 키스 클루그먼, 수전 번스를 비롯한 재단에 있는 많은 사람들의 식견을 바탕으로 했다. 그들은 팬데믹 동안 다른 힘든 업무를 처리하는 와중에도 브레인스토밍에 참여하고 이 책의 초고를 검토해주었다. 하리 메논, 오마르 세이디, 저지에 정, 내털리 아프리카, 메리 아이켄헤드, 제니퍼 알콘, 밸러리 은캄강 베모, 아드리앵 드 샤이즈마르탱, 제프 처택, 크리스 컬버, 에밀리 댄서로, 피터 딜, 켄 덩컨, 에밀리오 에미니, 마이크 패멀라레, 마이클 갈웨이, 앨런 골스턴, 비샬 구자두르, 댄 하트먼, 비비안 수, 하오 후, 에밀리 인즐리, 칼 커크우드, 데니스 리, 머리 럼프킨, 바버라 머혼, 헬렌 매츠거, 조지나 머피, 롭 나보스, 내털리 레벨, 데이비드 로빈슨, 토레이 드 로자리오, 탄야 슈척, 덩컨 스틸, 캐서린 탄, 브래드 타이텔, 데이비드 본, 필립 웹코프, 에드워드 벵거, 제이 벵거, 그레그 위드마이어, 브래드 윌켄을 비롯한 재단의 많은 다른 사람들이 이 책의 초고에 대한 전문적인 의견, 조사, 피드백을 제공해주었다.

재단의 커뮤니케이션·정책팀은 조사에 기여했을 뿐 아니라 앞으로도 이 작업을 계속 진행할 것이다. 그래서 다음 주요 아웃브레이크에 전 세계가 보다 잘 대처할 수 있도록 이 책의 아이디어들을 구체적인 형태로 옮기는 데 도움을 줄 것이다.

앤서니 파우치, 데이비드 모런스, 톰 프리든, 빌 페기, 세스 버클리, 래리 브릴리언트, 실라 굴라티, 브래드 스미스는 초기의 여러 단락과 초고에 대한 사려 깊은 리뷰를 해주었다.

이 책을 만드는 데 도움을 준 게이츠벤처스Gates Ventures의 많은 이들에게도 감사의 마음을 전하고 싶다.

래리 코헨은 정말 중요하면서도 보기 드문 리더십과 비전을 보여주었다. 그의 차분한 태도와 현명한 지도, 우리가 함께하는 일에 대한 헌신에 감사를 표한다.

니란잔 보스는 전문적인 조언을 해주었고 많은 기술적 세부 사항을 올바르게 이해하도록 도와주었다. 베키 바틀린을 비롯한 글로벌 보건 모범사례팀은 일부 국가가 다른 국가들에 비해 훨씬 좋은 성과를 올린 이유를 상세하게 밝히는 데 도움을 주었다.

앨릭스 리드는 책의 성공적인 발간을 책임지고 있는 커뮤니케이션팀을 잘 이끌어줬다. 조안나 풀러는 시애틀플루연구와 SCAN의 모든 세부적인 이야기와 관련해 내게 도움을 주었다.

앤디 쿡은 온라인에서 이 책을 내 웹사이트, 소셜 채널, 그리고 그외 채널에 게시하는 온라인 전략 작업을 이끌었다.

이안 손더스는 책을 시장에 내놓는 데 도움을 준 크리에이티브팀을 능란하게 인도해줬다.

메건 그루브는 특히 후기의 편집에 대한 좋은 조언을 해줬다. 아누 호스먼은 이 책에 담긴 시각적 콘텐츠의 창작 과정을 이끌어줬다. 젠 크라이체크는 책의 제작을 관리했다. 브렌트 크리스토퍼슨은 비욘드워즈Beyond Words의 차트와 조노 헤이의 일러스트레이션을 비롯한 시각적 자산의 제작을 감독했다. 존 머피는 코로나와의 싸움에서 활약한 많은 영웅들을 찾고 그들에 대해 조사하는 데 도움을 주었다.

그레그 마르티네스와 제니 라이먼은 기술이 향하는 방향, 특히 후기에 정보를 제공하는 연구들에 대해 내가 최신 동향을 파악할 수 있게 도와주었다.

그레그 에스케나지와 로라 에이어스는 이 책에 소개된 수십 개의 출처로부터 사용 허가를 받았고, 계약 협상을 진행했다.

케이티 러프, 케리 맥넬리스, 마라 맥린, 나오미 주코, 케일린 와이엇, 클로에 존슨, 타일러 휴스, 마거릿 홀싱어, 조쉬 프리드먼, 에이다 아린제, 다리야 펜턴, 에밀리 워든, 제피라 데이비스, 키오타 테리엔, 아비 루스, 케이제이 셔먼, 리사 비숍, 토니 휠셔, 밥 리건, 첼시 캐천버그, 제이슨 윌킨슨, 마힌 사후, 킴 맥기, 서배스천 마예브스키, 피아 디어킹, 헤르메스 아리올라, 안나 달퀴스트, 숀 윌리엄스, 브래들리 카스타네다, 재클린 스미스, 카미유 발사모-길리스, 데이비드 생어 등 다른 많은 사람들이 이 책의 제작과 출간에서 중요한 역할을 해주었다.

게이츠 벤처스팀에 속한 다른 모든 사람들에게도 감사를 전하고 싶다. 오브리 모그도노비치, 힐러리 바운즈, 패트릭 브래넬리, 그레천 버크, 마렌 클라센, 맷 클레먼트, 퀸 코르넬리우스, 알렉산드라 크로즈비, 프라르스나 데사이, 젠 키드웰 드레이크, 세라 포스모, 린지 푸나리, 너새니얼 거스, 조나 골드먼, 앤드리아 바르가스 게라, 로디 귀데로, 롭 구스, 로언 후세인, 제프리 휴스턴, 글로리아 이길레지, 파하드 이맘, 트리샤 제스터, 로런 질로티, 고담 칸드루, 세라 케스터, 리젤 키엘, 메러디스 킴벌, 젠 랭스턴, 시오반 라젠비, 앤 류, 마이크 매과이어, 크리스티나 말츠벤더, 어밀리아 메이베리, 케이틀린 맥휴, 에마 맥휴, 앤젤리나 메도스, 조 마이클스, 크레이그 밀러, 레이 민츄, 밸러리 모로네스, 헨리 모이어스, 딜런 마이틀랜드, 카일 네텔블라트, 브리짓 오코너, 패트릭 오언스, 드리아나 퍼킨스, 무크타 파탁, 데이비드 포크트 필립스, 토니 파운드, 셜리 프라사드, 자흐라 라자비, 케이트 라이즈너, 첼시 로버츠, 브라이언 샌더스, 베넷 셰리, 케빈 스몰우드, 스티브 스프링마이어, 아이쉬와라 수쿠마르, 조던-테이트 토머스, 알리시아 톰프슨, 캐럴라인 틸든, 리키 빈센트, 코트니 포크트, 윌리엄 왕, 스테퍼니 윌리엄스, 선라이즈 스완슨 윌리엄스, 타일러 윌슨, 시드니 양, 자말 이어우드, 머라이어 영에게 감사의 마음을 전한다.

게이츠 벤처스와 게이츠 재단 양쪽의 인적자원팀이 코로나 팬데믹을 겪는 동안 모든 사람의 건강과 안전을 우선시하면서 동시에 확고한 문화를 유지하기 위해 해준 모든 일에 특별한 감사를 보낸다.

내 생각의 바탕이 되는 연구, 모델링, 분석을 지원해준 것은 물론 이 책의 많은 도표와 통계를 제공해준 IHME의 크리스 머리를 비롯한 팀원에게도 감사를 전한다.

맥스 로저의 사이트 OWID는 대단히 귀중한 자료원이었다. 나는 이 책을 쓰면서 그 사이트로부터 셀 수 없이 많은 도움을 받았다.

출판사 크노프의 내 편집자 로버트 고틀리프의 지칠 줄 모르는 지원이 없었다면 이 책은 존재하지 못했을 것이다. 그의 가이드 덕분에 우리는 이 책을 더 명확하고 읽기 쉽게 만들 수 있었다. 캐서린 호리건은 전 과정을 능수능란하게 관리해서 촉박한 마감 시간(스스로 정한)에도 불구하고 우리가 순조롭게 일을 진행할 수 있게 해주었다. 리건 아서, 마야 마브지, 앤 아헨바움, 앤디 휴스, 엘런 펠드먼, 마이크 콜리카, 크리스 길레스피, 에린 하트먼 제시카 퍼셀, 줄리앤 클랜시, 에이미 해기돈, 로라 키프, 수잰 스미스, 세리나 리먼, 케이트 휴스를 비롯해 이 책에 도움을 준 펭귄랜덤하우스의 다른 모든 관계자들에도 감사를 전한다.

워런 버핏은 2006년에 한 처음 약속대로 게이츠 재단에 아낌없는 후원을 해주었다. 덕분에 우리는 재단의 사업을 전 세계로 확장하고 심화시킬 수 있었다. 그분의 헌신에 존경을 표한다. 더불어 그분을 친구라고 부를 수 있는 것을 큰 행운으로 생각한다는 말을 전하고 싶다.

나는 1987년 처음 만난 날부터 멀린다로부터 많은 것을 배웠다. 우리가 함께 일군 가족들과 함께 만든 재단을 무척이나 자랑스럽게 생각하고 있다는 점을 꼭 밝히고 싶다.

마지막으로 젠, 로리, 피비에게 고마움을 전하고 싶다. 이 책을 썼던 해는 세상에도, 나 개인에게도, 우리 가족에게도 참으로 힘든 한 해였다. 그들의 끊임없는 지지와 사랑에 감사한다. 내게 아버지로서의 역할보다 중요한 것은 없다.

주석

들어가며

1   Hien Lau et al., "The Positive Impact of Lockdown in Wuhan on Containing the COVID-19 Outbreak in China," Journal of Travel Medicine 27, no. 3 (April 2020).

2   Nicholas D. Kristof, "For Third World, Water Is Still a Deadly Drink," New York Times, Jan. 9, 1997.

3   사진: 〈뉴욕타임스〉에서 발췌. © 1997 The New York Times Company. All rights reserved. Used under license.

4   세계은행, 세계개발보고서 1993, https://elibrary.worldbank.org.

5   WHO, "Number of New HIV Infections," https://www.who.int.

6   WHO, "Managing Epidemics: Key Facts About Major Deadly Diseases," 2018, https://who.int.

7   그림: 치명적인 엔데믹. 출처: 워싱턴대학 IHME, 세계질병부담연구 2019, https://healthdata.org.

8 In 2000, these diseases killed: IHME, 세계질병부담 비교, https://vizhub. healthdata.org/gbd-compare/.

9 사진: Eye Ubiquitous/Universal Images Group via Getty Images.

10 사진: Fototeca Storica Nazionale via Getty Images.

11 OWID, "Tourism", https://www.ourworldindata.org.

12 CDC, "2014－2016 Ebola Outbreak in West Africa," https://www.cdc. gov.

13 사진: Enrico Dagnino/Paris Match via Getty Images.

14 Seth Borenstein, "Science Chief Wants Next Pandemic Vaccine Ready in 100 Days," Associated Press, June 2, 2021.

15 WHO, "Global Influenza Strategy 2019－2030," https://www.who.int.

제1장

1 그림: 코로나로 인한 실제 사상자 수. 초과 사망자 수의 추정치에는 공식적인 코로나19 사망자 수, 코로나19 추정 사망자 수, 2021년 12월까지 팬데믹 관련 문제의 결과인 모든 사망자 수가 포함된다. 출처: 워싱턴대학 IHME(2021).

2 OWID, "Estimated Cumulative Excess Deaths Per 100,000 People During COVID-19," https://ourworldindata.org/.

3 그림: 베트남의 코로나 억제. 일간 신규 확진자(7일 연속 평균). 출처: "Emerging COVID-19 Success Story: Vietnam's Commitment to Containment," 세계보건프로그램 모범 사례, https://www.exemplars.health (published March 2021; accessed Jan. 2022). https://ourworldindata.org/coronavirus에 발표된 Hannah Ritchie et al., "Coronavirus Pandemic(COVID-19)" (2020), OurWorldInData.org로부터 자료를 발췌해 이용했다.

4 OWID, "Estimated Cumulative Excess Deaths per 100,000 People During COVID-19," https://ourworldindata.org.

5 T. J. Bollyky et al., "Pandemic Preparedness and COVID-19: An

Exploratory Analysis of Infection and Fatality Rates, and Contextual Factors Associated with Preparedness in 177 Countries, from January 1, 2020, to September 30, 2021," The Lancet, in press.

6   Prosper Behumbiize, "Electronic COVID-19 Point of Entry Screening and Travel Pass DHIS2 Implementation at Ugandan Borders," https://community.dhis2.org.

7   사진: Sally Hayden/SOPA Images/LightRocket via Getty Images.

8   사진: The Gates Notes, LLC/Ryan Lobo.

9   "7 Unsung Heroes of the Pandemic," Gates Notes, https://gatesnotes.com.

10   WHO, "Health and Care Worker Deaths During COVID-19," https://www.who.int.

11   데이비드 센서의 경험에 대한 이 이야기는 다음의 인터뷰를 근거로 했다. Victoria Harden (interviewer) and David Sencer (interviewee), CDC, "SENCER, DAVID J.," The Global Health Chronicles, https://globalhealthchronicles.org/ (accessed Dec. 28, 2021).

12   Kenrad E. Nelson, "Invited Commentary: Influenza Vaccine and Guillain-Barré Syndrome—Is There a Risk?," American Journal of Epidemiology 175, no. 11 (June 1, 2012): 1129~32.

13   유니세프, "COVID-19 Vaccine Market Dashboard," https://www.unicef.org; 데이터 제공은 링크스브릿지 Linksbridge.

14   한스 로슬링, 《팩트풀니스》, 올라 로슬링, 안나 로슬링 뢴룬드 공저, 이창신 옮김, 김영사, 2019.

제2장

1   Michael Ng, "Cohorts of Vigiles," The Encyclopedia of the Roman Army (2015): 122 – 276.

2 메리맥 화재·구조·EMS Merrimack Fire, Rescue, and EMS, "The History of Firefighting," https://www.merrimacknh.gov/about-fire-rescue.

3 미국노동통계국U.S. Bureau of Labor Statistics, "Occupational Employment and Wages, May 2020," https://www.bls.gov/; National Fire Protection Association, "U.S. Fire Department Profile 2018," https://www.nfpa.org.

4 초가지붕 정보, "Thatching in the City of London," https://www.thatchinginfo.com/.

5 미국화재예방협회National Fire Protection Association, https://www.nfpa.org.

6 글로벌 소아마비 퇴치 이니셔티브Global Polio Eradication Initiative, GPEI, "History of Polio," https://www.polioeradication.org/.

7 글로벌 소아마비 퇴치 이니셔티브, https://www.polioeradication.org.

8 그림: 소아마비 퇴치. 표시된 데이터는 야생 소아마비 사례만을 취급한다. 출처: WHO, 세계예방접종목표를 향한 진전, 2011(2022년 1월 접속), 194개 세계보건기구 회원국 제공.

9 사진: 유니세프 제공, © UNICEF/UN0581966/Herwig.

10 파키스탄 국가비상운영센터 국가 코디네이터 Dr. Shahzad Baig와의 인터뷰, 2021년 7월.

11 국제전략문제연구소International Institute for Strategic Studies, IISS, "Global Defence-Spending on the Up, Despite Economic Crunch," https://www.iiss.org.

제3장

1 CDC, "Integrated Disease Surveillance and Response (IDSR)," https://www.cdc.gov.

2 A. Clara et al., "Developing Monitoring and Evaluation Tools for Event-Based Surveillance: Experience from Vietnam," Global Health 16, no. 38 (2020).

3   "Global Report on Health Data Systems and Capacity, 2020," https://www.who.int.

4   IHME, "Global COVID-19 Results Briefing," Nov. 3, 2021, https://www.healthdata.org.

5   IHME의 유럽 연합과 아프리카 결과 브리핑, https://healthdata.org.

6   추정치는 Jaspreet Toor et al., "Lives Saved with Vaccination for 10 Pathogens Across 112 Countries in a Pre-COVID-19 world," July 13, 2021.을 바탕으로 Vaccine Impact Modeling Consortium가 산출했다.

7   CHAMPS, "A Global Network Saving Lives," https://champshealth.org.

8   최소침습부검연합MITS Alliance, "What Is MITS?," https://mitsalliance.org.

9   사진: The Gates Notes, LLC/Curator Pictures, LLC.

10 Cormac Sheridan, "Coronavirus and the Race to Distribute Reliable Diagnostics," Nature Biotechnology 38(April 2020): 379-91.

11 LGC, 바이오서치 테크놀러지스, 넥사의 기술적 사양, https://www.biosearchtech.com.

12 사진: LGC, Biosearch TechnologiesTM.

13 브로트먼베이티연구소Brotman Baty Institute 첨단기술연구실 레아 스타리타와Lea Starita의 이메일.

14 그림: 코로나가 워싱턴주에 들어온 시점. 2021년 12월 9일 접속. 확인된 일일 감염자 수는 매일 보고되는 사례를 나타낸다. 감염자 추정치는 당일 코로나19에 감염되었을 것으로 예상되는 사람의 수로 검사를 받지 않은 사람들을 포함한다. 2020년 2월부터 2020년 4월 1일 사이 입수 가능한 코로나 데이터. 출처: 워싱턴대학 IHME.

15 Sheri Fink and Mike Baker, "Coronavirus May Have Spread in U.S. for Weeks, Gene Sequencing Suggests," New York Times, March 1, 2020.

16 옥스포드나노포어, "Oxford Nanopore, the Bill and Melinda Gates Foundation, Africa Centres for Disease Control and Prevention and Other Partners Collaborate to Transform Disease Surveillance in Africa," https://nanoporetech.com.

17   Neil M. Ferguson et al., "Report 9—Impact of Non-Pharmaceutical Interventions (NPIs) to Reduce COVID-19 Mortality and Healthcare Demand," https://www.imperial.ac.uk.

제4장

1   Bill Gates, "Where Do Vaccine Fears Come From?," https://www.gatesnotes.com.

2   사진: Gado via Getty Images.

3   Steffen Juranek, Floris T. Zoutman, "The Effect of Non-Pharmaceutical Interventions on the Demand for Health Care and on Mortality: Evidence from COVID-19 in Scandinavia," Journal of Population Economics (July 2021): 1–22, doi:10.1007/s00148-021-00868-9.

4   Solomon Hsiang et al., "The Effect of Large-Scale Anti-Contagion Policies on the COVID-19 Pandemic," Nature 584, no. 7820 (Aug. 2020): 262–67, doi:10.1038/s41586-020-2404-8.

5   유네스코, "School Closures and Regional Policies to Mitigate Learning Losses in Asia Pacific," https://uis.unesco.org.

6   그림: 코로나는 노인들에게 훨씬 더 심각한 문제다. 감염치사율 추정치(%)에는 2020년 백신이 도입되기 전 세계에서 코로나19로 인한 남녀 사망자 모두를 포함한다. 출처: 워싱턴대학 IHME.

7   유네스코.

8   Emma Dorn et al., "COVID-19 and Learning Loss—Disparities Grow and Students Need Help," McKinsey & Company, Dec. 8, 2020, https://www.mckinsey.com.

9   CDC, "Science Brief: Trans\-mission of SARS-CoV-2 in K–12 Schools and Early Care and Education Programs—Updated," Dec. 2021, https://www.cdc.gov.

10   Victor Chernozhukov et al., "The Association of Opening K – 12 Schools with the Spread of COVID-19 in the United States: County-Level Panel Data Analysis," Proceedings of the National Academy of Sciences (Oct. 2021): 118.

11   Joakim A. Weill et al., "Social Distancing Responses to COVID-19 Emergency Declarations Strongly Differentiated by Income," Proceedings of the National Academy of Sciences of the United States of America (Aug. 2020): 19658 – 60.

12   CDC, "Frequently Asked Questions About Esti-mated Flu Burden," https://www.cdc.gov; WHO, "전문가 상담: 인플루엔자 Q&A," https://www.who.int.

13   "Why Many Countries Failed at COVID Contact-Tracing—but Some Got It Right," Nature, Dec. 14, 2020.

14   Ha-Linh Quach et al., "Successful Containment of a Flight-Imported COVID-19 Outbreak Through Extensive Contact Tracing, Systematic Testing and Mandatory Quarantine: Lessons from Vietnam," Travel Medicine and Infectious Disease 42 (Aug. 2021).

15   R. Ryan Lash et al., "COVID-19 Contact Tracing in Two Counties— North Carolina, June –July 2020," MMWR: Morbidity and Mortality Weekly Report 69 (Sept. 25, 2020).

16   B. C. Young et al., "Daily Testing for Contacts of Individuals with SARS-CoV-2 Infection and Attendance and SARS-CoV-2 Transmission in English Secondary Schools and Colleges: An Open-Label, Cluster-Randomised Trial," The Lancet (Sept. 2021).

17   Billy J. Gardner and A. Marm Kilpatrick, "Contact Tracing Efficiency, Transmission Heterogeneity, and Accelerating COVID-19 Epidemics," PLOS Computational Biology (June 17, 2021).

18   Dillon C. Adam et al., "Clustering and Superspreading Potential of SARS-CoV-2 Infections in Hong Kong," Nature Medicine (Sept. 2020).

19   Kim Sneppen et al., "Overdispersion in COVID-19 Increases the Effectiveness of Limiting Nonrepetitive Contacts for Transmission Control," Proceedings of the National Academy of Sciences of the United States of America 118, no. 14 (April 2021).

20   W. J. Bradshaw et al., "Bidirectional Contact Tracing Could Dramatically Improve COVID-19 Control," Nature Communications (Jan. 2021).

21   Akira Endo et al., "Implication of Backward Contact Tracing in the Presence of Overdispersed Transmission in COVID-19 Outbreaks," Wellcome Open Research 5, no. 239 (2021).

22   Anthea L. Katelaris et al., "Epidemiologic Evidence for Airborne Transmission of SARS-CoV-2 During Church Singing, Australia, 2020," Emerging Infectious Diseases 27, no. 6 (2021): 1677.

23   Jianyun Lu et al., "COVID-19 Outbreak Associated with Air Conditioning in Restaurant, Guangzhou, China, 2020," Emerging Infectious Diseases 26, no. 7 (2020): 1628.

24   Nick Eichler et al., "Transmission of Severe Acute Respiratory Syndrome Coronavirus 2 During Border Quarantine and Air Travel, New Zealand (Aotearoa)," Emerging Infectious Diseases 27, no. 5 (2021): 1274.

25   CDC, "Science Brief: SARS-CoV-2 and Surface (Fomite) Transmission for Indoor Community Environments," April 2021, https://www.cdc.gov.

26   Apoorva Mandavilli, "Is the Coronavirus Getting Better at Airborne Transmission?," New York Times, Oct. 1, 2021.

27   Rommie Amaro et al., "#COVID isAirborne: AI-Enabled Multiscale Computational Microscopy of Delta SARS-CoV-2 in a Respiratory Aerosol," Nov. 17, 2021, https://sc21.supercomputing.org.

28   Christos Lynteris, "Why Do People Really Wear Face Masks During an Epidemic?," New York Times, Feb. 13, 2020; Wudan Yan, "What Can and Can't Be Learned from a Doctor in China Who Pioneered Masks," New York Times, May 24, 2021.

29 M. Joshua Hendrix et al., "Absence of Apparent Transmission of SARS-CoV-2 from Two Stylists After Exposure at a Hair Salon with a Universal Face Covering Policy—Springfield, Missouri, May 2020," Morbidity and Mortality Weekly Report 69 (2020): 930–32.

30 J. T. Brooks et al., "Maximizing Fit for Cloth and Medical Procedure Masks to Improve Performance and Reduce SARS-CoV-2 Transmission and Exposure," Morbidity and Mortality Weekly Report 70 (2021): 254–57.

31 Siddhartha Verma et al., "Visualizing the Effectiveness of Face Masks in Obstructing Respiratory Jets," Physics of Fluids 32, no. 061708 (2020).

32 J. T. Brooks et al., "Maximizing Fit for Cloth and Medical Procedure Masks to Improve Performance and Reduce SARS-CoV-2 Transmission and Exposure," Morbidity and Mortality Weekly Report 70 (2021): 254–57.

33 Gholamhossein Bagheri et al., "An Upper Bound on One-to-One Exposure to Infectious Human Respiratory Particles," Proceedings of the National Academy of Sciences 118, no. 49 (Dec. 2021).

34 사진: The Gates Notes, LLC/Sean Williams.

35 Christine Hauser, "The Mask Slackers of 1918," New York Times, Dec. 10, 2020.

36 Jason Abaluck et al., "Impact of Community Masking on COVID-19: A Cluster-Randomized Trial in Bangladesh," Science, Dec. 2, 2021.

제5장

1 테드로스 아드하놈 게브레예수스의 뮌헨안보회의 발언, Feb. 15, 2020, https://www.who.int.

2 WHO, "Coronavirus Disease (COVID-19) Advice for the Public: Mythbusters," May 2021, https://www.who.int; Ian Freckelton, "COVID-19: Fear, Quackery, False Representations and the Law," International

Journal of Law and Psychiatry 72, no. 101611 (Sept.–Oct. 2020).

3   미국 국립의학도서관U.S. National Library of Medicine, https://clinicaltrials.
gov (search for "COVID-19 and hydroxychloroquine"); Peter Horby and
Martin Landray, "No Clinical Benefit from Use of Hydroxychloroquine
in Hospitalised Patients with COVID-19," June 5, 2020, https://www.
recoverytrial.net.

4   Aliza Nadi, "'Lifesaving' Lupus Drug in Short Supply After Trump Touts
Possible Coronavirus Treatment," NBC News, March 23, 2020 .

5   THE RECOVERY Collaborative Group, "Dexamethasone in Hospitalized
Patients with Covid-19," New England Journal of Medicine, Feb. 25,
2021.

6   아프리카의약공급플랫폼, July 17, 2020, https://amsp.africa; Ruth
Okwumbu-Imafidon, "UNICEF in Negotiations to Buy COVID-19 Drug
for 4.5 Million Patients in Poor Countries," Nairametrics, July 30, 2020.

7   영국국립보건국England National Health Service, "COVID Treatment Developed
in the NHS Saves a Million Lives," March 23, 2021, https://www.
england.nhs.uk.

8   Robert L. Gottlieb et al., "Early Remdesivir to Prevent Progression to
Severe Covid-19 in Outpatients," New England Journal of Medicine,
Dec. 22, 2021.

9   미국 국립보건원, "Table 3a. Anti-SARS-CoV-2 Monoclonal Antibodies:
Selected Clinical Data," Dec. 2021, https://www.covid19treatmen
tguidelines.nih.gov.

10 화이자, "Pfizer's Novel COVID-19 Oral Antiviral Treatment Candidate
Reduced Risk of Hospitalization or Death by 89% in Interim Analysis of
Phase 2/3 EPIC-HR Study," Nov. 5, 2021, https://www.pfizer.com/.

11 WHO, "COVID-19 Clinical Management/Living Guidance," Jan. 25,
2021, https://www.who.int.

12 클린턴 의료 재단Clinton Health Access Initiative, "Closing the Oxygen Gap,"

Feb. 2020, https://www.clintonhealthaccess.org/.

13 https://hewatele.org/.

14 "Stone Age Man Used Dentist Drill," BBC News, April 6, 2006.

15 Rachel Hajar, "History of Medicine Timeline," Heart Views: The Official
    Journal of the Gulf Heart Association 16, no. 1 (2015): 43–45.

16 Alan Wayne Jones, "Early Drug Discovery and the Rise of
    Pharmaceutical Chemistry," Drug Testing and Analysis 3, no. 6 (June
    2011): 337–44; Melissa Coleman and Jane Moon, "Antifebrine: A Happy
    Accident Gives Way to Serious Blues," Anesthesiology 134 (2021): 783.

17 Arun Bhatt, "Evolution of Clinical Research: A History Before and Beyond
    James Lind," Perspectives in Clinical Research 1, no. 1 (2010): 6–10.

18 영국 연구혁신기구U.K. Research and Innovation, "The Recovery Trial," https://
    www.ukri.org.

19 글로벌개발센터 Center for Global Development, "Background Research and
    Landscaping Analysis on Global Health Commodity Procurement," May
    2018, https://www.cgdev.org.

20 WHO, "Impact Assessment of WHO Prequalification and Systems
    Supporting Activities," June 2019 , https://www.who.int.

21 FDA, "Generic Drugs," https://www.fda.gov.

제6장

1 그림: 코로나 백신은 믿을 수 없을 정도로 빠르게 개발되었다. 질병 확인 연도
   는 환자의 표본에서 각각의 바이러스가 처음 분리된 때를 말한다. 백신 보급
   은 해당 질병에 대한 백신이 처음으로 광범위하게 사용된 때를 말한다. 백일
   해, 소아마비, 홍역의 접종 인구는 이 병에 대해 면역력을 갖게 된 한 살 아기
   의 비율이다. 코로나19 백신접종은 2021년 12월까지의 모든 접종자를 말한
   다. 출처: Samantha Vanderslott, Bernadeta Dadonaite, and Max Roser,

"Vaccination" (2013), OWID.org에서 온라인으로 게시, 검색됨: https://ourworldindata.org/vaccination. CC BY 4.0.

2   Asher Mullard, "COVID-19 Vaccine Development Pipeline Gears Up," The Lancet, June 6, 2020.

3   Siddhartha Mukherjee, "Can a Vaccine for Covid-19 Be Developed in Time?," New York Times, June 9, 2020.

4   WHO, "WHO Issues Its First Emergency Use Validation for a COVID-19 Vaccine and Emphasizes Need for Equitable Global Access," Dec. 31, 2020, https://www.who.int.

5   CDC, "Vaccine Safety: Overview, History, and How the Safety Process Works," Sept. 9, 2020, https://www.cdc.gov.

6   "Maurice Hilleman#," Wikipedia, Dec. 2021.

7   사진: 백신 만들기. 이전까지 백신이 가장 빨리 만들어진 기록은 4년이었다 (모리스 힐만이 개발한 이하선염 백신). 코로나 백신의 1년이란 기간은 코로나 백신 생산을 위한 첫 노력에서 화이자와 바이오앤텍의 백신이 긴급 승인을 받기까지의 기간을 말한다. 출처: 복제 및 허가. N Engl J Med 2020; 382:1969 – 1973. Copyright 2020, Massachusetts Medical Society.

8   사진(왼쪽): Paul Hennessy/SOPA Images/LightRocket via Getty Images; 사진 (오른쪽): Brian Ongoro/AFP via Getty Images.

9   Gavi, "Our Impact," Sept. 21, 2020, https://www.gavi.org/.

10 그림: Gavi가 생명을 구한다. 2016~2020년 사이 정기 시스템을 통해서 전달된 Gavi 지원 백신의 최신 권장 용량으로 접종을 받은 아동의 누적 수. 5세 미만 사망자 수는 Gavi 지원 국가에서 태어난 어린이가 다섯 살 이전에 사망할 평균 확률이다. 출처: Gavi 연례 보고서, 2020; 국제 연합 아동 사망률 추계 기구 간 그룹United Nations Inter-agency Group for Child Mortality Estimation 2021.

11 Joseph A. DiMasia et al., "Innovation in the Pharmaceutical Industry: New Estimates of R&D Costs," Journal of Health Economics (May 2016): 20 – 33.

12 CEPI, "Board 24 – 25 June 2021 Meeting Summary," Aug. 19, 2021,

https://www.cepi.net/.

13 Benjamin Mueller and Rebecca Robbins, "Where a Vast Global Vaccination Program Went Wrong," New York Times, Oct. 7, 2021.

14 일러스트레이션: The Gates Notes, LLC/Studio Muti.

15 J.J. Wheeler et al., "Stabilized Plasmid-Lipid Particles: Construction and Characterization," Gene Therapy (Feb. 1999): 271–81.

16 Nathan Vardi, "Covid's Forgotten Hero: The Untold Story of the Scientist Whose Breakthrough Made the Vaccines Possible," Forbes, Aug. 17, 2021.

17 "COVID-19 Vaccine Doses Administered by Manufacturer, Japan," Our World in Data, Jan. 2022, https://www.ourworldindata.org.

18 표: 2022년 1월 현재 WHO EUL이 승인한 백신, Data for estimated doses shipped are from Linksbridge Media Monitoring and UNICEF COVID-19 Vaccine Market Dashboard (accessed Jan. 2022), https://www.unicef.org.

19 Patrick K. Turley, "Vaccine: From Vacca, a Cow," U.S. National Library of Medicine, March 29, 2021, https://www.ncbi.nlm.nih.gov/.

20 "Antitoxin Contamination," The History of Vaccines, https://www.historyofvaccines.org/.

21 "The Biologics Control Act," The History of Vaccines, https://www.historyofvaccines.org/.

22 "Vaccine Development, Testing, and Regulation," The History of Vaccines, Jan. 17, 2018, https://www.historyofvaccines.org/; "Phases of Clinical Trials," BrightFocus Foundation, https://www.brightfocus.org/.

23 Cormac O'Sullivan et al., "Why Tech Transfer May Be Critical to Beating COVID-19," McKinsey & Company, July 23, 2020, https://www.mckinsey.com.

24 Hannah Ritchie et al., "Coronavirus Pandemic (COVID-19)," OWID, Jan. 2022, https://www.ourworldindata.org/.

25 그림: 백신 불평등. 접종 인구는 백신 프로토콜에서 정한 대로 1회 이상 접종한 사람의 수를 나타낸다. SARS-CoV-2에 감염되었던 사람은 포함되지 않는다. 출처: OWID가 수집한 공식 데이터, CC BY 4.0.

26 "American Pandemic Preparedness: Transforming Our Capabilities," White House, Sept. 2021, https://www.whitehouse.gov/.

27 "Indian Manufacturer Cuts Price of Childhood Vaccine by 30 Percent," Gavi, April 18, 2013, https://www.gavi.org/.

28 Melissa Malhame et al., "Shaping Markets to Benefit Global Health— a 15-Year History and Lessons Learned from the Pentavalent Vaccine Market," Vaccine: X, Aug. 9, 2019.

29 "India Completes National Introduction of Pneumococcal Conjugate Vaccine," Gavi, Nov. 12, 2021, https://www.gavi .org/; "GBD Compare," IHME, https://www.healthdata.org/.

30 그림: 세계의 백신접종률이 사상 최고 수준에 도달했다. WHO, Diphtheria tetanus toxoid and pertussis (DTP3), 2021 (accessed Jan. 2022); data provided by the World Bank Income Group: https://apps.who.int/gho/data. CC BY 4.0.

31 사진: The Gates Notes, LLC/Uma Bista.

32 CDC, "Measles Vaccination," https://www.cdc.gov.

33 W. Ian Lipkin, Larry Brilliant, and Lisa Danzig, "Winning by a Nose in the Fight Against COVID-19," The Hill, Jan. 1, 2022.

34 사진: The Gates Notes, LLC/Jason J. Mulikita.

제7장

1 Kathryn Schulz, "The Really Big One," The New Yorker, July 13, 2015.

2 워싱턴 국방부Washington Military Department, "Looking at Successes of Cascadia Rising and Preparing for Our Next Big Exercise," June 7,

2018, https://m.mil.wa.gov; 재난관리청 Emergency Management Division,
"Washington State 2016 Cascadia Rising Exercise, After-Action Report,"
rev. Aug. 1, 2018, https://mil.wa.gov/.

3   WHO, "A Practical Guide for Developing and Conducting Simulation
Exercises to Test and Validate Pandemic Influenza Preparedness Plans,"
2018, https://www.who.int.

4   Karen Reddin et al., "Evaluating Simulations as Preparation for Health
Crises Like CoVID-19: Insights on Incorporating Simulation Exercises
for Effective Response," International Journal of Disaster Risk Reduction
59 (June 1, 2021): 102245.

5   David Pegg, "What Was Exercise Cygnus and What Did It Find?," The
Guardian, May 7, 2020.

6   미국 보건복지부, "Crimson Contagion 2019 Functional Exercise After-
Action Report," Jan. 2020, accessed via https://www.governmentattic.org.

7   Tara O'Toole, Mair Michael, and Thomas V. Inglesby, "Shining Light
on 'Dark Winter,'" Clinical Infectious Diseases 34, no. 7 (April 1, 2002):
972-83.

8   Kathy Scott, "Orland Int'l Battles Full-Scale Emergency (Exercise),"
Airport Improvement, July-Aug. 2013.

9   Sam LaGrone, "Large Scale Exercise 2021 Tests How Navy, Marines
Could Fight a Future Global Battle," USNI News, Aug. 9, 2021.

10   Alexey Clara et al., "Testing Early Warning and Response Systems
Through a Full-Scale Exercise in Vietnam," BMC Public Health 21, no.
409 (2021).

11   Nathan Myhrvold, "Strategic Terrorism: A Call to Action," Lawfare,
https://paper.ssrn.com.

12   빌 페기와의 이메일 교환.

1 Samantha Artiga, Latoya Hill, and Sweta Haldar, "COVID-19 Cases and Deaths by Race/Ethnicity: Current Data and Changes over Time," https://www.kff.org.

2 Daniel Gerszon Mahler et al., "Updated Estimates of the Impact of COVID-19 on Global Poverty: Turning the Corner on the Pandemic in 2021?," World Bank Blogs, June 24, 2021, https://blogs.worldbank.org/.

3 Tedros Adhanom Ghebreyesus, "WHO Director-General's Opening Remarks at 148th Session of the Executive Board," Jan. 18, 2021, https://www.who.int.

4 Weiyi Cai et al., "The Pandemic Has Split in Two," New York Times, May 15, 2021.

5 James Morris, "Rich Countries Hoarding COVID Vaccines Is 'Grotesque Moral Outrage' That Leaves UK at Risk, WHO Warns," Yahoo News UK, May 6, 2021.

6 OWID, "Share of the Population Fully Vaccinated Against COVID-19," https://www.ourworldindata.org.

7 OWID, "Estimated Cumulative Excess Deaths During COVID, World," https://www.ourworldindata.org.

8 IHME, "GBD Compare," https://healthdata.org (accessed Dec. 31, 2021).

9 그림: 보건 격차. 인구 10만 명당 사망자. 북아메리카 고소득 지역에는 미국, 캐나다, 그린란드가 포함된다. 출처: 워싱턴대학 IHME, 세계질병부담연구 2019.

10 "WHO, Life Expectancy at Birth (Years)," https://www.who.int.

11 그림: 현재 아동 생존율은 사상 최고다. 다섯 살 미만 사망률 데이터(5q0), 출생부터 만 다섯 살 사이에 사망할 확률은 1,000명의 신생아당 연간 사망자 수로 표현된다. 출처: UN 경제사회부 인구과(2019), 세계 인구 계획 2019, 특별 요약집, Online Edition, Rev. 1.

12 Hans Rosling, "Will Saving Poor Children Lead to Overpopulation?," https://www.gapminder.org; OWID, "Where in the World Are Children Dying?," https://ourworldindata.org/.

13 빌&멀린다 게이츠 재단 연례 서한(2014), https://www.gatesfoundation.org/.

14 "Demographic Dividend," https://www.unfpa.org/.

15 글로벌 펀드, "Our COVID-19 Response," https://www.theglobalfund.org (accessed Dec. 2021).

16 WHO, "Tuberculosis Deaths Rise for the First Time in More Than a Decade Due to the COVID-19 Pandemic," Oct. 14, 2021, https://www.who.int.

17 Gavi, https://www.gavi.org.

18 Chandrakant Lahariya, "A Brief History of Vaccines & Vaccination in India," Indian Journal of Medical Research 139, no. 4 (2014): 491-511.

19 WHO의 인도 예방접종 계측, https://immunizationdata.who.int/.

20 그림: 인도의 홍역 근절. 홍역 백신에는 1차(MCV1)와 2차(MCV2)가 포함된다. 연간 홍역 환자 수에는 임상에서 확인되거나, 역학적으로 연계되거나, 실험실 조사를 통한 것이 포함된다. 출처: WHO, 홍역 예방접종 보급률, 2021 (accessed Jan. 2022), 데이터는 WHO/유니세프 예방접종 공동보고서와 WHO/유니세프 국가면역범위 공동추정을 통해 보고된 것이다: https://immunizationdata.who.int. CC BY 4.0.

21 글로벌 소아마비 퇴치 이니셔티브, "The First Call," March 13, 2020, https://polioeradication.org/.

22 파이살 술탄Faisal Sultan과의 인터뷰, Oct. 13, 2021.

23 OWID, "Daily COVID-19 Vaccine Doses Administered per 100 People," https://ourworldindata.org/.

24 워싱턴대학 IHME, "Flows of Development Assistance for Health," https://vizhub.healthdata.org.

25 통계청, "Size of the Global Fragrance Market from 2013 to 2025 (in

Billion U.S. Dollars)," Nov. 30, 2020, https://www.statista.com.

26 그림: 아동 사망자의 수가 절반으로 줄었다. 1990~2019년 전염성 질환, 신생아 질환, 영양성 질환으로 사망한 다섯 살 미만 아동의 총 수, 출처: 워싱턴대학 IHME, 세계질병부담연구 2019.

27 그림: 질병 예방 사업. 예방 가능한 원인에 의한 다섯 살 미만 아동 사망자 수. 폐렴에 의한 사망이란 '하기도 감염'을 나타낸다. 출처: 워싱턴대학 IHME.

제9장

1 CDC, "History of Smallpox," https://www.cdc.gov.

2 G20 High Level Independent Panel on Financing the Global Commons for Pandemic Preparedness and Response, PHCPI The Primary Health Care Performance Initiative, https://improvingphc.org/.

3 팬데믹 대비 및 대응을 위한 글로벌 커먼즈 자금 조달에 관한 G20 고위급 독립 패널, "A Global Deal for Our Pandemic Age," June 2021, https://pandemic-financing.org.

4 OECD, "The 0.7% ODA/GNI Target—a History," https://www.oecd.org.

후기

1 퓨 리서치센터 Pew Research Center, "Mobile Fact Sheet," https://www.pewresearch.org.

2 미국 통계국, "Quarterly Retail E-Commerce Sales, 4th Quarter 2020," Feb. 2021, https://www.census.gov.

3 Oleg Bestsennyy et al., "Telehealth: A Quarter-Trillion-Dollar Post-COVID-19 Reality?," McKinsey & Company, July 9, 2021, https://www.mckinsey.com/.

4   Timothy Stoelinga and James Lynn, "Algebra and the Underprepared Learner," UIC Research on Urban Education Policy Initiative, June 2013, https://mcmi.uic.edu/.

5   Emily A. Vogels, "Some Digital Divides Persist Between Rural, Urban and Suburban America," Pew Research Center, Aug. 19, 2021, https://www.pewresearch.org/.

6   Sara Atske and Andrew Perrin, "Home Broadband Adoption, Computer Ownership Vary by Race, Ethnicity in the U.S.," Pew Research Center, July 16, 2021, https://www.pewresearch.org.

7   사진: AT&T Photo Service/United States Information Agency/PhotoQuest. via Getty Images.

기타

HOW TO PREVENT
THE NEXT PANDEMIC